浙江干部学习培训教材

助力复工复产百佳案例

第一辑

浙江干部培训教材编审指导委员会◎编

浙江人民出版社

序

当今世界正处于百年未有之大变局，面对复杂严峻的国际国内环境，习近平总书记深刻指出，“应变局、育新机、开新局、谋复兴，关键是要把党的各级领导班子和干部队伍建设好、建设强”。新冠肺炎疫情发生以来，在以习近平同志为核心的党中央坚强领导下，全省广大干部增强“四个意识”、坚定“四个自信”、做到“两个维护”，深入贯彻习近平总书记关于统筹推进疫情防控和经济社会发展工作的系列重要讲话精神，自觉扛起建设“重要窗口”的使命担当，干在实处、走在前列、勇立潮头，奋力夺取抗击新冠肺炎疫情斗争重大战略成果，全力推进全省经济V型回升。

在疫情大战大考和复工复产过程中，各地各单位坚持“两手都要硬、两战都要赢”，深化“最多跑一次”改革，扎实做好“六稳”工作，全面落实“六保”任务，积极为

创新运用“三机制一平台”工作体系全力打好疫情防控舆论引导主动战

【摘要】新冠肺炎疫情，是新中国成立以来传播速度最快、感染范围最广、防控难度最大的一次重大突发公共卫生事件。面对疫情防控的严峻形势，如何稳妥有效做好宣传引导工作，牢牢掌握舆论引导主动权、主导权、话语权，营造和谐有序的舆论环境，成为摆在宣传思想战线面前一个紧迫而重要的现实课题。

浙江省委宣传部紧紧围绕党中央和省委、省政府部署要求，围绕疫情形势发展变化，围绕人民群众关心关切，建立“信息发布、热点回应、网络辟谣”三项机制和“联防联控成员单位宣传舆论工作协同平台”（“三机制一平台”工作体系），坚持疫情、舆情、社情联动应对，把握客观透明、回应关切、提振信心、凝聚人心的基调，按照真实、平实、朴实的工作要求，稳妥有序开展宣传引导工作，为统筹推进疫情防控和经济社会发展，实现“两手硬、两战赢”提供强有力的思想保证、舆论支撑和精神动力。

实践证明，运用“三机制一平台”工作体系，统筹整合资源力量，实时发布权威信息，及时回应社会关切，集中开展网络辟谣，不仅传递了党和政府的声音，有力引导了社会舆论，而且传播了科学防控知识，保障了人民群众的知情权，疏导了社会公众情绪，为做好重大突发公共事件舆论引导工作提供了可复制、可推广的方案样本。

【关键词】舆论引导　“三机制一平台”　疫情防控

一、背景情况

突如其来的新冠肺炎疫情是对国家治理体系和治理能力的一次重大考验。稳妥有效地做好疫情防控宣传引导工作，是这场疫情防控人民战争、总体战、阻击战的重要组成部分。对宣传思想战线来说，这是一场大战、一次大考。

从疫情防控大局分析，有效做好宣传引导工作事关防控工作全局。浙江地处长三角，是民营经济大省、流动人口大省、对外开放大省和侨务大省，疫情防控面临“内外夹击”的严峻形势。面对异常艰巨的防控任务，要及时准确地宣传解读党中央的决策部署和省委、省政府的工作要求，统一全省各级党委、政府和全社会的思想行动，把各方面的力量广泛凝聚起来；要及时阐释各项防控举措，宣传普及防控知识，满足公众信息需求，解疑释惑、稳定人心；要发挥舆论引领和监督作用，群策群力、群防群控，精准有效地做好疫情发展变化的阐释解读和宣传引导工作，为打赢疫情防控战提供坚强有力的舆论支撑。

从疫情、舆情、社情的演变分析，越是在形势复杂的情况下越要创新舆论引导工作机制。疫情的发展变化给社会氛围和人们的思想带来深刻影响，与疫情同时发酵的是大量的突发舆情，种种理性的和非理性的、正确的和错误的声音相互交织，围绕疫情引发的各种谣言层出不穷。特别是在舆论生态已发生深刻变化，“人人都有麦克风”的新媒体时代，任何人都可以对外发布信息。一旦放松警惕、应对不当，就可能产生舆情风险。做好舆情、社情的疏导应对工作，成为做好疫情防控工作必须面对的现实课题。要想有针对性地做好信息发布工作，第一时间抢占舆论制高点；要想做好热点问题靶向引导解释工作，主动回应社会舆论关切；要想及时破解各类谣言干扰，营造有利于疫情防控的舆论环境，必须建立反应迅速、运转高效、应对有力的宣传引导工作新格局，牢牢掌握舆论引导工作的主动权。

从舆论传播格局变化分析，互联网已经成为思想舆论的主战场。网络新技术新运用全方位改变了公众的信息获取渠道、思维方式、话语表达、价值观念。互联网成为公众获取各种信息的主渠道，成为民众表达观点、阐述意见的主平台。特别是短视频、微信、微博等传播工具的创新运用，使得疫情期间人们思想观点的集中表达、社会思潮的碰撞交锋都尤为密集，许多新情况和新问题也因网络而生、因网络而增。随着疫情在全球加剧蔓延，西方媒体特别是各种敌对势力通过互联网开展一轮又一轮的“甩锅”行动，种种抹黑我国抗疫成效的言论层出不穷，给疫情防控舆论引导工作带来全新考验。面对新的舆论传播环境，要想加快推动主力军向主战场转移，持续壮大主流思想舆论，就必须创新载体手段，切实增强传播力、影响力、引导力、公信力。

基于以上研判，浙江省委宣传部第一时间建立“信息发布、热点回应、网络辟谣”三项机制和“联防联控成员单位宣传舆论工作协同平台”，制定工作流程图，形成量化、细化的全链条闭环管理，在疫情防控、复工复产宣传引导中发挥了重要支撑作用。

二、主要做法

（一）建立新闻发布机制，牢牢掌握舆论主动权

浙江省委宣传部抽调部机关15名骨干组成新闻发布工作专班，坚持每场新闻发布会均按照信息发布机制流程进行运作，从信息研判、方案制定、部门答题、审批把关、新闻发布再到评估研判，进行全链条闭环管理，着力提高新闻发布质量。2020年1月27日至5月20日，浙江共召开了242场新闻发布会，其中省级层面组织新闻发布活动55场，邀请省级部门、重点市县、基层单位责任人和相关专家等共210余人次出席。

第一，注重全程推动，完善机制流程。建立省防控办统筹研判机制。由省防控办统筹新闻发布会问题研判以及发布层级、发布单位确定，省委宣传部负责方案制定、风险评估、媒体宣传、舆论引导等具体实施。完善发布信息审核机制。加强对拟发布内容的审核把关，把发布重点聚焦到传递准确信息上，着重发布疫情趋势研判、解决问题措施、群众关注热点、需要加强的工作等“干货”。形成评估反馈机制。发布会后，及时搜集媒体报道情况、关注网络舆情走向、评估发布会效果，为开展舆论引导工作和下一场新闻发布活动提供研判依据，从而实现新闻发布的全周期管理。

第二，注重议题设置，科学谋划内容。做好政策信息解读。从2月3日开始，省防控工作领导小组办公室每周做一次主发布，全面发布省委、省政府出台的重要防控举措，深入解读中央和浙江省防控最新工作部署，第一时间发布浙江统筹经济社会发展情况、取得的成效和发展趋势，重点发布地方疫情管控短板等问题，信息量大，针对性强。积极回应社会关切。加大对疫情变化、医疗物资供应保障、企业

复工复产、保通畅惠民生等举措进展的发布，以更加及时准确、公开透明的信息引领舆论走向，减少乃至消除公众的质疑、恐慌。例如，1月29日全省报告新增确诊病例123例，相关话题一度位列微博热搜榜前10位，网民对数据增长过快表示担忧。当天下午举行的第3场发布会便对此进行针对性回应，及时消除了社会恐慌，大力普及防疫知识。在其他发布会场次，还先后邀请了救治、传染病防治、心理、精神卫生、中医、消杀、法律等20多位专家解疑释惑、普及知识。

第三，注重创新驱动，提升发布效果。创新发布方式。省政府新闻办新闻发布厅设发布席，记者在各自工作和生活间通过直播群线上向发布人提问，发布人同步答疑，视频全网推送。第8场发布会首次采用现场播放PPT的方式，第一时间通报各类重要数据，准确、简洁、直观，得到了央视新闻直播发布会跟评区全屏点赞。突出基层经验。加大对基层疫情防控和复工复产好做法的发布力度，先后安排30多家基层单位有关负责人亮相发布台或视频连线，介绍基层防控经验和复工复产好做法。组织记者见面会。分别在第32场和第37场新闻发布会上，把驻企服务员、社区网格员、快递小哥、新闻记者等抗疫一线普通工作者请到现场，让他们以亲身经历讲述战疫故事，不断提振信心、温暖人心、凝聚民心。推出电视访谈。浙江经视《有请发言人》栏目推出“抗疫春归进行时”系列专题片，节目通过记者和观众提问云录制、主持人现场访谈等方式，邀请省发展改革委、省经信厅、省药监局等部门的新闻发言人，围绕疫情防控、复工复产、民生兜底保障等诸多领域，回答记者和网友的提问，取得了良好的发布效果。

第四，注重省市联动，强化统筹协调。及时下达提示。向各市下发综合性工作提示5次，明确新闻发布需要把握的主要问题、发布重点和发布要求，有针对性地加强指导。实时监看研判。组织专人对各地新闻发布进行监看监测，监看发布会187场，会前协调指导50余次，会后向各市提示82次共110条改进意见，防止引发次生舆情。加强提示反馈。制定《全省疫情防控工作效果综合评估指标体系新闻发布工作评分标准》，科学精准地指导各地新闻发布工作。及时发现问题。向有关地方点对点下发新闻发布提示单13次，对各市开展评分9次，相关分数纳入省精密智控指数。通报整改落实。对于各地新闻发布过程中暴露出来的问题，指导组立即通报各地，督促整改落实。

（二）建立热点回应机制，及时引导社会关切

建立问题收集、会商研判、部门回答、媒体引导全过程热点回应机制，针对群众关切的热点问题，把握时度效，进行精准引导，营造客观理性的舆论生态。

第一，把准舆情热点。根据各成员单位每日上报的24小时内涉及本地本部门疫情防控工作相关社会热点关切问题，认真谋划发布选题，围绕群众关心、社会关切、媒体关注的重点热点问题，形成新闻发布要点。比如，在首场新闻发布会上，前期共搜集重点问题20多个，根据省防控领导小组会议部署，确定了“今日浙江病例数增长较快的主要原因”“如何全力保障全省应急防控物资供应”“交通运输部门疫情防控工作部署”等5个人民群众关切的问题，省卫生健康委、省经信厅、省交通厅等相关部门做了充分准备，取得了很好的发布效果。

第二，准确及时发声。针对群众关注的热点问题，会同有关部门及时解疑释惑，关键时刻发挥强信心、暖人心、聚民心的作用。像群众普遍关注的“市场如何保稳定”“儿童怎样做好防范”“延期开学如何保障学业”，以及“进城务工人员返程”“企业返工”“学生返学”等问题，省商务厅、省卫生健康委、省教育厅、省工商联等都一一作出回应，关键时候发挥了稳定人心的作用。一些地方在疫情防控过程中，擅自升级管控措施，给人民群众日常生活带来诸多不便，省疫情

防控工作领导小组专门就此问题进行研究，第一时间发声，作出“纠偏”处置。

第三，强化媒体引导。省内媒体合力引导。一级响应期间，《浙江日报》每天 2/3 以上版面开设“全力打好疫情防控硬仗”专版，浙江卫视每天开设 6 档整点新闻节目，全省广播、电视、新媒体平台全天不间断滚动推送防控信息和预防知识。网络媒体融合传播。省市县三级媒体联动，抢抓温馨时刻和感人瞬间，创作推出的“武汉方舱医院响起了浙江医生的温柔女声”“浙江 96 岁新冠肺炎患者治愈出院”“杭州新冠肺炎患者元宵节生下健康宝宝”“拱墅区老年公寓老人一人一个车位晒太阳”“绍兴这对医护夫妻的拥抱戳中了泪点”“开化 5 只废弃口罩换一块肥皂”“青田干部教科书式劝回国侨胞”等新媒体作品迅速“刷屏”，登上各类热搜榜，其中，全网点击量过亿的作品有 10 余条。央媒集中推出重点报道。中央主要媒体对浙江运用大数据等技术手段科学高效防控疫情、县级融媒体中心在疫情防控和复工复产中发挥重要作用等进行了集中宣传。《人民日报》先后分别采用“浙江 2 岁小患者出院鞠躬致谢护士”和“常山县人民医院护士张琪倚门睡着”的照片，整版刊发公益广告；央视《新闻联播》《焦点访谈》《新闻 1+1》等栏目多次播出浙江的专题报道和节目，介绍浙江精密智控、企业复工复产、温州疫情防控、境外疫情输入防控等方面的做法经验，为浙江战疫情、谋发展营造了良好舆论环境。

（三）建立网络辟谣机制，有效遏制舆情风险

会同省委网信办搭建“捉谣记——浙江疫情辟谣”平台，建立谣言发现、求证、发布、集纳、推送、处置等全过程辟谣机制，为打赢疫情防控战提供有力网络舆论支持。疫情防控应急响应期间，组织各平台发布辟谣信息 3000 余条、转载 1.3 万余条，网络总点击量超 4.3 亿次。

第一，线上线下精准辟谣。利用浙江省互联网舆情监测系统“线上一张网”，主动监测发现各类涉政舆情，梳理汇总谣言线索，同时发动全省各地基层乡镇、村“线下一张网”，及时发现各类疫情谣言信息，第一时间上报。省防控工作领导小组成员单位和各市委网信办，分别对涉本行业领域和涉属地的谣言进行甄别、求证，精准发力、有的放矢，有效防范了网上舆情风险演变为线下社会风险。针对网传“全身上下喷洒酒精，能起到消毒效果”“家里空调温度调高可以抵御新型冠状病毒”等谣言，邀请专家现身说法，如集中报道中国工程院院士李兰娟的全程采访，用权威声音进行辟谣。

第二，平台互动实时辟谣。组织各级新闻媒体及所属网站、客户端等新媒体平台在显著位置统一开设《捉谣记——浙江疫情辟谣》栏目，制作推出《捉谣记》新媒体作品，组织“新莓圈”① 头部自媒体、网络大 V 和网评员在社交平台和互动区域推送、转发，实时发布权威信息。如“天目新闻”客户端推出“关于新型冠状病毒感染肺炎的十大谣言”；新蓝网、“中国蓝新闻”客户端推出图解《抗击疫情，别让这几大谣言混淆视听》、短视频《汤老师倡议“不信谣、不传谣”》等新媒体作品。组织商业网站推出辟谣话题专题，扩大受众面，提升影响力。

第三，联动处置合力辟谣。建立部门舆情处置联动机制，落实各单位职责，明确工作规范，构建部门舆情处置联动格局。联动卫生健康、教育、文化和旅游、交通、公安等省防控工作领导小组有关成员单位，吸纳“新莓圈”新媒体联盟中的浙医一院、浙医二院、邵逸夫医院等新媒体主体，建立谣言甄别、求证、查处的联办工作团队，发

① 即浙江新媒体联盟，是由浙江省委网信办指导、浙江省网络文化协会下设的团体，旨在凝聚网上正能量，讲好网上浙江故事，唱响网上浙江好声音。目前，“新莓圈”共聚集了 200 余家新媒体，总粉丝量达数亿人。

挥协同合作的作用。比如，针对疫情期间学校网课收费一事，向教育部门求证后，迅速依法依规查处制造谣言的账号主体，浙江辟谣平台同时发布“已有多人被拘留！浙江警方提醒：对新冠肺炎疫情不造谣、不信谣、不传谣”等对造谣者的处置情况，营造清朗的网络空间。

（四）建立联防联控成员单位宣传舆论工作协同平台，推进部门有序联动

牵头建立联防联控成员单位宣传舆论工作协同平台，建立疫情防控舆情引导工作群，组织专项业务培训，及时做好信息通报、稿件审核和回应辟谣等工作，着力构建疫情防控宣传引导工作大格局。

第一，定期会商研判。26家成员单位每天进行网络会商，每日中午12时前将涉及本部门本系统本领域疫情防控重要工作动态和重大舆情信息发到工作群，热点舆情信息随时发现随时报告。省委宣传部认真梳理筛选群众关切的热点问题，确定宣传报道和舆论引导重点。从1月29日至5月15日，共发布舆情动态108期，收集热点舆情信息2473条，其中，省委网信办、省公安厅、省卫生健康委三家单位每天提供一期舆情专报，省市场监管局提供有关防疫物资、药品的权威信息，省外办提供有关留学、国际疫情的有效信息，为舆情信息搜集提供详细的基础材料，真正成了顺风耳、千里眼。

第二，加强信息协同。细化流程、压实责任，明确各成员单位的舆情收集报送、信息流转接收、口径指令传达、稿件拟定审核等职责，充分发挥其在信息发布、热点回应、网络辟谣等方面的支撑作用。针对成员单位反映的热点问题和工作中遇到的舆情风险点，省委宣传部仔细研判分析，指导相关部门正确引导和处理，协调省委网信办、省公安厅和媒体先后处置口罩分发问题，处理境外航班落地杭州等多个舆情风险点、多起重大疫情舆情热点事件，在舆情处置工作上

发挥定心丸作用。

第三，强化资源整合。打破信息沟通壁垒，充分整合各成员单位资源，搭建互通共享平台，推动相关部门及时预警、及时发现、尽早防范处置。如针对口罩质量、物资抢购、管控措施落实不力、复工复产、中小学复课等热点问题，推动各成员单位紧密协作，发挥舆情平台统筹整合作用，形成良好的舆论引导合力。同时，积极发挥平台监管作用，督促各成员单位管好用好本单位、本系统、本行业的微信公众号及个人微博、微信等自媒体平台，严格疫情信息管理，确保信息发布的准确性和时度效。

三、经验启示

“三机制一平台”工作体系，是浙江宣传思想战线主动顺应舆论传播格局新变化，全力打好疫情防控主动仗的创新之举、有效之策，在统筹推进“两手硬、两战赢”中发挥了重要作用，对稳妥有效做好常态化疫情防控条件下的舆论引导工作，具有重要借鉴和启示意义。

第一，要坚持一个原则，以系统思维推进疫情、舆情、社情联动应对。新冠肺炎疫情防控是总体战，疫情防控宣传引导同样是场总体战。必须坚持疫情、舆情、社情联合研判、联动应对，在把握疫情防控这盘大棋局中下好“先手棋”，在防范风险挑战中打好“主动仗”。要站在“两个大局”的高度统筹把握。胸怀中华民族伟大复兴的战略全局和世界百年未有之大变局这“两个大局”，立足省内与省外、国内与国外全局，分析疫情演变情势，研判经济发展情况，从舆情角度提出工作建议，掌握舆论引导主动权。要把牢“两条战线”的关口协同推进。既要把宣传报道的重点放在提振信心、凝聚民心、温暖人心上，在省级主要媒体组织刊发“两手硬、两战赢”系列“沈轩”理论文章，及时发挥权威声音的“定音鼓”作用，又要加强意识形态问题分析研判，查处各种蹭热点、蹭流量行为，做到防患于未然、处置于未发。要结合“两个场域”的特点一体开展。针对两个舆论场传播逆差现象，打通“主流媒体舆论场”和“民间舆论场”沟通互动机制，组织“天目新闻”客户端、“浙江新闻”客户端、“中国蓝新闻”客户端等新媒体，开辟战疫频道，进行大小屏互动。依托网络生态“瞭望哨”工程，做到早发现、早预警、早处置。

第二，要突出一个基调，牢牢把握“客观、全面、辩证、积极”四个关键词。面对新中国成立以来传播速度最快、感染范围最广、防控难度最大的一次重大突发公共卫生事件，宣传引导工作的复杂性艰巨性超乎想象。必须坚持客观、全面、辩证、积极的主基调，把握舆论引导的时度效，引导人们科学有序防控、理性看待形势、消除焦虑情绪、坚定发展信心。一方面，要坚持真实、平实、朴实。根据疫情防控不同阶段的重点任务，加强政策解读、典型宣传、内参报道，在宣传引导过程中，要把握尺度、讲究分寸、留有余地，不把话说得太满，更不说过头话，防止出现“低级红”“高级黑”。另一方面，要坚持客观、理性、清醒。面对网民给予的许多赞誉和过高期望，要用平常心看待，保持定力，不能自我陶醉。要加强基调把控，善于识别甄别，严密防范舆论裹挟和“捧杀”风险。

第三，要建立一个体系，形成跨部门、全媒体传播格局。指挥有力、信息通畅、运转高效、管理闭环的工作机制，是做好宣传引导工作的重要保障。实践证明，建立“三机制一平台”工作体系，打通了宣传部门与实际工作部门线上与线下以及不同媒体间的联合联动，使疫情防控宣传引导工作更加有序、更加有效。要树立大宣传的工作理念。根据疫情形势变化，打破自我服务、自我循环、自我封闭的思维定式，动员相关战线和部门一起来做，实现信息互联互通，建立舆情处置联动机制，形成推进宣传舆论引导工作的强大合力。要构建全媒体的传播格局。坚持把网上舆论工作作为重中之重来抓，强化互联网思维，推动传统媒体和新兴媒体优势互补，使各种媒介资源、生产要素有效整合，提升舆论引导的影响力、传播力。

第四，要贯彻一个要求，用情、用心、用力做好宣传引导工作。要站在百姓立场思考问题，带着为人民服务的真情开展工作，在联系服务群众上多用情，在宣传教育群众上多用心，在组织凝聚群众上多用力，使宣传引导工作更具温度，使人民群众得到实惠。要多用情，重视暖人心。注重用暖心故事、感人瞬间激励群众，用更多的事实分析、更多的真情实感打动群众，生动展现人民群众面对疫情众志成城、勇往直前的精神风貌。要多用心，力求零距离。加强主题设置、内容策划、形式创新，有针对性地做好防疫知识宣传，组织医护专家、心理医生、基层干部走上新闻发布会，现身说法，让群众感到可亲、可信、可敬。充分发挥县级融媒体中心作用，面对面发布权威信息、传播主流声音、提供政务服务，集中展示媒体深度融合改革成果。要多用力，挖掘闪光点。注重资源下沉、技术下沉、力量下沉，深入城乡基层、进驻一线企业，深入报道抗疫一线工作者的典型事迹，大力宣传一批化危为机的企业典型，广泛开展形式多样的宣传引导工作，有效发挥强信心、暖人心、聚民心的作用。

【思考题】

1. 面对重大突发公共事件，如何真实、平实、朴实地做好宣传引导工作，把握好时度效，更好地发挥强信心、暖人心、聚民心的作用?

2. 如何更加有效地发挥新闻发布主平台作用，准确释放权威信息，及时回应群众关切，提高党委、政府的公信力?

3. 如何及时准确捕捉网络舆论热点和网民诉求，抢占网络舆论制高点，营造健康理性的网络舆论生态?

打造“捉谣记”浙江疫情辟谣品牌

——浙江网络辟谣“六二”工作法的创新经验

【摘要】新冠肺炎疫情发生以后，互联网成为虚假、错误信息生产发酵传播的温床，“气溶胶感染”“全省多地封城”等凭空捏造、移花接木的谣言信息通过互联网被歪曲、放大，极大影响了浙江乃至全国疫情防控工作大局，造成了社会恐慌，损害了党和政府的公信力。

在疫情防控工作中，省委网信办深入贯彻落实习近平总书记关于新冠肺炎疫情防控工作的重要指示精神和浙江省委、省政府关于疫情防控工作的决策部署，在省委宣传部指导支持下，创新建立网络辟谣“六二”工作法——依托“两张网”、通过“两求证”、实施“两发布”、做好“两集纳”、组织“两推送”、落实“两查处”，联动各市和各有关部门，依托浙江省级媒体联合辟谣平台和各市级辟谣平台矩阵，推出“捉谣记——浙江疫情辟谣”品牌，大力推进疫情期间的网上辟谣工作，凝聚各方力量，着力广泛发现线索、准确求证甄别、及时权威发布、矩阵推送转发、线下同步打谣，形成了“一盘棋”的工作格局和有效闭环管理机制。

实践证明，以打造“捉谣记”辟谣品牌为牵引，在疫情防控期间及时澄清谬误、回应民生关切、扩大权威声音、安抚网民心理，有效遏制了舆情风险向社情领域蔓延，为全省战疫大局提供了有力网络舆论支持，营造了平稳可控的网上舆论氛围。

【关键词】“六二”工作法　辟谣打谣　网络舆情　风险防控

一、背景情况

互联网发展带来了传播格局的深刻变革，网络空间已成为各类信息的集散地和社会舆论的放大器。尤其是新冠肺炎疫情暴发后，一方面，民众对疫情相关信息高度关注；另一方面，虚假、错误信息借助互联网迅速发酵传播。各类谣言混淆视听、误导大众，加剧了社会负面情绪，干扰了防疫工作大局。

省委网信办深入学习贯彻落实习近平总书记关于新冠肺炎疫情防控工作的重要指示精神和浙江省委、省政府关于疫情防控工作的决策部署，在省委宣传部指导下，迅速组织开展全省网上辟谣工作，以网信事业排头兵的政治担当积极主动应对，打好疫情防控阻击战。

2020 年 1 月 26 日起，省委网信办牵头起草《“捉谣记——浙江疫情辟谣”专项工作方案》，创新建立网络辟谣“六二”工作法，依托浙江省级媒体网站联合辟谣平台①和市级辟谣平台，开设“捉谣记——浙江疫情辟谣”专题，畅通网上“谣言举报”通道，大力联动

① 省辟谣平台由浙江省互联网信息办公室、浙江省公安厅、浙江省通信管理局指导，浙江省网络文化协会、浙江省互联网协会主办，浙江在线、浙江卫视等媒体网站承办。平台于 2014 年上线运行以来，累计发布各类辟谣信息近 2 万条，新浪微博“浙江辟谣”话题阅读量超 4230 万、讨论 1.8 万余条，在引导网络舆论、提高公众对各类谣言及网络违法有害信息的认知和鉴别能力等方面发挥了关键作用。

线上线下、厅局部门、各类媒体、社会各界、网民大众等多主体，开展全时域、立体式、全方位的网络谣言治理，全力打造全省“一张网”“一盘棋”的辟谣格局。浙江疫情防控应急响应期间，全省各类网络媒体发布辟谣信息超3000条、转载辟谣信息近1.3万次，推出原创新媒体作品《捉谣日历》超50期，总点击量超4.3亿次，通过及时澄清谬误、回应关切、稳定人心，为全省战疫大局营造了平稳可控的网上舆论氛围。

二、主要做法

（一）突出常态长效，强化机制建设，筑牢网络辟谣根基

省委网信办立足全省，按照线索监测发现、发布传播、源头查处的网络谣言治理思路，在日常工作机制建设基础上，牵头创建“六二”工作法，联动各地各部门，落实落细各项工作流程，形成浙江网络谣言闭环治理格局。

第一，打通线上线下，强化谣言线索监测机制。疫情期间，省委网信办依托浙江省互联网舆情监测系统“线上一张网”，主动监测发现各类涉政舆情，梳理汇总谣言线索，同时发动全省各地基层乡镇、村通过“线下一张网”，每日报送社情民意和重点舆情信息，形成谣言线索监测合力。应急响应期间，省委网信办依托“两张网”，共发现敏感度高、风险性大的谣言线索3000余条，为浙江疫情防控工作预判风险和省委、省政府进行科学决策提供重要参考。

第二，打通发声渠道，强化辟谣信息传播机制。收集汇总谣言线索后，省委网信办协调组织有关部门进行“两求证”：一是协调浙江省疫情防控工作领导小组成员单位第一时间对涉本行业谣言进行甄别求证，二是组织各市委网信办对涉属地谣言辨伪求真。根据求证结

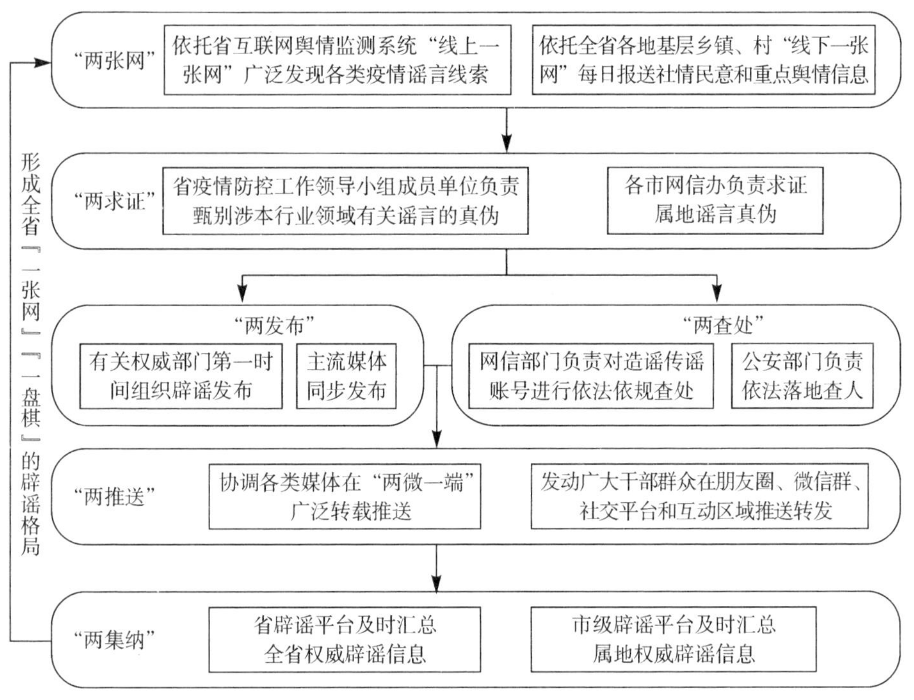

浙江疫情辟谣工作“六二”工作法闭环流程图

果，省委网信办组织主流媒体、协调有关权威部门实施“两发布”，并大力汇集网络传播合力，协调各类媒体在“两微一端”平台广泛转载推送，发动广大干部群众在朋友圈、微信群、社交平台和互动区域推送转发，促使更多网民自发转发推送，即“两推送”。同时，省市两级辟谣平台及时汇总权威机构发布的辟谣信息，做好“两集纳”，供网民随时查阅。

第三，打通联动渠道，强化谣言源头处置机制。对疫情期间造谣传谣等违法违规行为，全省网信部门和公安部门充分利用在“清朗”“净网”“网络生态治理”等互联网专项整治行动中形成的工作机制和处置经验，坚决开展“两查处”，网信部门依法依规查处网上造谣传谣账号主体，公安部门负责依法落地查人，形成谣言源头处置合力。据不完全统计，疫情期间，省委网信办约谈查处造谣传谣网站平台及自媒体账号 100 余个，联合公安部门依法惩处造谣传谣或发布违规信息的网民近 170 人，起到了有效的警示震慑作用。

（二）突出流量优势，强化矩阵发声，扩大网络辟谣声势

省委网信办坚持“正能量导入大流量”思路，聚合主流媒体、政务新媒体、商业平台、“新莓圈”头部自媒体等平台和渠道，各展所长，通过开设专栏、转载推送、互动话题、抖音发布、弹窗推荐等多种传播手段，打造多维立体的传播矩阵，让“捉谣记”牢牢占据网民视线。

第一，用好主流媒体权威流量。省委网信办充分发挥主流网媒“定心盘”“压舱石”的作用，组织浙江在线、新蓝网等省市新闻网站及其“两微一端”平台大力推送和转发涉浙辟谣信息。指导省市网络媒体开通网上谣言举报通道，收集谣言信息，加强网民互动，针对网民举报的谣言线索，及时反馈、回应关切。协调《浙江日报》、浙江之声、浙江卫视同步“捉谣记”专题辟谣信息，通过报纸、电台、电视等渠道刊播（发），让“捉谣记”权威辟谣信息在线上线下广泛同频传播。

第二，提升政务新媒体增推流量。疫情发生以来，省委网信办主动征求各地各部门有关政务号的增推意向，协调有关部门、平台为与疫情防控工作密切相关的 200 余个省、市、县（市、区）政务号增加每日发布次数，有效提升信息公开的时效性，切实为权威信息发布赋能。同时，组织政务号积极参与辟谣信息推送转发，进一步扩大党委、政府关于疫情防控决策部署的声音，从根本上压缩谣言存在的空间。

第三，导入商业平台用户流量。省委网信办指导今日头条浙江、网易浙江、腾讯大浙等平台开设辟谣专题，实时更新涉浙权威辟谣信息，并对专题内的辟谣内容进行弹窗推荐，提升辟谣信息触达率。应

急响应期间，有关商业平台共集纳辟谣信息810余篇，累计阅读量超9700万次。同时指导新浪浙江开设“捉谣记”微博话题，立足浙江本地，放眼全国，加大对辟谣信息的曝光推送，话题阅读量超6.3亿次。

第四，拓展“新莓圈”粉丝流量。省委网信办指导省网络文化协会“新莓圈”头部自媒体，充分发挥其在垂直领域专业性强、粉丝量多、影响力大的优势，积极参与疫情辟谣。“丁香”系列新媒体矩阵覆盖用户粉丝1.3亿，依托平台签约医生和专家的资源优势，对专业性强、医学概念深奥的谣言信息主动求证、及时辟谣，共发布科普类辟谣信息超400条，阅读量超23亿人次。其中，丁香园推出的《为什么不该用双黄连预防新型冠状病毒》一文点击量超1000万人次。该文向网民解释“预防”和“抑制”的区别，科普双黄连正确服用状况和可能引发的不良反应，有效遏制了民众抢购双黄连闹剧的进一步发展。

（三）突出效果导向，强化内容策划，提升网络辟谣实效

随着疫情形势的不断变化，不同阶段的网络谣言呈现出不同的特点，从感染数据、传播情况、防护知识到社区管控、封城封道、民生物资，再到境外疫情形势、输入病例等，网络谣言瞬息万变。省委网信办实时跟踪、分析研判、把握规律，根据谣言类别有针对性地推出了一系列“捉谣记”网络辟谣新媒体作品，推动疫情辟谣工作更精准更有效。

第一，以公开透明切实维护政府公信力。政务发布公开透明是网络谣言治理的重要基础。此次疫情发生以来，涉政府决策部署类谣言占谣言总数的1/3，“捉谣记”及时反驳歪曲党委、政府防控举措的错误言论，进一步加强宣传解读，及时回应群众最关心、最直接、最实际的问题，有力维护了党委和政府的公信力。2020年2月5日，网上突然集中出现关于“封城”的谣言，省委网信办迅速联动省交通厅，

求证各地交通限行举措后，指导“天目新闻”客户端制作推出 H5 长图《网传浙江多地“封城”，谣言!》，一方面集纳杭州、宁波、温州等地“封城”的辟谣信息，一方面公开各高速公路收费站开放情况和绕行方案，为民众出行提供便利。H5 长图一经推出，就迅速在朋友圈、微信群内形成刷屏效应，并被新华网、中国网、澎湃新闻等新闻网站大量转载，12 小时内全网阅读量突破 1000 万人次，获得大量网友好评。

第二，以为民惠民切实回应民生关切。“疑似病例、物价上涨、无法复工复产”等社会民生类谣言层出不穷，引发线下恐慌。省委网信办主动回应关切，针对线下问题进行线上辟谣，针对网上谣言进行网下解决，精准发力、有的放矢，有效防范线上舆情风险向线下社会风险蔓延。如针对“骑共享单车绿码变红码”等健康码使用过程中出现的谣言，线下多方同步求证，线上积极开展辟谣，并及时向省防控工作领导小组反映人民群众对实行精准化、科学化管理的迫切需求。及时发布《听说浙江将要停工？纯属谣言！浙江已按下复工复产“快进键”》《网传“杭州叮咚买菜多名快递员有发热和咳嗽症状”，官方回应来了》《“五一”离开温州，回来就要自费做核酸检测？真相来了》《口罩抬价？菜场关门？镇政府人员被隔离?》等辟谣文章，有效缓解了民众紧张焦虑的情绪，传递了信心，鼓舞了斗志。有网民留言“每天都刷好多遍，谢谢你们”，对浙江网络辟谣工作表示肯定和支持。

第三，以科普知识切实提升防疫素养。针对网上广泛流传的防疫伪科学，省委网信办指导“捉谣记”专题推出《抗生素能有效预防和治疗新型冠状病毒？假的!》《开窗通风会把病毒带进家，引发新冠肺炎？谣言!》《大量喝水能预防新型冠状病毒感染?》等辟谣科普文章 1100 余篇，用事实击败讹传，用科学击溃谣言，纠正网民错误认知。1 月 28 日推出的 H5 互动产品《关于新型冠状病毒感染肺炎的这些谣言千万别信》，对 8 大防疫谣言进行证伪，上线 12 个小时内，吸引了近 80 万用户参与到“探寻真相”的互动中。长图《一只口罩的自白》被多地中小学用于网上科学课程教学，覆盖近 5 万名中小学生。同时，九宫格《这几个新型冠状病毒肺炎的伪科学说法，真的看这里!》、多图《紫外线灯消毒？治愈有后遗症？听听李兰娟这么说》等新媒体作品充分凸显网味、发挥可视化优势、紧扣网民关切，进一步提升了辟谣信息的创新性和传播效果，短时期内有效提升了网民群众的防疫知识和科学素养。

第四，以事实依据有力批驳西方国家的阴谋论。随着疫情在全球蔓延，一些西方国家别有用心地给新冠病毒打上“中国病毒”标签，制造谣言嫁祸、抹黑中国，试图通过“疫情政治化”等行为，掩盖本国政府对疫情重视不够、防控不力等问题，转移其国内激烈的社会矛盾。省委网信办协同卫健、外事等部门，当好对外传播“扩声器”，针对西方阴谋论，制作推出漫画《捉谣打谣，出手见真招！让这些海外谣言无所遁形》，积极集纳转载《中国延误公布病毒基因数据致疫情扩散？国家卫健委梳理时间线》《＃捉谣记＃中国妨碍西方国家研发新冠疫苗？利用弗洛伊德之死进行宣传行动?》《＃捉谣记＃中外关系因疫情变消极?》等辟谣信息，指导“印象浙江”英文网站在境外社交平台推出英文短视频《以新冠病毒之名驱除西方阴谋论》，转载推送《〈抗击新冠肺炎白皮书〉：中国对外界批评的反驳》等多语种稿件，有理有据、有礼有节地讲清楚中国在全球抗疫中展现的担当作为，揭露西方国家炮制谣言背后的真正意图，有力破除西方国家的舆论陷阱，呼吁各国继续携手合作、共克时艰，不断丰富“人类命运共同体”的价值内涵。

三、经验启示

浙江创新网络辟谣“六二”工作法，打造“捉谣记”疫情辟谣品牌，筑牢网络谣言治理闭环，是在省域治理现代化和网络综合治理大考中的一次探索创新和生动实践。总结疫情期间浙江网络辟谣工作，主要有以下经验启示。

第一，网络辟谣工作，要坚持网络综合治理大格局。疫情期间，浙江网络辟谣工作是党委领导、政府负责、社会协同、公众参与的网络综合治理实践。网信、卫健、民政、教育、文旅、交通、公安等省防控工作领导小组成员部门联合出手，在谣言监测、求证、发布、查处等各环节多方联动、多措并举、紧密配合，形成强大的政府监管机制。社会机构、行业协会和广大网民共同监督、优势互补，发挥了有效社会监督作用。大力开展网络科普、网络互动，走好网上群众路线，及时有效地提升了网民素养，增强了行为自律，唱响了浙江网络综合治理的一出精彩“样板戏”。

第二，网络辟谣工作，要坚持信息发布及时透明。信息公开是“立”，辟谣打谣是“破”。在重大突发公共卫生事件中，政务信息发布的真实性和时效性直接影响到政府公信力。省委网信办按照“依法做到公开、透明、及时、准确”的要求，高质量做好疫情期间权威信息发布，主动公开最新防控决策部署和工作进展成效，及时回应民生关切，充分保障民众知情权，立破并举让真相愈辩愈明，让谣言退场，推动政府的公权力和公信力相匹配，引导民众积极主动配合全省防控大局。

第三，网络辟谣工作，要坚持谣言分类处置，进行精准施策。随着疫情发展，网络谣言呈现动态变化。省委网信办根据谣言成因和类型，准确把握规律、精准识别、分类施策、各个击破。针对决策部署、防疫知识等误解性谣言，及时打破信息鸿沟，填补认知空白，消除公众误解；针对因不满情绪进行推想、编造的牢骚性谣言，准确捕捉公众情绪焦点，积极疏导社会心理，凝聚社会共识；针对别有用心、恶意编造、制造恐慌的攻击性谣言，坚决查清消息来源，揭露背后意图，大力查处相关违法违规行为，切实营造清朗的网络空间。

第四，网络辟谣工作，要坚持“捉谣记”品牌深化、升华。省委网信办始终坚持“养兵千日、用兵千日”的网信担当，坚持“捉谣记”品牌常态化运行，不断深化品牌内涵，不断擦亮品牌亮度，不断提升品牌影响力，尤其是“六二”工作法的创设，让“捉谣记”品牌更具新时代气质，在防控大局中发挥重要作用，得到了广大网民的认可和信赖，成为展现浙江网络综合治理成效的窗口品牌。

第五，网络辟谣工作，要坚持全媒体联动参与。习近平总书记指出：全媒体不断发展，出现了全程媒体、全息媒体、全员媒体、全效媒体，信息无处不在、无所不及、无人不用。省委网信办充分尊重互联网传播规律，运用文字、图片、音频、视频等多元传播载体，充分组织主流媒体、政务新媒体、商业平台、自媒体等各类媒体全员参与、协同联动、汇聚流量，形成全媒体传播格局，进一步提升了辟谣信息的到达率、阅读率和点赞率，为党委和政府主动发声，为网民群众解疑释惑，为复工复产增强信心，为共同维护社会大局稳定做出了贡献。

【思考题】

1. 在突发公共事件中如何利用网络开展辟谣?

2. 网络辟谣“六二”工作法可以为省域治理现代化带来哪些启示?

高效监测　纵横协同

——浙江以大数据手段推动复工复产的创新探索

【摘要】面对来势汹汹的疫情，浙江省委、省政府坚决贯彻党中央决策部署，确立“两手硬、两战赢”工作主线，不仅疫情防控“应对有方”，全面落实分区分级精准防控，创新推出“一图一码一指数”精密智控，本地疫情防控取得决定性胜利；而且复工复产“先人一步”，抢先一步抓员工返岗，纵横协同抓产业链恢复，企业复工复产走在全国前列。省发展改革委迅速组织专班，依托数据分析平台，联动省级相关部门，每日监测复工复产进程，创新推出复工复产系列指数，形成复工复产“五色图”，实现疫情防控、百姓生活、企业生产、经济运行、社会秩序多目标优化，充分彰显了省域治理现代化的浙江力量。

【关键词】精密智控　复工复产指数　每日监测

一、背景情况

疫情之下，浙江经济社会发展迎来大考。在全省“一手抓疫情防控、一手抓复工复产”的非常时期，省发展改革委作为疫情防控和复工复产的“主力部队”，坚决落实“两手硬、两战赢”要求，迅速将工作重心转向疫情防控与复工复产“两手抓”，真正做到了“履职尽责显担当”。在有序推进全省各地复工复产的进程中，省发展改革委充分挖掘浙江作为数字经济大省的优势，以大数据手段创新探索复工复产监测模式，调动最强“智力”开展高频率、深层次的复工复产监测工作，为全省疫情防控和经济尽早复苏做出了积极贡献。

二、主要做法

（一）数据为“基”，“指数＋图”创新探索复工复产监测模式

根据疫情防控形势，创新推出复工复产系列指数。浙江运用“最多跑一次”改革成果，充分利用“大数据＋网格化”的优势，快速建立完善“一图一码一指数”精密智控机制，管住重点人，方便健康人。定期编制发布精密智控指数，综合评价疫情防控管控力和人流、物流等畅通情况，实施精准、严密、智慧的点穴式管控，实现疫情防控、百姓生活、企业生产、经济运行、社会秩序多目标优化。

为精准掌握各地统筹疫情防控和复工复产情况，省发展改革委会同省电力公司，充分利用电力大数据、规上工业、规上服务业复工数据，结合三次产业结构比例，在全国首创企业复工率、产能恢复率、疫情图与复工图匹配率，并通过设定符合实际的阶段性目标，督促各地把握好复工复产的力度和节奏，确保企业复工复产情况与疫情形势相匹配，确保“两手硬、两战赢”。

根据监测内容迭代，创新丰富“五色图”呈现领域。一张“五色图”，牵动百姓心。疫情“五色图”、复工率“五色图”、产能恢复率“五色图”（统称“五色图”）是浙江的“作战图”。浙江在全国率先推出县域疫情风险地图，根据疾病流行阶段和疾病传播特点及时更新，

用红、橙、黄、蓝、绿五色依次表示各县（市、区）的疫情风险高低。通过“五色图”全面掌握全省疫情动态，既为科学精准有效防控提供依据，又为全省复工复产提供有效宏观引导，同时能够疏导缓解群众的紧张情绪。对照疫情“五色图”，首创浙江企业复工率指数、产能恢复率指数以及复工率“五色图”和产能恢复率“五色图”，每日监测、预警、预判复工复产情况。

专栏 1

三图联动监测体系

疫情风险地图根据各县（市、区）新冠肺炎累计确诊病例数、本地病例占比、聚集性疫情、连续三天无新增确诊病例等四个评估指标，把浙江省 90 个县（市、区）的疫情风险等级评为高、较高、中、较低、低五个等级，在地图上相应由红、橙、黄、蓝、绿五色标示，及时进行动态更新、精准把握各地疫情风险情况，是复工复产分类施策的重要依据，为复工复产提供宏观指引。第一张“五色图”于 2020 年 2 月 9 日发布。企业复工率“五色图”和产能恢复率“五色图”分别根据各县（市、区）复工复产情况，设“0～20”“20～40”“40～60”“60～80”“80～100”五档指数区间，分别以红、橙、黄、蓝、绿五色表示，展示全省各区域复工复产进展情况，形成了与疫情“五色图”相匹配的指标评价体系。通过“疫情‘五色图’＋复工率‘五色图’＋产能恢复率‘五色图’”三图联动监测体系，直观反映各地统筹疫情防控和复工复产情况。

根据疫情防控变化，创新探索平台实时监测功能。浙江防控成效领先，为各地区逐步有序恢复生产奠定了基础。通过汇总疾控、通信、电力、交通等部门提供的大数据，浙江率先推出“企业复工申报平台”，简化申报手续，深化“最多跑一次”改革。确保涉及疫情防控必需、保障城市运行和企业生产必需、群众生活必需、重点项目建设施工以及涉及其他重要国计民生项目的相关企业优先复工。

一块“大屏”看经济、找原因、谋对策。浙江依托经济运行监测分析数字化平台，建立经济运行每日监测分析模块，实时展示每日监测情况。平台覆盖宏观经济、中观（区域、产业、行业）经济和微观经济，通过建立数据分析模型，形成对经济运行趋势的预判，建立经济运行景气预警模型，为政府提供智能化、可视化的决策辅助工具，有效防范金融风险，更好地服务经济发展。疫情期间，浙江将电力、燃气、水务等重点公用企业数据、省级相关单位和地市已有监测平台数据、互联网大数据等多元大数据与经济运行监测分析数字化平台充分对接，完善数据共享工作机制。

专栏2

平台助企解决复工复产困难

依托浙江省企业服务综合平台和省统一政务咨询投诉举报平台，持续开展企业复工复产问题和诉求办理工作。第一时间开通复工复产企业供求对接平台，帮助企业快速发布和匹配供求信息，实现线上发布、线下对接，解决复工复产企业生产供求信息不对称难题。建立企业复工复产法律服务机制，开通复工复产法律服务平台，发布《依法防控新冠病毒相关法律法规政策汇编（上下册）》《企业复工复产相关政策法律问题解答》等，建立由50多位不同专业领域的律师组成的法律服务志愿者队伍，提供线上解答和电话法律咨询服务。自2020年2月10日以来，企业服务综合平台日均受理企业咨询和投诉问题约3900个，主要涉及复工复产、防疫物资购买、道路出行、返工隔离、工资社保税费、合同纠纷、疫情政策、原材料供需、融资、企业招聘等问题，目前所有诉求均已交办、转办有关部门或直接得到解答。

（二）时效为“王”，“日监测”高效反映复工复产实时情况

突出“最新”，有效归集当期所能取得的最新数据。根据省疫情防控工作领导小组要求，第一时间建立每日监测制度，实时反映浙江生活生产恢复进度。省发展改革委牵头联合多家省级单位，建立协同联动机制，从复工复产、重点领域、生活保障、能源供应等多领域入手，全方位、多角度对疫情防控期间浙江生活物资保障和企业复工复产情况进行实时监测分析。为充分体现高效性、灵敏性和实用性，省发展改革委会同各省级相关部门，汇总当日电力数据以及生活生产领域其他最新数据，第一时间传送至监测专班钉钉群，由专人负责快速计算各项指标，专业画图师以最快速度制作出最新的复工率“五色图”、产能恢复率“五色图”、小微企业“五色图”，以便更好地呈现复工复产实时动态。值得一提的是，为了保证数据的“新鲜度”，数据“到达”的时间往往存在极大的不确定性，专班的数据收集员几乎每天傍晚下班时间就开始紧盯手机、电脑，晚上11时后才能将数据收集完整。正是这些新鲜出炉的数据，才让疫情期间企业复工复产得到有序监测、有序推进。经密切监测，浙江企业产能恢复率指数稳步攀升。2020年3月3日，全省企业产能恢复率指数首次达到80，之后一直稳定在80以上。截至3月28日，全省企业产能恢复率达到97.13%，11个设区市中有6个市的企业产能恢复率超100%。

突出“最全”，数据涵盖横向各部门、纵向各地区。一方面，协同相关省级单位。坚持全省一盘棋，各省级单位密切协作配合，加强信息交流和资源共享。省发展改革委牵头，不断扩充监测数据的参与部门，省经信厅、省人力社保厅、省交通运输厅、省农业农村厅、省商务厅、省市场监管局、省粮食物资局、省电力公司、省能源集团、中海油浙江分公司、中石化浙江分公司等省级单位都加入其中。省发展改革委工作团队也不断扩充，相关处室和委管委（局）属单位都积

极参与到监测工作中。另一方面，联动市县和重点行业。建立全省 90 个县（市、区）的复工复产监测体系，加强对全省十大行业近 2 万家重点企业、90 个县（市、区）规上企业、规上（限上）服务业、重点外贸企业以及各地复工率、产能恢复率的每日监测，绘制与疫情“五色图”相匹配的复工率“五色图”、产能恢复率“五色图”。温州市为做好工业企业“三返”工作，仅用四天时间便紧急开发了温州工业企业防疫监测线上系统，并于 2020 年 2 月 2 日下午正式上线。依托该系统，企业可以通过手机、电脑、平板等终端设备在线报送复工时间（计划）、到位员工人数、全部湖北员工基本情况等信息；各级防控部门也可借助该系统全面掌握企业员工动向和劝返情况。截至 2 月 10 日，该市共排查 72505 家企业，并全部签订疫情防控承诺书；累计排查出返温人员 129 人，其中湖北地区返温 13 人，集中隔离 82 人。

突出“最快”，第一时间将相关数据送至防控领导小组主要成员手中。为保证省委、省政府相关领导及省疫情防控工作领导小组生活生产组（复工复产专班）成员每天 8 点看到监测数据，监测团队坚持 24 小时轮班作战。每日下午汇总（每期数据都是当期能取得的最新数据）、晚间分析编辑、次日早上印发，工作团队加班加点，确保高质量地按时完成每日监测任务。在监测钉钉工作群里，每天都是热火朝天的工作景象，每一个数据的变化都牵动人心，每一个算法都要经过反复推敲，通常是凌晨 3 点下线，清晨 6 点又上线，一周无休连轴转，在抓时效性的同时确保内容的准确性。定稿后，再由专人负责《每日监测》的送印和发放，每一个环节都有精确的时间表，每一个环节也都安排了 AB 角，避免出现“断档”情况。疫情期间，团队成员力争每天上班前将《每日监测》摆上省委、省政府相关领导和疫情防控小组成员的办公桌，风雨无阻、从未延迟。

（三）分析为“核”，“专题化”深层解析复工复产最新趋势

多维数据对比，全方位反映全省复工复产情况。发挥经济运行监测优势，以大数据手段密切监测企业复工复产情况，做好每日监测和“晾晒”。疫情发生以来，省发展改革委对全省十大行业近2万家重点企业、90个县（市、区）规上企业、规上（限上）服务业、重点外贸企业以及各地复工率、产能恢复率进行动态监测，反映全省90个县（市、区）复工复产情况，在此基础上编报《每日监测》。自2020年2月18日起，通过浙政钉、钉钉工作群等平台每日对各县（市、区）复工复产指数和图进行“晾晒”发布，指导督促各地形成比学赶超的氛围，在做好疫情防控的同时有序推动复工复产。2月20日，央视《新闻1＋1》栏目白岩松就浙江省如何边防控边复工问题采访省发展改革委主要领导，央视新闻微博直播阅读量超500万人次，点赞6万多人次。不少网友留言表示“浙江真是‘硬核’”“浙江精准服务，防疫复工两不误”“浙江‘一图一码一指数’给力”，充分反映了公众对浙江推动复工复产做法的认可。

科学选取指标，专题化分析重点领域存在的问题。组建分析专班，对企业复工复产、生活保障、能源供应等重点领域相关数据进行深度分析，既有对面上情况的监测预测与分析，也有对具体行业复工复产趋势的专题性分析，及时反映疫情防控期间全省生产生活恢复情况，并针对存在的问题提出相关建议，为省委、省政府决策提供重要支撑。在“疫情‘五色图’＋复工率‘五色图’＋产能恢复率‘五色图’”三图联动监测体系的基础上，充分利用现有大数据资料，研究建立经济运行分析监测专项综合性指数和图表，做深做细经济运行数据分析，进一步提升经济运行监测分析和研判能力，为实现全省全年经济社会发展目标提供更全面更及时的决策依据。

立足监测数据，有针对性地提出经济社会恢复建议。基于监测数

据，分析疫情防控形势、复工复产工作重心等变化情况，充分体现高效性、灵敏性和实用性。主要经历三个阶段：第一阶段为2月1日至6日，以生活必需品保供为主，内容包括生活必需品供销情况（省商务厅）、重点农产品批发市场供销情况（省农业农村厅）、全省农贸市场供销情况（省市场监管局）、粮油供应情况（省粮食物资局）、价格应急监测情况和能源保供情况（省发展改革委）等六大板块监测。第二阶段为2月7日至12日，工作重点逐渐从生活必需品保供转到企业复工复产上，内容除保留第一阶段六大板块监测外，增加了重点企业、重点项目、规上企业、电力用户复工等情况监测。第三阶段为2月13日至4月30日，按照省委“两手硬、两战赢”的目标要求，进一步贯彻落实细化量化的工作要求，重点突出企业复工复产情况和分阶段工作落实情况，经多次迭代更新，形成包括复工复产监测、重点领域监测、重点平台监测、要素保障监测和生活保障监测等五大板块在内的常态化《每日监测》。

专栏3

分类指导与研判分析

“疫情‘五色图’＋复工率‘五色图’＋产能恢复率‘五色图’”以县域为单元研判疫情风险，因地制宜、精准施策，分区分级制定差异化防控策略和推进复工复产。在疫情形势缓和前，坚持不下指标、不下任务、不搞排名，按疫情等级对行业和地区分别进行排序，建立匹配关系，分地区、分行业、分时段，稳妥有序推进企业复工复产，既压实地方复工复产的主体责任，又充分尊重防疫优先的地方决策权。

结合“三率”指数，按照分类指导、有序渐进的要求，编制发布《全省分区域分行业分时段复工复产指南》，对疫情严重程度不同的地区，每个时段（按周计）重点复工行业提出指导性意见和阶

专栏3

段性复工复产工作目标。用足用好“三率”数据，加强电力大数据深度挖掘以及手机信令、车流量等数据综合运用，开展对规上工业企业、全省用电量前500企业等重点企业以及汽车、石化、纺织化纤、装备制造、集成电路、建材、水泥、钢铁、数字安防等重点行业的疫情影响分析，及时发现问题、研判趋势，形成高质量研究报告，为分类施策提供有力支撑。

（四）协同为“本”，“专班制”有效确保复工复产监测质量

协同省级部门，举全省之力为监测数据归集提供最强支撑。将《每日监测》编报与省发展改革委经济运行监测工作紧密结合起来，谋划启动疫情过后全省经济运行每日监测工作，进一步提升经济运行监测工作水平。一是创新展示方式。依托经济运行监测分析数字化平台，建立经济运行每日监测分析模块，实时展示日监测情况。二是完善数据共享。将电力、燃气、水务等重点公用企业数据、省级相关单位和地市已有监测平台数据、互联网大数据等多元大数据与经济运行监测分析数字化平台充分对接，完善数据共享工作机制。在平台和数据的支撑下，浙江复工复产按下“快进键”。按照分区域分行业分时段有序推进的工作要求，在全国首创“三个率”，以督促各地把握好复工复产的力度和节奏，确保企业复工复产进度与疫情形势相适应，分阶段指导和督促全省各地复工复产，编制发布《全省分区域分行业分时段复工复产指南》，确保“两手硬、两战赢”。

联动系统力量，汇聚发改系统最强“智力”组建监测专班团队。省发展改革委组建《每日监测》分析专班，对复工复产相关数据进行深度分析，既有对面上情况的监测预测与分析，也有对具体行业复工

复产趋势的专题性分析，及时反映疫情防控期间全省生产生活恢复情况，并针对存在的问题提出相关针对性建议，为省委、省政府决策提供重要支撑。疫情防控以来，专班团队积极担当、主动作为，迅速调整工作重点，把支撑好省疫情防控工作领导小组生活生产组（复工复产专班）工作作为首要任务，快速集结中心25名领军专家、业务骨干组成每日监测团队，全力以赴投入战斗，以高效监测为抓手，推动全省各地有序复工复产。这一做法得到国家发展改革委的通报表扬和省委、省政府的高度肯定。

创新协同手段，通过钉钉建群等手段优化疫情期间沟通效能。为减少疫情期间不必要的人员聚集，由省发展改革委建立钉钉工作群（生活生产组监测信息群），所有参与监测工作的人员都可以通过钉钉群进行实时沟通交流和报送信息。值得一提的是，在服务企业方面，通过量化指数全力提升暖企力度。比如开化县发改局制定企业服务情况调查评定表，把暖企服务评定权交给企业，主要包括“组团联企”服务人员是否落实进厂入企服务、问需把脉要求，是否细致解读开化“暖企十条”等政策，驻企联络员是否到岗履职，提出的现实困难是否得到妥善解决，相关行业主管部门的线上服务是否到位等，由企业对服务满意度进行评分。通过政府主动、企业评分的方式，有效提升了暖企力度。同时，相关行业部门主动开通掌上审批、线上征询、线上招工等，为企业提供不见面、不跑腿式服务。又如该县市场监管局开通钉钉掌上审批服务，为54家企业线上办理营业执照；县人力社保局开通“24小时不打烊”在线招聘服务，已有1920余名求职者在线与企业取得联系。

三、经验启示

浙江以大数据手段监测和推动企业复工复产，体现了全省各级党委和政府勇于担当、善于创新、协同合作的精神风貌和治理能力，为“两手硬、两战赢”打下了重要基础。

（一）勇于担当，在公共危机大考之中主动承担决策支撑重任

答好公共危机下经济发展大题，需要早谋划勇创新抓机遇。作为省级综合经济管理部门，面对危机，省发展改革委不断强化底线思维、增强忧患意识，紧扣服务保障“两手硬、两战赢”，以大数据手段创新探索复工复产监测模式，为稳住经济基本面、谋划好浙江经济长远发展贡献了力量。同时，在本次疫情背后，也更加需要思考和关注政府决策的支撑着力点。要应对好经济发展的风险和挑战，需着眼长远、守好底线、主动出击，以工作的确定性来应对外部的不确定性。

（二）善于创新，在数字浙江大势之下创新经济监测预测手段

浙江的大数据治理与应用已走在全国前列。浙江以“最多跑一次”改革为抓手，运用“互联网＋”、大数据、云计算等现代信息技术，通过统一的云平台、政务中台、大数据平台，实现了部门之间的数据共享，打破了信息孤岛和条块分割，很多事情可以“一网通办”。目前，浙江已初步形成“用数据决策、用数据管理、用数据服务”的政府管理与服务机制，有力推动了省域治理体系和治理能力的现代化。在应对新冠肺炎疫情中，浙江大胆积极地运用大数据治理手段，创造性地推出“一图一码一指数”，成为浙江实现“两手硬、两战赢”目标的关键因素。

浙江的数字政府建设正在“最多跑一次”改革营造的良好环境下接续发力、持续创新，以打破信息孤岛、实现数据共享为关键抓手，加快公共数据开放和应用。加快推进“掌上办事”“掌上办公”平台迭代升级，打造“互联网＋政务服务”新优势，持续擦亮“浙里办”

“浙政钉”品牌。通过政府数字化转型有力推进“最多跑一次”改革向各领域覆盖深化，并主动顺应数字化时代大势，以现代信息技术为支撑，对政府职能进行系统性、数字化重塑，推进政府部门工作流程再造，加快形成即时感知、高效运行、科学决策、主动服务、智能监管的新型治理形态。

（三）协同合作，在全省重大部署之下有效发挥部门内部合力

系统集成、协同高效，是浙江“最多跑一次”改革获得成功的重要方法论。在新冠肺炎疫情影响下，浙江复工复产成效卓著，得益于这一方法论的活学活用。在疫情防控过程中，省发展改革委内部各处室协同分析监测经济形势，与其他省级部门形成数据共享机制，确保数据全面准确，研判有理有据，决策科学民主。在遭遇公共危机的非常时期，强化制度执行力尤为重要。在推动复工复产的过程中，全省上下协同一致，提高执行力，治理效能显著提升。这也充分说明，省域治理现代化需要协同式“大治理”，必须系统地而不是零散地、普遍联系地而不是孤立地推进单一地方单一领域治理，统筹推进系统治理、依法治理、综合治理、源头治理，才能较好地实现社会建设与经济建设同步、平安幸福与民生改善共进、客观指标与群众感受相符。

【思考题】

1. 危机管理需把握哪些原则？新冠肺炎疫情期间和“非典”时期相比，政策的响应度如何？

2. 请结合本案例，分析在突发事件的处理上，政策执行如何才能更精准有效？

3. 请从治理现代化的角度谈谈政府数字化转型需把握哪些要点。

从“三个不足”到“国际分享”的跨越

——浙江新冠肺炎疫情防控医疗应急物资保供实践

【摘要】“打疫情防控阻击战，实际上也是打后勤保障战。”疫情发生之初，医疗应急物资保障供应形势严峻。浙江面临“产能不足、产量不足、库存不足”和“设备紧缺、物料紧缺、员工紧缺”等问题，一度出现“一罩难求、一服难求、一布难求、一机难求”的困境。为打赢疫情防控医疗应急物资保障攻坚战，浙江迅速成立省疫情防控领导小组医疗物资保障组，按照“两手硬、两战赢”的要求，坚持量化细化闭环管理，发挥机制优势，统筹生产调拨，建立驻企服务员制度，创新“抗疫生产十法”，千方百计推动产业链协同复工复产，使医疗应急物资保障供应能力得到快速提升，有力保障国家调拨任务、援鄂医疗队、省内医疗机构、关键卡口、行政机关、一线重点单位和国际援助的医疗应急物资需求，为支援全国乃至国际疫情防控发挥了积极作用，为打赢疫情防控阻击战和经济社会发展总体战奠定了坚实基础。

【关键词】医疗应急物资保障供应　产业链协同复工复产　驻企服务员　抗疫生产十法

一、背景情况

疫情发生初期，浙江省防控医疗物资严重短缺：具有资质的医用口罩生产企业仅10家，医用防护服、隔离衣、医用隔离眼罩生产企业均只有1家；医用口罩的日产量只有15.5万只，其中，普通医用口罩的日产量为15万只，医用N95防护口罩的日产量为5000只，医用外科口罩和医用防护服的日产量均为零。振德医疗作为浙江省唯一一家有生产一次性医用防护服资质的企业，由于各种原因，2016年就停止了医用防护服的生产，相关生产设备也已转移到外省。

从民众最为关注的口罩供给可以看出当时浙江疫情防控医疗物资保障供应面临着四大挑战。

第一，市场需求“一罩难求”。1月23日，浙江省启动防疫一级响应时，适逢春节长假，全省各大药店口罩库存早在节前就被抢购一空，药店、超市、电商平台节后口罩全面脱销。2月7日，全省卫健系统提出的口罩防疫需求仅有22.7%得到满足，口罩成为企业复工复产的“硬约束”。2月10日开始复工，全省3800万复工人员的口罩需求根本无法保障。

第二，新增产能“一机难得”。浙江省虽然拥有振德医疗、朝美日化等口罩生产龙头企业，但与千万量级口罩需求相比，产能严重不足。由于需求急剧增长，口罩机市场“僧多粥少”，即使签了合同、付了钱、盯守在口罩机生产厂家，也难以按期拿到或根本拿不到设备。

第三，原料保障“一布难获”。熔喷布是口罩的“心脏”，熔喷布紧缺成为加快口罩生产的突出瓶颈。疫情发生前，浙江省仅有两家企业生产熔喷布，日产量不足5吨，仅够支撑不到500万个口罩产量生产所需，国内其他省市也难以采购。由于扭曲的供求关系，熔喷布价格飙升，从疫情前每吨1.8万元上涨到每吨40万元。

第四，生产组织“一员难招”。由于春节放假和各地严格的疫情防控措施，大量外地员工难以及时返岗，即使有少部分返岗人员，也必须严格隔离，这些情况使得绝大部分口罩生产及产业链配套企业无法及时复工，全省医用口罩产能利用率低。

面对上述难题，浙江省医疗物资保障组立即启动应急机制，第一时间组织医疗应急物资生产，运用“抗疫生产十法”，即驻企服务、志愿促产、转产扩能、协作生产、智能改造、分类指导、科研攻关、材料替代、装备突破、数字应用等方法，迅速弥补医疗物资生产短板，攻克保障工作中的突出问题，出色地完成省内医疗物资需求目标和国家调拨任务，受到国务院副总理刘鹤、国务院疫情防控领导小组办公室、国家工信部的表扬，收到中央赴湖北等疫情严重地区指导组、国家发展改革委、北京市政府等专门发来的感谢信。

二、主要做法

（一）加强组织保障，迅速建立医疗物资保障工作体系

疫情发生初期，省委、省政府领导等连续多日分赴各地，深入基层，指导督查疫情防控工作。省委、省政府第一时间成立疫情防控工作领导小组，并“下设一办六组”，及时成立以省经信厅为组长单位，以省卫生健康委、省商务厅、省民政厅等20个省级有关单位为成员单位的医疗物资保障组。保障组成立后迅速投入抗疫工作。

第一，快速组建“7＋2”工作小组和工作专班。保障组快速组建综合协调督查、医疗应急保障、进口物资和电商平台采购、原材料保障、社会采购捐赠紧急调配、舆情应对与服务、捐赠接收等7个工作小组，构建了扁平化领导、实体化运作的指挥体系。为加快企业复工

复产，紧扣“三返”高峰应急物资需求，成立了工业企业复工复产和口罩生产等两个工作专班，形成了省市县联动推进的工作格局。

第二，严格落实常态化工作机制。建立实施医疗物资保障组定期例会、生产组织、物资调拨、进口捐赠会商决策、运输协调、交办督导、信息通报等工作机制，高效推进相关工作。在浙江物资供应紧缺期间，坚持“每日一会”，省经信厅主要负责同志，各工作小组、专班负责同志全部参会，共同商议研究组内重要工作和重难点问题，推动科学决策，加快工作落实。制订《重要医疗物资生产供应能力提升作战图》，实行挂图作战、责任到人。截至 6 月 1 日，共召开例会 30 次，形成会议纪要 30 份，编发工作简报 75 期。

第三，制定实施切实可行的“战时”政策举措。结合浙江实际，制定《进口、捐赠物资三方联合鉴定工作机制》《非医用捐赠物资分配制度》《省级应急医疗物资调拨采购议价会商机制》《战时紧急状态疫情防控急需医疗诊治防护物资调剂令制度》《利用社会捐赠资金开展省级进口采购的资金结算办法》等一批政策文件，在全国率先实施医疗应急物资调拨令制度，配套实行调配令和配送令制度，有效发挥政府“有形之手”作用，规范全省医疗物资保障工作流程。医疗物资调拨令执行情况“三天一通报、六天一专报”机制，得到时任省长袁家军的批示肯定。

第四，强化医疗物资保障工作正面舆论引导。做好重点舆情监测，编发 31 期疫情防控舆情报告。及时防范处置两起可能引起重大舆情的事件。积极配合做好省新冠肺炎疫情防控工作新闻发布会有关工作，回应社会关切并加强政策解读。协调新华社、中新社、《浙江日报》、浙江发布、浙江卫视等多家媒体，发布重要新闻报道 4 万余条。

（二）聚焦紧缺物资，以点带链、以链促面全力抓好重点物资生产供应和产业链补短板

通过全面排摸生产企业情况、推动企业大力提升生产能力、创新突破原材料（设备）供给瓶颈、有效打通医用物资运输梗阻，全力挖掘潜能扩能增产，积极推动企业边生产、产业边升级。

第一，全面排摸医疗物资重点生产企业。1 月 23 日印发《关于切实做好新型冠状病毒感染的肺炎疫情应急防控物资保障工作的通知》，组织各地全面排摸口罩、红外测温仪、防护服等医疗物资生产企业情况，三天排摸企业 2000 多家，以最快速度确定浙江应急物资重点生产企业名单，落实应急物资收储单位。

第二，大幅提升紧缺医疗物资生产能力。探索形成驻企服务、协作生产等“抗疫生产十法”，帮助企业协调解决原材料供应困难，千方百计推动扩大产能产量。截至 4 月底，浙江省具有资质的医疗物资生产企业从疫情初期的 36 家增至 433 家。其中，医用口罩生产企业从 10 家增至 172 家，医用防护服生产企业从 1 家增至 35 家，隔离衣企业从 1 家增至 130 家，医用隔离眼罩生产企业从 1 家增至 126 家。截至 5 月 20 日，帮助协调企业解决原材料供应等事项 295 项，发出熔喷布调配通知书 145 张，调配熔喷布 100.4 吨。1 月 21 日至 6 月 1 日，浙江医疗物资重点生产企业的医用口罩日产量从 15.5 万只提升到最高 1057.76 万只；医用防护服日产量从零提升到最高 12.8 万件；一次性隔离衣、医用隔离眼罩、测温设备日产量从零分别提升到最高 2.3 万件、1.8 万副、3.2 万个，有力保障了全省医疗物资需求。

第三，努力实现民用口罩生产扩能增量。建立省、市、县口罩组织生产、政策保障、技术服务等工作体系，推动口罩生产企业扩能增产、转产转医取得积极成效。自 2 月 7 日建立口罩专班以来，按照省政府的要求，努力实现“一周产能上千万，两周产量破千万”的目

标，全省口罩生产每周上一个新台阶。截至6月1日，口罩产能、产量从1月21日的148万只、16万只增加到17926万只、10179万只，分别增长120倍、635倍。

第四，积极推进关键材料、设备、药品等研发生产。成功研制熔喷布替代材料——聚四氟乙烯膜复合材料，可反复使用10次以上，并供应给省内口罩生产企业。短时间突破口罩机和防护服压条机“卡脖子”问题，北平机床在20天内成功研发两种型号口罩机，欧鹰机械、杰克集团等加快生产防护服压条机。浙江全自动红外热像仪产能占全国产能60%以上。海正药业的法维拉韦成为全国首个批准上市的具有潜在疗效的新冠肺炎治疗药物。

第五，着力保障医疗应急物资运输畅通。建立实施医疗物资及人员优先保障联动、车辆通行保障、车辆遇阻协调、海外捐赠和进口防控物资运输帮扶等四项机制，截至3月底，累计为63家省级医疗物资生产重点企业提供便利化免费通行1135次，办理专用通行证598张，运输生产设备、原材料等44种应急物资1.47万吨，得到省防控工作领导小组高度肯定。

（三）紧扣“三保一防”，全力以赴抓医疗应急物资保障

第一，全力保国家调拨。坚决贯彻执行国家调拨令，截至6月1日，累计向国家拨付各类口罩2603.55万只，其中，N95口罩148.55万只、普通医用口罩2247万只、民用口罩208万只；医用防护服53.05万件（包括工信部、商务部直接调拨医用防护服）、隔离衣8.8万件、防护面料890吨、压条机360台（含向兄弟省市调拨数）。

第二，全力保援鄂医疗队和省内医疗机构。截至6月1日，累计供给各类医用口罩4606.23万只、各类防护服34.88万件、隔离衣21.77万件、一次性手术衣20.52万件、护目镜（含医用隔离眼罩）29.33万副、额温仪2.66万台等物资。其中，向援鄂医疗队供应各

类医用口罩62.41万只、各类医用防护服4.02万件、隔离衣1.57万件、一次性手术衣1.8万件、护目镜（含医用隔离眼罩）6.6万副等物资。

第三，全力保关键卡口、重点一线单位。截至6月1日，累计拨付各类口罩523.71万只、防护服23.97万件、隔离衣3.75万件、一次性手术衣200件、各类护目镜（含医用隔离眼罩）2.95万副、额温仪1.04万台等。

第四，全力做好防境外疫情输入风险医疗应急物资保障和开展国际援助。截至6月1日，累计向北京、上海及省内机场口岸工作组调拨各类医用口罩35.56万只、防护服3.81万件、医用隔离眼罩7440副、隔离衣1.32万件、防护鞋套1.11万双等物资。累计向日本、韩国、意大利、西班牙、法国、中非等18个友好国家（友城）和海外华人华侨援助各类医用口罩1012.15万只、各类防护服9.63万件、隔离衣5.33万件、医用隔离眼罩2.72万副等。

第五，全力组织捐赠类物资保障防疫一线。截至6月1日，累计向全省防疫一线调拨捐赠类各类口罩302.06万只、各类防护服25.25万件、一次性手术衣2210件、隔离衣5.35万件、护目镜（含隔离眼罩）10.23万副、防护鞋套1.59万双、一次性鞋套15.68万双等。

（四）推动“链式”复工，工业企业协同复工复产进展明显

第一，抓产业链协同复工复产。紧紧抓住龙头骨干企业这一关键，在全国率先开展以点带链、以链带面的产业链协同复工复产。建立省市县三级联动、省际联动、部省之间、长三角三省一市的产业链协同复工复产“四机制”，制定市内、省内、省外、境外产业链配套企业“四清单”，推出企业复工率指数、复工率“五色图”掌握各地复工复产情况，对疫情防控和复工复产实施精准、严密、智慧的“点穴式”管控。2月24日，全省规上企业复工率已达99.8%，基本实现

全面复工；3 月 7 日，全省制造业产能恢复到往年同期水平；截至 3 月底（之后不再统计），全省共发布 25 批产业链重点配套企业名单，协调推动 4000 多家省内外产业链配套企业协同复工复产，其中，省内产业链配套企业 3080 家，省外产业链配套企业 920 家。

第二，抓小微企业复工复产。充分发挥省促进中小企业发展工作领导小组作用，组织省市县三级推进大会，按照常务副省长冯飞提出的“七个精准”要求，建立健全地方负总责、部门管行业、属地管园区、园区管企业、企业管员工的责任落实机制，制定出台《关于加快推进小微企业复工复产的指导意见》《关于做好小微企业园疫情防控和复工复产工作的指导意见》，建立小微企业复工复产监测体系，加强小微企业分行业分地区复工复产情况监测与通报，有效推进全省小微企业复工复产。3 月初，全省 777 个小微企业园全部实现复园。

（五）强化采购补缺，积极发挥进口电商支撑作用

第一，有效组织医疗物资进口。为弥补医疗物资缺口，商务部门紧急行动，牵头举办浙江省防疫物资进口采购网上对接会，全力组织相关进口企业加大国际采购力度，落实分品种进口防疫用品渠道企业 343 家，其中 302 家渠道企业与政府实现保供对接。组织省国贸集团、阿里巴巴等重点渠道完成应急采购任务。截至 4 月 23 日，累计购入省级储备库医用防护服 7.2 万件、医用防护口罩 12.3 万只、医用护目镜 7806 副、医用防护面罩 7000 副、医用手套和民用口罩等其他物资 104 万件。

第二，显著增供渠道，货源共享。强化全省重点进口企业、电商平台对接，实现进口渠道货源与全省各地共享。截至 4 月 23 日，全省各级医疗物资保障单位累计进口医用防护口罩 423 万只、医用外科口罩 301 万只、医用防护服 127 万件、民用口罩 4432 万只、手术衣和消毒液等其他防疫物资 544 万件。252 家外资企业以各种形式捐款捐物，

折合人民币5亿元。

第三，全面落实进口便利政策。协调进口防疫物资免税清单确认，报送63家免税企业。成立省防护物资空运出入境保障联盟，提供境外货物回运服务。畅通进口通关渠道，发送75份告知书，涉及医用口罩、防护服等物资246万件。

（六）发动“全天候”宣传，有效激发社会各界爱心力量

第一，广泛募集慈善物资。第一时间发布浙江应急防控保障物资捐赠公告，充分发挥省民政厅、侨联、红十字会、工商联、省慈善联合总会优势，利用网络、新媒体等渠道，发出“全球动员令”，广泛动员海内外侨胞、港澳台同胞、浙商和爱心人士捐赠资金和各类应急紧缺医用物资。1月25日发起的“爱心驰援　共抗疫情”项目，上线一天募捐量就突破1000万元。截至4月30日，全省累计募集各类医用口罩2867.75万只、防护服及一次性手术衣138.66万件、护目镜27.64万副、鞋套58.32万双，募集到其他物资折合金额5.31亿元；累计募集捐赠资金23.09亿元，累计支出资金20.91亿元。

第二，有效发挥省级统筹支撑作用。建立省级医疗物资储备库，着力加强捐赠医疗物资（资金）的统筹调配，截至5月20日，省级统筹调配的捐赠资金达5749.50万元；累计调配医用口罩140.14万只、各类防护服及一次性手术衣13.41万件、护目镜2473副、防护鞋套15.76万双，其他物资折合金额548.27万元，对全省平稳度过医疗物资极度紧缺期发挥了巨大作用。

第三，阳光运作捐赠工作。公布经民政部门认定并取得公开募捐资格的慈善组织名单，提高捐赠公信力。详细掌握浙江医用口罩、防护服、护目镜等医疗物资的需求缺口，公布各种医疗物资参数标准，及时发布需求信息，引导全社会围绕急需物资捐赠，提高捐赠精准性。加强与海关、检疫、药监等部门对接，对捐赠物资从购买、起

运、通关到投放进行24小时全程跟踪服务。加强捐赠信息公开和社会捐赠监管，按照“谁接收、谁反馈”原则，定期对外公布捐赠情况。及时查处借疫情防控名义实施的诈捐、骗捐等违规违纪行为。

（七）及时开展国际合作，协调推动应急物资出口

应对全球疫情蔓延，积极推动医疗防护物资企业加快出口。

第一，调整完善工作机制。3月25日，将进口物资和电商平台采购小组调整为医疗物资出口小组（根据省统一部署，目前与省医疗物资出口协调机制合并运行），增加发展改革委、国资委作为小组成员单位，加强对供需对接、生产调度、货源组织、注册备案、标准认证、海关通关等方面的协调，严控出口物资质量，帮助广大医疗防护物资企业打开出口快速通道，扩大医疗防护物资出口。向商务部推荐海康威视、建德朝美、绍兴振德等11家企业作为重点医疗物资出口企业。

第二，全面落实出口保障政策。及时执行商务部等国家有关部委发布的《关于有序开展医疗物资出口的公告》《关于进一步加强防疫物资出口质量监管的公告》等政策文件，帮助企业有序做好出口工作。将符合条件的医疗物资出口企业纳入“稳外贸稳企业促发展”应急专项贷款和“稳外贸、共战疫”专属金融服务等支持范围，在贷款规模、贷款利率等方面提供专项保障。

第三，多次举办线上展会。通过网上交易会精准配对模式，鼓励企业扩大出口规模。在第一批93场网上交易会目录中，近1/3为防疫物资、医疗器械及医药类专场。4月17日，举办浙江出口商品网上交易会（意大利站——防疫产品专场），有80多家意方企业、100多家中方企业参加精准配对。依托省电商促进会、卫生用品商会等中介组织，强化行业自律，保持行业良性竞争。

第四，积极扩大出口规模。3月1日至7月20日，浙江共向美

国、巴基斯坦等163个国家和地区出口医疗物资合计167.67亿美元，其中包括口罩208.44亿只、红外测温仪5412.81万台、医用防护服22835.40万件、检测试剂盒26028.41万人份、医用帽19103.26万个、隔离衣698.56万件、面罩2078.61万个等。6月出口拉动全省出口增长12个百分点。

（八）推进“三服务”深化，切实提升稳企惠企帮企获得感

第一，建立驻企服务机制。正月初一（1月25日）起，省经信厅陆续向防疫物资重点生产企业派遣驻企服务员64名，日夜工作在一线，帮助企业解决困难、恢复生产。建立与企业直通的渠道，形成“小前台、大后台”的工作机制，帮助企业解决问题2000多个，统计上报生产调拨数据1.6万多条。全省经信系统广泛开展“千名经信干部驻企”活动，选派1300余名干部对重点企业、重点工程项目、重点平台开展服务，得到企业支持好评。

第二，全面梳理惠企政策。截至4月底，梳理国家、省、市、县四级有关疫情防控及复工复产的惠企政策802条，其中，国家级195条、省级83条、市级及以下524条，累计推送4930多万次。发布复工复产相关公告和指南199篇，累计向企业推送8020多万次。编制的《浙江省应对疫情惠企政策汇编》系列电子书在企业中引起较大反响，累计阅读量达541万次、分享转发次数6.6万次。

第三，惠企政策落地见效。积极争取国家专项贷款政策，截至4月底，向工信部报送浙江省全国性防控重点保障企业2919家，其中，1289家企业已得到工信部批准，名单内企业人行已放款576家，贷款金额174.34亿。及时落实国家退税政策，截至4月30日，已为436家疫情防控重点保障物资生产企业退还增值税增量留抵税额12.24亿元。

第四，搭建平台综合服务。依托省企业服务综合平台和省统一政

务咨询投诉举报平台，及时受理企业诉求。2月11日至3月20日，累计受理企业复工复产相关问题9万余件，所有企业诉求均已得到回复。开通省抗疫物资企业供求、复工复产企业供求两个对接平台，帮助企业快速发布和匹配供求信息2800余条，对接成功率达90%以上。

三、经验启示

从“一罩难求、一服难求、一布难求、一机难求”到医疗应急物资生产保障基本到位，只花了短短一个多月时间，浙江速度和浙江效率令人折服，其做法和经验也带来诸多启示。

（一）必须坚决做到“两个维护”，确保正确方向

这次新冠疫情，是对国家治理体系和治理能力的一次大考。在以习近平同志为核心的党中央坚强领导下，我国疫情防控阻击战取得重大战略成果，统筹推进疫情防控和经济社会发展工作取得积极成效，展现了“中国之治”的实践威力和中国制度的显著优势，党的领导力在这一过程中得到了充分彰显和提升。省委、省政府坚决贯彻习近平总书记和党中央决策部署，有力领导全省疫情防控工作特别是医疗物资保供工作，使医疗物资逐步改变短缺状况。事实证明，越是在重大事件、关键时刻、紧要关头，越要增强“四个意识”、坚定“四个自信”、做到“两个维护”，坚定不移把党中央各项决策部署落到实处。

（二）必须建立常态化医疗物资保障体系，确保稳定供给

疫情初期，面对医疗物资储备难以满足需求、生产能力难以快速提升的严峻形势，我们坚持全局思维和问题导向，创新省、市、县联动工作机制，打破经信、卫健、商务、药监、民政、海关等部门藩篱，统筹全省医疗应急物资调配调拨，构建“人员共用、信息共享、

政策打通、物资统调”的“战时”保供格局，实现了医疗应急物资保障体系的从无到有，进而实现了体系化。当前，疫情还在世界范围内蔓延，局部地区依然存在小规模暴发的可能。为此，必须处理好短期应急与长期防控的关系，坚持平战结合，运用系统思维，注重协作配合，加快建立常态化医疗物资保障体系，加强演练和预警机制建设，做好物资储备和产能储备，确保医疗应急物资供给稳定。

（三）必须强化闭环管理意识和信息技术运用能力，实现精密智控

数字经济是浙江的特色优势，大数据、人工智能、数字化设计等新一代信息技术，在医疗应急物资保供中发挥了重要作用。比如，依托省经济和信息化数据服务平台，迅速建立全省口罩“大数据”；通过驻企服务员，现场采集企业原材料、产品库存及出入库情况；通过数字化设计技术应用，快速完成口罩机设计和组装；等等。基于生产、进口、捐赠等大数据，设计了供需总表、产能产量、调拨令执行情况等 7 张表格，对所有医疗应急物资实行量化、清单式管理，在此基础上科学调节、合理调拨、精准调配。1 月 25 日至 5 月 20 日，全省累计下发 416 份医疗应急物资调拨令，共涉及 40 家企业 13 类产品，实现了医疗应急物资保供的闭环管理和精密智控。

（四）必须坚持开放创新，优化稳定产业链供应链

从浙江医疗应急物资保供战看，响应最快、支撑作用最大的都是省内企业。没有这批产业链布局相对齐全的省内企业，浙江就无法实现医疗应急物资从严重紧缺、紧平衡向供需平衡的巨大跨越。在中美贸易摩擦和新冠肺炎疫情的叠加影响下，产业链供应链安全风险加剧。应清醒地认识到，产业链供应链之变，正是倒逼升级之机，也是开拓市场之机，更是弯道超车之机。在今后的工作中，必须坚持扩大开放，逐步形成以国内大循环为主体，国内国际双循环

相互促进的新发展格局；必须坚持长短结合，以创新为核心，以多元替代为导向，围绕产业链部署创新链、围绕创新链布局产业链，扎实推进产业基础再造和产业链提升工程，全力提升产业链供应链的稳定和竞争力。

（五）必须坚持深化“三服务”，营造惠企便企帮企良好环境

“三服务”工作在平时，关键在战时。工作初期，及时建立重点企业驻企服务员工作机制，派出64名经信厅干部进驻重点生产企业担任驻企服务员，特事特办、靠前服务，全力破解原材料供应、运输保障、配套企业复工、员工返厂等难题。正因为机关干部冲在一线、积极作为，真心实意地帮助企业解决实际问题，才能在短时间内摸清重点企业的产能、产量，推动企业扩能增产，最终走出保供困境。在今后的工作中，要认真贯彻落实省委组织部出台的《进一步发挥组织作用助力复工复产化危为机的八项举措》，持续深化“三服务”，创新服务载体，优化服务质量，提升服务能力，着力帮助企业解决经营发展中存在的困难和问题，营造惠企便企帮企的良好环境。

【思考题】

1. 新冠肺炎疫情防控医疗物资保供高效运行机制的要点有哪些？

2. 如何建立更加科学有效的医疗物资储备体系？

3. 面对疫情等突发事件，在市场机制局部失灵的情况下，政府如何在资源配置中更好发挥作用？

4. 如何通过大数据等信息化手段，提升本部门的治理能力？

“线上教学”全覆盖　“居家学习”有保障

——浙江省全域推进“停课不停学”的实践探索

【摘要】教育是最大的民生窗口之一。按照教育部开展线上教育教学的统一部署，浙江省教育系统在疫情防控中，积极应对、周密部署、精准施策，解堵点、创亮点，既及时缓解民众焦虑情绪、维护社会安定，又转变育人模式、促进公平进步，在全国范围内率先实施全省域、大规模“停课不停学”。采取的主要措施有：整合各种资源，实现对象的全覆盖，以确保高质量的教育公平；坚持“五育并举”，注重内容的多样性，以推进育人模式的转变；鼓励创新手段，发挥校地的能动性，为教育系统性迭代蓄能；聚焦问题导向，提升社会的满意度，助力“两手硬、两战赢”。

通过全面实施“线上教学”，浙江省“停课不停学”成效达到预期、反响好于预期，一些优质教育资源还辐射到湖北等省份。实践证明，只要坚持社会治理全局思维、遵循教育发展科学规律、树牢教育为民工作立场，大处着眼、小处着手，就能化危为机，加快教育理念创新和实践创造，推动浙江省在全国率先实现教育现代化，建成教育强省。

【关键词】“停课不停学”　教育改革　社会治理

一、背景情况

突如其来的新冠肺炎疫情打乱了正常的社会秩序。调研发现，在延迟开学期间，66.88%的学生最担心的是“影响自己的学业”，其次是“生活无规律”“缺少运动”“心理焦虑”。70.62%的家长反映，最担心“影响孩子学业”，其次是“身体健康”“无人监管”，还有对中高考升学的担忧等。长时间居家隔离与春季延期开学加重了学生及家长的教育焦虑感，对社会稳定也产生了一定影响。

作为重大突发公共卫生事件一级响应的应急举措之一，“停课不停学”主要解决疫情期间学生“不断学”的迫切需求，它是应对疫情、维护社会稳定、推进社会治理不可或缺的重要组成部分。目前，浙江省共有在校大中小学生约800万人，推进线上教育涉及千家万户，学生及家长是疫情防控战中不能回避的一个群体。

按照教育部统一部署，浙江省教育厅审慎研判、下定决心，在全国范围内率先实施全省域、大规模“停课不停学”。据统计，全省各地采用各类教学平台90余个，中小学校普遍开展了在线教学。其中，小学段每周上课次数为4次或5次的达75.33%，每节课时长在30分钟以内的达74.38%，初高中学生线上学习平均每日课程量为5.31节，基本符合课程计划和学生线上学习的特点。

“停课不停学”期间，浙江省教育技术中心创建运维的“之江汇教育广场”新增了180225件名师资源、1255门网络同步课程；学科数字资源基地学校开展了2089节网络直播课程，开放了7345节精品微课程；形成防疫专题资源1600余件、中小学疫情防控心理微课34个，访问量达到346544人次，并被“学习强国”作为精品数字资源收录。

浙江省“停课不停学”成效达到预期、反响好于预期。调查发现，对疫情期间的线上教学，学生和家长感到"满意"和"非常满意"的达 82.9%。浙江省教育厅组织挖掘的典型经验在官方微信"教育之江"发布后，阅读量常常破 10 万，并被《人民教育》杂志等媒体转载，受到教育部关注。教师们精心制作的地理、化学、历史、英语及数字赋能教育等 12 个案例或微课被教育部采用，并向全国推广。

与此同时，一些优质教育资源还辐射到了湖北等省份。浙江省教育厅指导省特级教师协会参加助力湖北公益送教活动，182 名特级教师积极响应，带动全省 1444 名非特级教师参与支援湖北送教活动，共送课 2808 节。一些课程网络点击观看人次超过 100 万，不仅履行了特级教师的引领示范职责，还为湖北地区师生实现"封城不封教、停课不停学"贡献了力量。

二、主要做法

（一）整合各种资源，实现对象全覆盖，以确保高质量教育公平

"停课不停学"，浙江省做到了学校全覆盖、学科全覆盖、教师全覆盖、学生全覆盖。初步统计，全省各地采用各类教学平台 90 余个，各中小学校根据部署均开展了在线教学。

全省各地各校整合各级教育资源公共服务平台、数字电视、第三方在线教学平台与工具，在深入推进"互联网＋义务教育"民生实事基础上，为师生提供丰富的资源内容和多终端应用、多出口供给的在线教学服务。及时发布"之江汇教育广场"和设区市部分网络教学服务平台有关信息，推出各设区市自主运营的数字资源公共服务平台及部分网络教学服务资源平台信息，供师生自主选用与点播教学，为在线教学提供基础保障。

与此同时，浙江省教育技术中心和各地教育技术部门，统筹技术

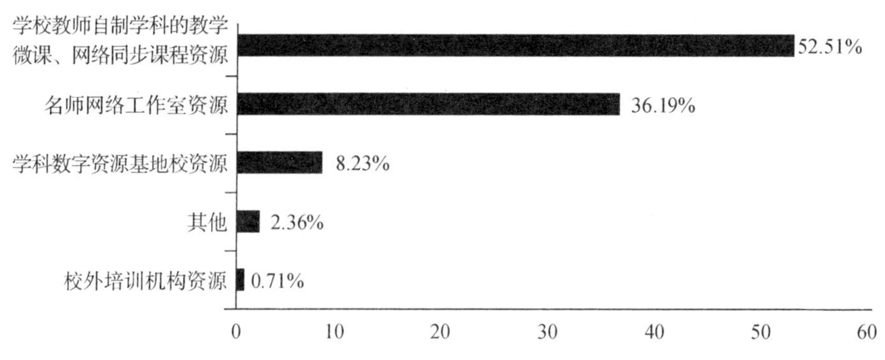

“之江汇教育广场”疫情期间不同来源资源适用性和受欢迎程度

服务保障力量，为线上教育教学提供全程技术服务保障，切实加强对县（市、区）学校的指导，落实平台开放期间专人值班制度，确保平台安全稳定运行。各市、县（市、区）中小学校组建并发挥线上教学技术团队的作用，组织开展技术支撑专项培训，实时监控运行情况，及时解决各类技术问题，确保线上教育教学活动正常运行、有序实施。

聚合多方力量，优化在线教学平台。针对“停课不停学”期间全省集中开展线上教育教学的实际，及时协调浙江电信、浙江移动、阿里巴巴和浙江大学等单位，从存储、算力、网络带宽、视频转码等方面对平台进行紧急扩容，全面优化平台性能。通过努力，平台算力提升了160%，独立用户并发访问量增至5倍。同时，为满足不同地区、不同条件师生的需求，联合浙江电信、浙江移动、浙江华数等运营商和电视台，开通了专栏资源的电视端学习路径。

各地积极优化已建平台并探索适用方案，或有针对性地指导学校选用成熟的第三方平台，灵活使用直播、点播、在线答疑、课后练习与评价等多种形式开展线上教学，有效保障“停课不停教、停课不停学”。

征集优秀教学资源库，强化线上教学资源供给。为扩大中职学校线上教育教学资源，浙江省教育厅开展了优秀教学资源库征集活动。

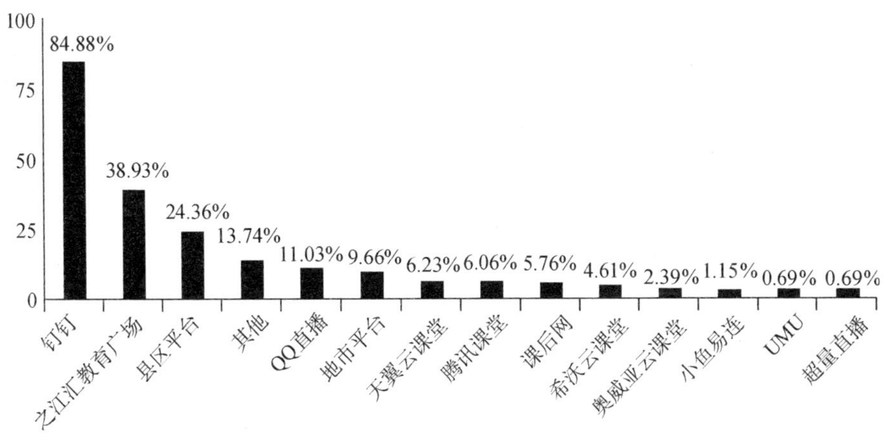

选用在线教学技术平台（工具）情况

经审核遴选，向全省中职学校发布了含150个优秀资源库的征集目录，供其免费使用。浙江省还以市为单位，汇集“名师优课”资源并查缺补漏，组织学科名师协同建设市级各学科全覆盖的“一课一名师”课程库，确保各市同一学段、同一学科、同一内容或专题至少有一位名师按课程标准录制课程。

校企合力帮扶，确保五个全覆盖。全面排摸留守儿童、随迁子女、困难家庭子女等特殊人群线上学习帮扶落实工作，建立特殊人群人员清单，逐一确认。对确有困难的特殊群体学生，制订个性化的学习任务单，采用“短信交流反馈+返校补课辅导”方式进行个别保障。统筹教师力量，按一对一方式落实对抗疫一线医务人员子女的关爱与帮扶，提供针对性的学业辅导与人文关怀。联合社会力量，推出网络环境升级和数字电视费用减免等惠民举措，引入部分线上教育企业产品，让每一个孩子都能享受优质在线课程。

（二）坚持“五育并举”，注重内容多样性，以推进育人模式的转变

“停课不停学”，浙江省叫停上新课、上复习课等简单做法，不少

局长、校长亲自上第一课，积极探索育人模式的转变。

“五育并举”，一门学科也不少。浙江省教育厅提出“坚持‘五育并举’全面发展，既要重视文化科目的教学与辅导，也要因地制宜、创造条件，积极开展音体美劳等科目教育教学活动，全面落实课程标准要求”的教学目标。各地各校开设学科种类超过13门，除语文、数学、英语等家长重点关注的学科外，还开设了体育、卫生防疫、心理健康等科目，既丰富了学生的居家学习生活，也落实了“五育并举”的教育理念。

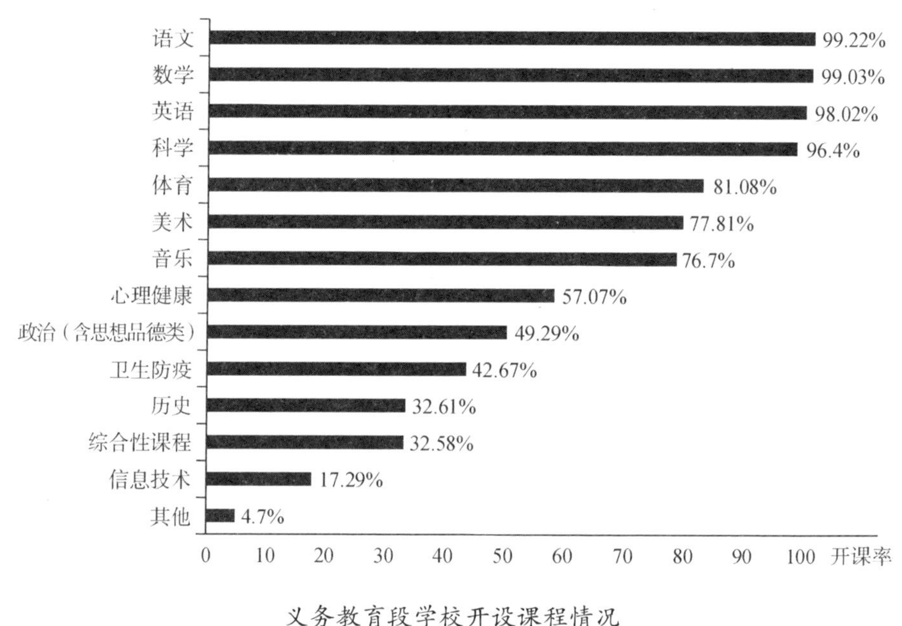

义务教育段学校开设课程情况

教育局局长、学校校长上“开学第一课”。各地各校利用远程互动视频、直播视频等方式，开出别具特色的“开学第一课”。教育局局长、学校校长积极参与并担任主讲，利用疫情防控中涌现出的特殊而鲜活的“时代教材”，把“五育并举”的教育理念融入其中。

高校改革线上思政课，上好立德树人大课。疫情是最好的教材。浙江省内高校第一时间组织思政课教师开展“云备课”，开好“云课

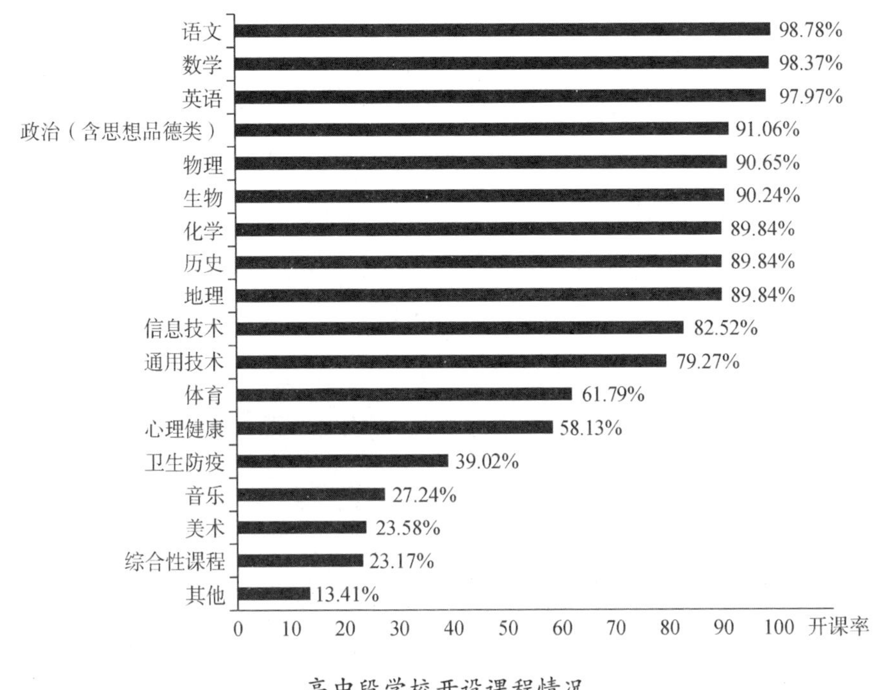

高中段学校开设课程情况

堂”。一些高校采用慕课、录播、研讨、直播等多种授课方式，及时将疫情防控的生动实践转化为鲜活教材，把一个个师生党员的战疫事迹从“一线”输入“云端”，努力实现学校思政“小课堂”与抗击疫情的人民战争“大课堂”之间的同频共振，把家国情怀融入专业课堂中，做到价值观引导和知识传授两不误。

理论与实践结合，线上与线下融合。坚决制止和纠正个别学校试图借机“弯道超车”和“抢跑”等行为，明确线上教学的“补位”功能，不能“替位”，更不能“越位”。在教学安排上避免单纯文化知识教学，坚持理论与实践结合，线上与线下融合，将疫情防控知识学习和教学课程学习相结合，把培养学生自主学习能力、促进学生身心健康放在重要位置，增加生命教育、公共安全教育、心理健康教育和使命担当教育等内容，组织学生认真学习抗击疫情中涌现的先进事迹，以此培养学生的价值观。指导家长合理规划家庭活动，引导孩子参与家务劳动、学习生活技能、学会时间管理、培养学习习惯，更好地陪伴孩子过好这段特殊而难得的“亲子时光”。

积极开展项目学习探索，推进学习方式转变。结合疫情的特殊背景，浙江省教育厅提出开展项目学习探索的倡议，并向全省征集优秀的项目学习案例。通过引导学校以疫情期间真实社会事件为学习情境，研究素养导向的项目学习，推进学习方式转变。挖掘群众智慧，化疫情为教学资源。活动共征集优秀项目 300 多个，较好推进了学习方式转变，也丰富了以生为本、关注核心素养的教学实践。

（三）鼓励手段创新，发挥校地能动性，为教育系统性迭代蓄能

“停课不停学”，浙江省鼓励各地各校积极行动、因地制宜，按照“一县一策、一校一策”落实相关工作。

各地因地制宜地开展教师线上教学培训，将提升线上教育教学能力作为“中小学教师信息技术应用能力提升工程 2.0”的重要内容。根据“停课不停学”实际需要，各地以急需、实用、有效为原则，开展教师在线教学能力提升培训，并计入专业发展培训学分。在保证质量的前提下，通过直播、发放课程包等探索形式多样的在线教师培训方式。

启动教师线上教育教学助力活动。浙江省教育厅积极组织华东师范大学、中国教师研修网等 11 家优质远程教育培训机构开展“助力中小学校线上教育教学行动”。在浙江省中小学教师专业发展网络学校开辟专栏，向全省教师免费提供近千种在线资源，以及网络教研、线上教学等专家在线支持通道，供各地各校教师自主选学。

积极探索线上教学新模式。经历了在线教学初期的迷茫后，各地各中小学校不断优化教学组织形式，如汇聚区域优势力量的统一平台在线教学、数字电视一年级一频道、“学习任务单＋微课（学习资源）

+学习反馈”“项目化研究主题+学生线下研究实践”“查找资料+成果交流反馈”等。一些教师还探索了先学后教、云小组合作学习、云自主学习、一生一课表混合式学习、基于复习的“自主学习+云辅导”等教学模式。

充分发挥科研优势。各高校积极推进微课、慕课、VR、5G、直播、AI、“云”系列（“云空间”“云课堂”等）、学习社团等新颖的在线教学方式。通过“线上指导+线下自学”，教师们快速掌握了利用微信、QQ、希沃、小鱼易连、钉钉等20多种软件工具开展网络教学的方法。立足SPOC教学模式，通过平台布置任务与直播上课相结合的方式，浙江师范大学外国语学院为学生们设计了一堂堂有温度、有深度的战疫课。浙江工商大学则推出了38门校级以上精品在线开放课程和1个创新创业课程群，涵盖“通识选修课”“专业基础课”“专业核心课”“创新创业”四大类别，供大学生们和广大市民免费学习。

引导广大教师积极开展教科研。基于居家学习出现的种种问题，浙江省教育厅首创“疫情与教育”专项课题，实行滚动立项，鼓励广大教师积极投身问题研究，以教学研究促进问题解决。此次课题研究吸引了6万余人参与，约占全省大中小学专任教师的10%。立项课题中以线上教育为主要研究内容的课题共354个，约占课题总量的60%。相关研究主要聚焦了线上教学的困境与对策、开发线上教育课程、优化线上教育资源、探寻线上教育手段、打造线上教育平台等方面，较好地通过“自上而下和自下而上”的双通道解决了在线学习问题。

（四）聚焦问题导向，提升社会满意度，为夺取“两战全胜”助力

“停课不停学”，浙江省密切跟踪形势，组织多轮调研，利用大数据，第一时间发现和解决各种次生问题，提升了社会对居家教学的

满意度。

强化线上教学指导，改变一线教师认识误区。疫情尚未明朗之前，是否需要开展线上教学成为两难选择。在深入听取多方意见后，浙江省教育厅疫情防控领导小组一致认为，疫情防控将是一个长期的过程，需要借助在线教学稳定师生情绪，保证教学计划顺利完成。2月6日，浙江省教育厅印发《关于防控疫情延迟开学期间在全省中小学全面实施线上教育教学工作的指导意见》及相关附件，及时回答了"疫情下线上教学怎么做、做什么"等问题，明确了浙江省线上教学的四大原则，对稳定社会情绪、指导一线教师教学、统筹各项资源起到了重要作用。同时，还向一线学校校长、教师和家长提出开展普通高中、初中线上教学的10条建议和小学生居家学习的10条建议，切实防止一线教师走入线上教学误区，促进教书育人方式的良性转变。

规范教学要求，把好教学节奏。及时回应社会关切，针对社会反映线上教学加重学业负担和学生自感视力下降等问题，浙江省教育厅出台了一系列规范措施，具体包括：禁止幼儿园组织线上教学，对小学低段上网学习不作硬性要求，由家长和学生自愿选择；不强行要求学生每天上网"打卡"、上传学习视频和作业；限时限量合理安排线上教学，通过限定网课时长、增大休息间隔、做视力保健操、强化体育锻炼等，引导学生合理安排居家学习作息时间。同时，规范培训机构线上培训行为，严肃查处超标超前、应试导向、虚假宣传、制造焦虑等违法违规行为。

推出系列防疫心理微课。针对疫情防控及线上学习可能引发学生心理变化，使学生极易产生恐慌、焦虑等不良情绪的现象，浙江省教育科学研究院、浙江省中小学心理健康教育指导中心迅速组织力量拍摄了一批防疫心理微课，切实帮助中小学生、教师及家长理性平和地面对疫情，提高心理防护水平。截至5月7日，共推出微课40节，总点击量已达 115.11 万次。

开通中小学心理热线。各地开通了中小学心理热线，进一步纾解家长和学生的心理压力。全省共开通防疫心理热线 1693 条，服务 17204 人次。浙江省教育厅还专门成立心理援助志愿服务队，开通两路心理援助专线，为抗击疫情一线医护人员及子女提供心理支持专项服务。设一路专线面向抗疫一线医护人员及其家属，接线人员由浙江省心理卫生协会理事长赵国秋教授召集的 15 位杭州市各医院精神专科顶级专家、主任医生组成；另一路专线面向抗疫一线医护人员子女，由杭州市直属中学及小学的 20 位具有丰富接线及心理咨询经验的专职心理教师组成。

三、经验启示

习近平总书记在浙江考察时对浙江提出“努力成为新时代全面展示中国特色社会主义制度优越性的重要窗口”的新目标新定位。面对突发公共危机，浙江省教育系统既要全力发挥民生窗口的维稳作用，更要为推进社会治理、推动教育现代化而担当作为、不辱使命。

（一）推进“停课不停学”，必须坚持社会治理的全局思维

全域推进在线教育，同时解决 800 多万名学生的教育需求，是一个庞大繁杂的系统工程。搞好疫情期间的教育教学，不仅具有教育教学的属性，更具有社会治理的内涵。所以，经深入调研论证，浙江省教育厅在全国范围内率先实施了全省域、大规模的“停课不停学”。实施过程中，全系统更是形成了“一荣俱荣、一损俱损”的全局观，力争把线上教学这件难事办成办好，为疫情防控减压，为社会稳定助力。

推进“停课不停学”，各地秉持“一个都不能少”的整体观，联

合扶贫、就业、社保等部门形成合力，不让任何一名学生掉队；注重学校、教师、学生、家长到场配合，以营造有效的学习氛围，使其成为一场全员育人、全面育人的社会实践，从而保证社会治理的成果和优质教育资源为所有学生共享。

疫情对传统的教学生态、学习生态和家庭教育生态形成了全方位冲击。“停课不停学”是特殊情况下的应急之举，面临难题是正常的，也是可以预见的。虽然应对的是当下的问题，但一定要瞩目未来。各地各校坚持“管中窥豹、一叶知秋”的发展观，视难题和问题为财富，积极总结问题，反思教育治理和教学实践中的不足，补短板、强弱项，扎实推进教育治理现代化。

（二）推进“停课不停学”，必须遵循教育发展的科学规律

从过往经验看，重大社会事件往往会促进新的教育理论与教学方式的产生。“停课不停学”不应该是传统课堂简单的线上搬迁。这是浙江省教育决策者在开展顶层设计时所坚持的一个价值取向。

浙江省非常强调把实施线上教学与推进教育理念的重大创新紧密结合起来，借助专业机构的研究指导，从教育发展的高度，不断改进与完善线上教学模式，用大数据来为线上教学保驾护航，引导学校、教师和家长随时总结、反思、创新教学成果，助力教育现代化。

浙江省注重把实施线上教学与推进育人模式的持续转变紧密结合起来。大规模开展线上教学期间，坚持立德树人根本任务和“五育并举”，帮助学生塑造正向的价值观，广泛开展爱国主义教育、生命教育、信念教育、价值观教育、责任教育、科技教育等，及时征集一批优秀教案与典型课例，有力地推动了从传统“育分”向现代“育人”模式的转变。

实施“停课不停学”，浙江省坚持线上线下教学深度融合。虽然推进线上教学是由疫情引发的被迫之举，但各地各校利用这一战略机

缘，积极推进技术与教育教学的深度融合，基于物理空间（如传统的课堂）和信息空间（网络空间）来创新教育教学模式，探索和总结出一批"互联网+教育"的新成果，为重塑教育、创新教育奠定了重要的信息化基础。

（三）推进"停课不停学"，必须树牢教育为民的坚定立场

"停课不停学"是应对重大公共危机的政策性产物，而且是一种全新的教育样态。立志于把这样的好事办好，浙江省教育系统树牢教育为民工作立场，强化沟通服务，减少争议和冲突，为全社会战疫贡献了一份教育力量。

"停课不停学"期间，浙江省教育系统积极统筹、均衡配置政府和社会各类教育资源，多调查、多总结、多研究，力争把每一件事做得细而又细。比如在常山县，针对摸排发现的125名家里没有电视、手机、电脑的中小学生，县教育部门发动公益组织、爱心人士进行捐赠，确保他们能完成在线学习，真正做到了急群众之所急、想群众之所想、解群众之所困。

教育无小事。大规模的"停课不停学"虽然解决了学生的教育刚需，但也带来了学业负担加重、学生自感视力下降、学习成绩焦虑等次生问题。这些问题各方关注度高，舆情燃点多、沸点低，一旦解决不好，必然会给线上教学带来负面影响。浙江省教育厅第一时间回应，问计于民、开门办学，及时出台指导意见，纠正一些不科学、不合理的做法，优化在线教学的课堂形式和组织方式，力争把好事办得更好。

"停课不停学"涉及面广，利益主体多元。只有加强沟通、调整完善、探索创新，才能求同存异，最大程度地满足人民群众对教育发展的期盼，缓解疫情带来的压力。浙江省教育厅始终坚持权威发布、舆论引导和舆情应对同步谋划、同步研究、同步实施，在加强政策宣

传的同时，及时处理不实信息和负面舆情，形成工作机制和改革合力，为推进线上教学取得实效营造了良好的外部环境。

【思考题】

1. 推进“停课不停学”，应对突发的公共危机，需要培养教育系统干部和教师哪些方面的能力?

2. “停课不停学”的实践探索，在适应新形势新趋势、运用新技术新手段、推进理念和方法创新等方面，对你开展本领域的工作有什么启示? 你可以做怎样的改进?

集智聚力应急攻关　筑牢科技防疫屏障

——浙江省科技厅开展新冠肺炎疫情科研攻关的探索和实践

【摘要】最终战胜疫情，关键要靠科技。浙江省科技厅作为科研攻关的组织单位，在科研攻关过程中面临着诸多挑战。

省科技厅集结全省优势科研力量在全国率先启动新冠肺炎疫情应急科研攻关，按照“聚焦重点、急用先行、成果导向、强化统筹”的原则，聚焦疫情预警预测、病毒病原学和流行病学、综合救治体系、中医药防治、快速检测、有效药物、疫苗研发、医院应急管理体系构建及协同运行八大主攻方向，先后部署实施了35个疫情防控应急攻关课题，实施挂图作战，精准动态管理，始终瞄准疫情防控的紧迫需求。经过近5个月的努力，科研攻关取得了积极成效，支撑浙江率先推出“一图一码一指数”，多措并举的综合救治策略成效显著，新治疗技术手段加快运用，疫苗研发稳步推进，病毒病原学等基础研究取得重大突破，为浙江打赢疫情防控人民战争、总体战、阻击战提供了强大的科技支持。

【关键词】科研攻关　最有力武器　挂图作战　包干制

一、背景情况

2020年春节前夕，面对突如其来的新冠肺炎疫情，党中央向全国发出疫情防控动员令。1月23日上午，省委、省政府紧急召开防控工作视频会议，在全国率先启动重大公共突发卫生事件一级响应，并整体推出“十个最”的防控措施，以遏制疫情蔓延扩散，同时提出，积极开展技术攻关，组织浙江大学、省疾控中心开展疫情防控和临床诊疗技术攻关。浙江省科技厅迅速有力贯彻党中央和省委、省政府决策部署，将科研攻关作为防控疫情的战场，集中全省科研“最强大脑”，1月21日，在全国率先启动应急科研攻关——先行启动由国家卫健委高级别专家组成员、中国工程院院士李兰娟领衔，由浙江大学、省疾控中心作为牵头单位开展“新型冠状病毒病原变异与防控关键技术研究”和“新型冠状病毒肺炎的应急防控及诊治技术研究”两个重大科技专项。同时，紧急启动“新型冠状病毒感染应急防治”自然科学基金专项，通过基础研究、临床应用到产品开发的全链布局增强防控能力。

与此同时，省科技厅紧急向全省科技系统连下三道科研攻关令，前两道令从组织领导、党员干部主动服务等宏观层面全面动员、紧急部署，其要点有二。一是要求加强溯源、病原学和临床诊治技术研究，加快检测试剂、有效药物和疫苗研发，提高疫情防控的科学性和有效性。主动服务相关药企和疾病防治研究机构，积极牵线搭桥，组织联合攻关。各级科技部门根据本地区疫情防控技术需求，设立紧急立项机制，加大技术攻关。二是要求各级党员领导干部当好高校、科研机构、企业、人才的“后勤部长”，结合深化“三服务”活动，帮助解决实际困难，解除后顾之忧，全力支持开展科研攻关。采用择优委托、“一事一议”和“绿色通道”等方式，加速立项流程，并保证研发资金及时到位。加快建立产学研协作机制，注重开展医、药、护理和其他相关学科的多学科、多领域、跨省市交叉融合联合攻关，帮助企业建立顺畅的沟通协调机制，推动各类企业开展关键产品联合研发，构建基础研究、临床应用到产品开发的全链布局，增强防控能力。

第三道令——《关于新型冠状病毒感染肺炎防治应急研发项目组织实施方案》，则从项目组织原则、项目立项程序、经费支持方式、项目管理和绩效评价等方面，建立了微观操作手册，奠定了战时科研攻关的制度基础，也为突破更多核心技术，拿出更多“硬核”产品赢得了宝贵时间。

经过近5个月的努力，一批带有“浙江首个”“全国首次”“全球首例”标签的“硬核”科研攻关成果相继推出：

1月24日，省疾控中心成功分离出首株新型冠状病毒毒株。

1月25日，每日互动公司新冠防疫数据智能平台上线。

1月28日，每日互动公司与中国工程院院士李兰娟共同提出无意识密切接触者的概念，并在此基础上研发出相关指数模型，成为精密智控过程中防控指数体系中最重要的指数之一。

2月7日，浙大一院团队从患者粪样中分离出新型冠状病毒毒株。

2月9日，省疾控中心绘制的新冠疫情风险“五色图”由省政府首次发布。

2月11日，每日互动公司支持开发的杭州健康码赋码引擎投入使用。

2月18日，“新冠肺炎浙江诊疗经验（精简版）”发布。

2月18日，浙江研制的新冠病毒重组蛋白疫苗在第一批实验小鼠动物体内产生抗体。

2月18日，浙江首次尝试将新冠肺炎康复者捐献的血浆用于危重症病人的临床治疗。

2月19日，西湖大学在世界上首次解析出ACE2全长结构。

2月25日，浙江3种治疗新冠肺炎的中药制剂获批院内制剂。

3月1日，浙大一院成功完成全球首例老年新冠肺炎患者肺移植，3月8日再次成功为另一例70岁的新冠肺炎患者进行肺移植。

3月11日，浙大一院与海外开展远程视频连线，与世界分享浙江战疫经验。

3月15日，全省首例撤下ECMO的危重症患者康复。

3月16日，杭州优思达生物技术有限公司研发的现场快速核酸检测试剂盒获批注册，是浙江首个获批注册的新型冠状病毒检测试剂。

3月18日，浙大一院联合阿里巴巴向全球发布多语种新冠肺炎防治手册。

4月13日，省疾控中心与北京科兴中维合作的灭活疫苗正式获批进入临床试验（疫苗毒株CZ株由省疾控中心提供）。

事实证明，省科技厅开展新冠肺炎疫情科研攻关的实践和高阶成效为全国乃至全球打赢疫情防控战贡献了浙江智慧，彰显了建设“重要窗口”的科技担当。

二、主要做法

新冠肺炎疫情突如其来，在没有现成“脚本”可供参照的形势下，省科技厅按照省委、省政府决策部署，争分夺秒、主动应变、精准施策，在坚持科学性和确保安全性的基础上，全力开展新冠肺炎疫情科研攻关，在非常时期用非常之举，行非常之策，成非常之功。

（一）纾解破局之“困”，突出快、准、用、强、实，迅速组织应急攻关

第一，急用先行，科研立项突出“快”字。1月21日，省科技厅在全国率先启动新冠肺炎疫情应急科研攻关，首批支持“新型冠状病毒感染的肺炎防控及诊治技术研究”“新型冠状病毒感染的肺炎疫情防控关键技术研究”2个重大科技专项和4个自然科学基金项目，首期1000万元科研经费24小时内拨付到位，跑出浙江速度。截至目前，35个课题有序推进，共安排省科技专项资金5700余万元，引导市县、企业联动投入应急攻关研发经费9.5亿元。建立立项赛马机制，好中选优，采用绿色立项、择优委托的方式，设立自然科学基金项目池进行动态管理，按照短期和中长期相结合、应急先行、成果导向的原则优化流程。入池19个课题并行开展研究，根据绩效择优分类支持。

第二，聚焦重点，技术攻关突出“准”字。根据省委、省政府领导的要求，省科技厅结合疫情防控需求和科研一线需要，对具体研究方向进行主动布局，紧紧围绕新冠肺炎应急防控、疾病诊治、有效药物、疫苗研发、快速检测、公共安全预警等紧迫需求和病毒溯源、传播力、传播机理等科学问题，突出主攻方向，精准开展研发攻关。同时，指导成立由省内相关领域战略专家组成的专家组，为全省疫情防控精准把脉。

第三，注重实效，科研成果突出“用”字。通过科技手段，具体解决战时运转状态下最重要、最关键和最急迫的问题，省科技厅绘制攻关作战图和进度表，倒排时间、挂图作战，加强动态管理，通过进度日报、重要成果快报等形式实行全过程管理，迭代推进研究内容，三个月内开展阶段性评估，及时补短板、固优势，保障项目质量。

第四，加强联动，协同研究突出“实”字。每个项目围绕一个主攻方向，按照“课题＋任务”的形式，形成紧密协同研究网络。浙江省科技厅与省卫健委、省药监局相关处室负责人组成应急科研攻关工作协调小组，及时协调科研攻关工作。在充分利用好科研资源的同时，省科技厅主动争取国家支持，帮助协调解决了浙江省疫苗研发的动物实验需求，杭州优思达、浙江新东方基因检测产品获得科技部应急项目支持。

第五，压实责任，组织保障突出“强”字。应急研发项目推行首席专家负责制和经费使用“包干制”。项目（牵头）单位成立由主要领导担任组长的应急科研攻关保障小组，确立一名首席科学家，压实主体责任，项目承担单位要为科研攻关人员提供一切必要的组织保障，全程跟踪服务，全力推进科研攻关顺利实施。

（二）聚焦民生之“本”，加快推动科研成果运用于防控救治一线

第一，始终把挽救更多患者生命作为重中之重。省科技厅强化科研攻关支撑和服务前方一线救治的相关部署，坚持临床研究和临床救治协同，让科研成果更多向临床一线倾斜。浙江科研人员全力以赴筑牢抵抗新冠肺炎疫情的“防火墙”，将论文写在抗击疫情的第一线，将成果送到人民群众手中。

浙大一院以综合救治为核心，坚持早期抗病毒治疗，有效阻止轻型、普通型患者向重症危重症转化；运用人工肝血液净化系统治疗重症患者，提高重症、危重症综合救治水平，取得“零感染、零死亡”的成绩。总结并推出《新冠肺炎浙江诊疗经验》，以及人工肝、微生态调节、心理干预、呼吸支持、营养支持等具体策略，血液净化（人工肝）治疗纳入国家卫健委诊疗方案，为全省以及国内外救治提供借鉴。

较早系统开展中西医防治和中医药治疗专项研究，涵盖预防、轻

症治疗、重症治疗和康复等环节，省中医院、省立同德医院、省中医药大学和浙大一院制定的 17 种中药处方被药监部门备案为院内制剂，跑出了浙江近 30 年批准院内制剂的最快速度。

针对核酸检测、抗体检测、抗原检测三个方面部署了临床诊断、现场快速筛查、简易检测等多种类型 10 余款检测产品的研发。围绕更快速、更准确、更简便、更安全等关键指标，开展联合攻关，积极对接国家有关部门，争取国家支持，助推重点检测产品获批上市。

疫苗是人类战胜疫病的最有力武器，省科技厅在确保科学、安全、有效的前提下，并行支持核酸疫苗、灭活疫苗、重组蛋白疫苗、腺病毒载体疫苗 4 条技术路线进行研发活动。

省疾控中心持续开展疫情不同阶段无症状感染者的基本流行病学特征研究，定期分析无症状感染者的新特征、新变化，及时发现无症状感染者的高风险地区与重点人群。

浙大高分子系开发的抗菌抑毒无纺布材料对新冠病毒的吸附率达到 99%以上，已在浙江信纳医疗器械科技公司、浙江经都新材料有限公司投入生产，日产能达 5 万平方米。

第二，结合大数据优势凸显浙江特色。在抗疫科研攻关过程中，省科技厅擦亮“数字金名片”。围绕“大数据及人工智能在新型冠状病毒感染防控中的应用基础研究”方向，重点支持浙江树人大学树兰（杭州）医院、浙江每日互动公司等，通过承担“可追溯、可预测的新型冠状病毒感染防控模型构建”自然科学基金项目，开始研究用大数据方法分析散落在各地的隐形传染源，既可以帮助管理部门了解疫情可能发生的动态，也可以帮助疾控部门对可能流动的人员进行流行病学调查。

此外，省疾控中心上线了自动化全基因组检测分析平台，利用人工智能技术将疑似病例基因分析时间由数小时缩至半小时，大幅缩短确诊时间，并能精准检测出病毒变异情况，有效提高了病例临床诊断效率。

在疫情科研攻关中，数字战疫成效显著。在省科技厅有效支撑下，浙江率先推出“一图一码一指数”，省疾控中心绘制全省疫情、境外输入风险和综合风险“五色图”，定期报送省防控领导小组；制定《浙江省新冠病毒肺炎监测和防控技术方案》和疫情防控12项地方标准，由省卫健委发布，在全省推广应用。每日互动公司与阿里巴巴合作，提供健康码赋码引擎服务；打造的新冠防疫数据智能平台，为国务院办公厅、中央网信办、国家卫健委、科技部等多个部委以及浙江、湖北、北京等31个省市，205个地市、368个区县地方政府的防疫工作提供数据支撑和决策辅助。这充分展现了数字技术对科学有效防控疫情的赋能作用。在此基础上，浙江省科技厅持续深化大数据技术研究，以5G、人工智能、区块链等信息化技术为支撑，建立感染性疾病的智能防控系统，支持大数据在预测预警、远程诊疗、分级诊断、档案数据化与云端化、脑机融合等方面的科研攻关和转化应用。

第三，秉承“人类命运共同体”情怀。当前，全球新冠肺炎疫情蔓延，省科技厅鼓励支持各科研攻关单位与全球同行共享成果和经验。浙大一院在实战中总结编撰的《新冠肺炎防治手册》，已向全球发布26个语种版本，手册下载及在线阅读总量突破116万次，覆盖232个国家和地区，并且以该手册为蓝本编撰的《新型冠状病毒肺炎临床救治手册——浙大一院临床实践经验》（中英文本）已正式出版发行。浙大一院“国际热线”连接英国、美国、意大利、俄罗斯、加拿大等多个国家的医院，提供在线交流，以分享新冠肺炎防治的“浙一经验”。浙江大学受邀在达沃斯论坛（世界经济论坛）网站发文分享浙江抗疫经验，首日共有226824位来自全球各国的读者阅读。

同时，多家医院的专家和医护团队采用视频连线、邮件交流等方式与世界同行分享浙江经验，在医疗救治领域为全球抗疫提供了一整套行之有效的策略。

（三）汇聚创新之“力”，推进多主体多学科多方位协同攻关

第一，多主体联动。浙江省科技厅统一领导、协同推进科研攻关，组织由政府、高校、科研机构、科技企业等共同组成的攻关战疫团队，科研、临床、防控一线相互协同，产学研各方紧密配合，发扬拼搏奉献的优良作风、严谨求实的专业精神，快速响应、多招制敌，凸显出集中力量办大事的制度优势。据统计，浙江省有140余家科研机构、30余家优势企业、1000余名科研人员参与科研攻关。

第二，多学科指导。浙江省科技厅专门成立应急科研攻关专家组，由相关领域战略专家组成，成为浙江疫情防控科研攻关的高水平会诊团队。由浙江相关领域战略专家组成的专家组，为全省疫情防控科研攻关会诊把脉。

第三，多方位服务。浙江省科技厅党组通过组建党员服务先锋队等深化“三服务”，努力把“三服务”落实到疫情防控科研攻关一线，重点解决新冠肺炎防控科研攻关任务承担单位的困难和需求，强化精准服务保障，推动相关研究早出成果、多出成果。在服务科研项目攻关过程中，省科技厅始终坚持以问题为导向，根据企业实际需求，精准高效地把服务落到企业最需处、最急处。厅里相关负责同志带队多次到企业开展服务走访，建立“专人联络、随叫随到”机制，由职能处室承担联络专班工作，24小时实时提供“一对一”对接服务，时刻关注项目研发所需所求，第一时间跟进保障。在持续跟进、精准服务下，杭州优思达生物技术有限公司开展现场快速核酸检测试剂盒研发，仅在一个月内，试剂盒就获批上市，成功实现了浙江新冠病毒检测试剂零的突破。

（四）夯实制度之“基”，建立平战结合的科研攻关长效机制

省科技厅把加快构建平战结合疫病防控和公共卫生科研体系作为

当前全面深化改革的重中之重，着力推进科研机制创新，重塑科研应急攻关与常态储备新机制。

设立紧急情况下的应急攻关特事特办机制，在组织方式、立项程序等方面打破常规，以择优委托的方式组织全省优势力量攻关，经过需求凝练、综合论证、会议决策等程序后迅速开展科研攻关活动。承担应急研发项目的单位和个人不计入项目申报限项数，创新产学研合作模式，要求短期内取得解决防治一线问题的科研成果。

建立省市联动应急科研攻关机制，及时吸纳成效明显的项目予以支持。

组建省疫病防控和公共卫生专家咨询委员会，发挥专家智库关键作用，为技术和产业发展提供战略咨询。

改革现有科研项目管理制度，在委托形式、一体化组织实施、资源配置、财政补助方式等方面展开积极探索，完善择优委托、赛马机制、悬赏揭榜等研发组织模式，推进项目经费使用“包干制”改革。

坚持产学研结合，优化科技成果转化机制，打通科技成果转化“最后一公里”。

此外，省科技厅还探索建立常态技术储备机制，加快生命健康科创高地建设，坚持问题目标导向，推进前沿课题攻关，加快形成以点带面的突破优势。大力实施科技创新“尖峰、尖兵、领雁、领航”四大计划，为战时成果转化、生产能力迅速补给提供能力储备。

浙江省科研攻关“主战场”之所以频传捷报，正是因为省科技厅精准实施一系列科研机制创新，一批“硬核”研究成果和产品得以及时应用到抗疫一线。同时，这些创新举措也为建立“平时好用、战时管用”的科研体系，补齐了短板、增强了弱项、堵住了漏洞。

当前全球疫情持续蔓延，疫情防控形势依然严峻，浙江省科技厅将不折不扣贯彻落实省委、省政府“两手硬、两战赢”的决策部署，统筹兼顾、协同推进，加快研发进度，全力攻克疫情防控的重点难点问题。一是突出重点，加大攻关力度。协同省卫健委、省药监局、省经信厅等相关部门，围绕疫情防控的关键点，聚焦有效药物和临床救治、疫苗研发及产业化、病毒病原学研究，加大攻关力度，力争尽快将科研成果应用于疫情防治一线。充分发挥党员服务先锋队作用，深化“三服务”工作，加强应急项目全程跟踪服务，切实解决研发过程中遇到的困难和问题。二是加快打造生命健康科创高地。加快推进人口健康、生物安全等领域科研力量布局，加大卫生健康领域科技投入。围绕此次疫情科研攻关中暴露的短板和不足，加快疫病防控和公共卫生等医学科技创新体系和能力建设。围绕关键核心技术攻关、高能级创新平台构建、创新型产业集群培育，瞄准生命健康领域重大科技创新，加快打造生命健康科技创新高地。三是探索平战结合的重大疫病防控科研攻关体系。探索建立重大疫病防控科研攻关的指挥、行动、保障体系，加大平时科研积累和技术储备，设立“新发突发重大传染病等公共卫生事件关键技术与产品攻关专项”，纳入 2021 年省级重点研发计划。加快建设临床医学研究中心，对生物安全高等级实验室进行前瞻布局，加大对精准医疗、药物研发、信息与生物技术融合等浙江有显著优势领域的支持力度，统筹各方面科研力量，补齐短板、突破瓶颈，提高应对能力和水平。

三、经验启示

科研攻关是战胜疫情至关重要的一环。在此次疫情防控阻击战中，浙江迸发出源源不断的科技创新力量，为战胜疫情不断注入底气与信心。总结浙江省科技厅针对这次新冠肺炎疫情科研攻关的经验，对形成常态化防控科学指引、标准和规范无疑具有借鉴意义。

（一）疫情防控科研攻关，必须发挥好新型举国体制优势

党的十九届四中全会提出，要构建社会主义市场经济条件下关键核心技术攻关新型举国体制。习近平总书记在考察新冠肺炎防控科研攻关工作时重申，要完善关键核心技术攻关的新型举国体制。

针对疫情防控科研攻关的紧迫性、艰巨性、复杂性和长期性，省科技厅迅速将科研攻关作为防控疫情的战场，采取重大任务组织模式，打破部门之间的“围墙”和“藩篱”，明晰需求、问题和任务导向，强化任务组织，有效提高科研活动效率。充分调动各方面优势力量，积极吸纳整合行政部门、地方政府、科研机构、高校和企业政产学研资源，按照“战时管理”，设立专班，挂图作战，责任到人，争分夺秒，全速推进各主体任务实施。

这次疫情防控科研攻关过程，不管是快速组织由多个领域顶级专家组成的科研攻关组，还是确定八大主攻方向后取得的积极进展，或是科研、临床、防控一线互相协调，以及产学研各方紧密配合，都凝聚着新型举国体制的力量。

（二）疫情防控科研攻关，必须发挥党组织的战斗堡垒作用

灾难面前，党组织坚强堡垒挺立，党员先锋旗帜飘扬。战疫之初，浙江省科技厅第一时间制定下发《关于充分发挥科技系统党组织和党员作用　为打赢疫情防控阻击战提供科技支撑的通知》，向全省科技系统党组织和广大党员发出倡议，动员他们积极参与到疫情防控工作中来。

省科技厅迅速组建5支党员服务先锋队，按照“大协调、大合作”的要求，融入整体防控大局，形成服务走心、政策暖心、解困贴心的“三心”服务模式，全天候、全流程、全周期服务保障疫情防控应急科研攻关。通过对口联系承担科研攻关任务的高校、科研院所和企

业，加强服务指导，解决实际困难和问题，推动科研攻关成果第一时间运用到抗击疫情第一线。把投身疫情防控工作作为践行初心使命、体现责任担当的试金石，让党的旗帜飘扬在疫情防控第一线。

（三）疫情防控科研攻关，必须依托数字技术效能

习近平总书记强调，要健全重大疫情应急响应机制，鼓励运用大数据、人工智能、云计算等数字技术，在疫情监测分析、病毒溯源、防控救治、资源调配等方面更好发挥支撑作用。

数字前沿技术的创新应用成为赢得疫情大考的关键。如果没有人工智能、大数据的技术加持，此次疫情防控科研攻关的进展将会大打折扣。浙江省委、省政府审时度势，率先在全国将数字经济作为推动浙江高质量发展的“一号工程”来耕耘，为数字战疫的成功奠定了坚实基础。在面对突发事件时，更能够体会到数字技术的价值。数字技术在此次疫情防控科研攻关中发挥了“加速器”作用，为保驾护航“重要窗口”建设作出了积极探索。

【思考题】

1. 如何加快构建平战结合的疫病防控和公共卫生科研攻关体系，提升公共卫生突发事件应对能力?

2. 本案例中有哪些工作举措和方法可以借鉴推广到你的工作中?

联防联控　群防群控　智防智控

——浙江公安在抗击新冠肺炎疫情中践行新时代“枫桥经验”

【摘要】面对突如其来的新冠肺炎疫情，浙江公安在省疫情防控领导小组统一领导下，主动靠前、闻令即动，全警动员、全力以赴，充分发挥“云上公安、智慧警务”大数据应用的手段优势和深化“枫桥式公安派出所”创建的基础优势，创造性建立“大数据＋情指行一体化＋网格化”精密智控机制，快速形成了“联防联控、群防群控、智防智控”的工作格局，精准支撑了疫情防控，高效助力了复工复产，坚决维护了政治社会安全稳定，为“两手硬、两战赢”交出了人民满意的公安战疫答卷。

浙江公安在战疫斗争中表现突出，得益于省委、省政府和公安部的坚强领导，得益于近年来坚持发展新时代“枫桥经验”的强基固本，得益于探索构建现代警务模式的创新实践。战疫过程，既充分体现了浙江公安的使命担当意识，又蕴含着基层社会治理的普适性规律，可以为今后防范化解重大风险、推进省域治理现代化带来启示：要充分发挥新时代“枫桥经验”的治理优势，始终坚持把党的领导作为根本保证，把以人民为中心作为根本立场，把“三治融合”作为根本方式，把预测预警预防作为根本任务，把夯实基层基础作为根本支撑。

【关键词】公安担当　“枫桥经验”　治理现代化

2020年初暴发的新冠肺炎疫情，是新中国成立以来传播速度最快、感染范围最广、防控难度最大的重大突发公共卫生事件。新冠肺炎疫情是对省域治理体系和治理能力的一场大考，也是对公安机关应急处置能力和警务工作效能的一次全面检验。浙江公安机关冲在抗疫一线，担起抗疫重任，实施精密智控，获得省委、省政府主要领导同志的充分肯定和人民群众的高度赞扬。这得益于浙江公安坚持发展新时代“枫桥经验”、积极探索现代警务模式构建、持续深化“枫桥式公安派出所”创建，并在此过程中不断夯实基层治理基础，提升精准管控水平。全省公安机关快速建立“联防联控、群防群控、智防智控”的工作格局，健全完善“大数据＋情指行一体化＋网格化”的精密智控机制，在全力打好疫情防控的人民战争、总体战、阻击战中发挥了不可替代的作用，强力保障了全省“两手硬、两战赢”大局。

一、背景情况

（一）内防扩散，公安奋勇当先

快速找到传染源、切断传播途径是防控烈性传染病最有效的方法。浙江作为流动人口大省、外向型经济大省、开放大省，有10余万人在疫情高风险地区经商、求学，有140余万原籍为疫情高风险地区的人口在浙江务工、经商。疫情发生时，正处于学生放寒假、浙商春节返乡探亲、外来务工人员返乡过节的高峰期，全省人口流动十分密集，疫情防控面临极大困难。

1月21日，迅速成立由副省长、省公安厅厅长王双全担任组长的疫情防控领导小组，下设“一办九组”。1月23日，启动全省公安机关最高等级情报会商研判机制和社会治安防控二级响应，重点地区及隔离区域提高至一级响应。1月26日，省公安厅成立由厅领导牵头的涉疫高风险人员闭环管理研判工作专班，围绕“从人到人”“从车到人”和“从数据到人”三个方向，全方位全环节开展涉疫高风险人员研判排查。同时，按照省疫情防控工作领导小组的决策部署，会同交通等部门牵头组建省疫情防控工作管控畅通组，统筹推进疫情防控和交通保畅工作，坚决遏制疫情扩散。

（二）复工复产，公安全力护航

疫情逐步得到控制，但同时带来严管严控下群众生活极度不便、企业停工停产等新问题。浙江是民营企业大省，长期停工停产不仅严重影响百姓生活，而且不利于经济发展和社会稳定大局。

2月9日，浙江省委常委会提出要一手抓疫情防控，一手抓复工复产，坚决打赢防控阻击战、发展总体战。省公安厅按照省委、省政府决策部署，立即成立人员流动宏观研判专班，动态分析研判每日返浙人员具体情况，并对下阶段趋势作出预判。交警部门按照“受控进入”和闭环管控要求，初期管好“大门”，中期放开“大门”、管好“中门”，后期重点管好“小门”，既严防疫情输入，又为复工复产提供交通保障。2月10日，省公安厅下发《关于积极履行职能　全力保障疫情防控和正常生产秩序的通知》，3月8日，出台全省公安机关服务保障“两战都要赢”十项举措，3月27日，制订出台《全省公安机关护航复工复产安全生产攻坚行动实施方案》，为全面打赢“两战”提供坚实安全保障。

（三）外防输入，公安毫不松懈

随着国际疫情快速蔓延，防控境外疫情输入形势严峻。浙江作为开放大省和外贸大省，进出口总额排名全国前三；作为侨务大省，有华侨200多万人，留学生10万余人，温州、丽水等侨乡更是“家家有华侨，人人是侨属”，且主要集中在意大利、西班牙、法国、德国等疫情高风险国家。3月26日，浙江省颁布疫情防控第3号责任令，要求各地把防控境外疫情输入作为重中之重，全面落实精密智控机制。全省公安机关根据形势变化迅速行动，全面部署开展以打击非法偷渡为重点的“净海行动”，加强境外入浙人员受控进入、密切接触者倒查、与重点口岸联检部门联动，组建专班前置入境重点口岸，牢牢守住入浙“国门”。尤其是温州、丽水等地公安机关，联合相关部门，对每位入境人员实行闭环式管理服务。为支持涉外企业复工复产，省公安厅还出台了八条出入境服务保障措施，全力保障境外人员返岗。

二、主要措施

（一）联防联控，构建高效协同的“防疫大网”

第一，部门联合，行业联勤。疫情伊始，省公安厅就同省卫健委、省大数据局等多个部门启动协作机制，全方位全环节开展涉疫重点人员研判。为精准排查密切接触人员，省公安厅与省卫健委、省大数据局等部门通力合作，在获得确诊或疑似感染人员名单后，迅速启动对上述人员密切接触者的筛查核实工作。各市公安机关在省公安厅下达相关指令后立即开展二次研判，进一步确定密切接触者的信息，由地方政府调动基层网格员落实管控措施，实现了“先隔离后确诊”的关口前移。绍兴市公安局针对25个高速出入口、10个市际国省道公路卡口，逐一建立指挥室，实行24小时联防联控，对从高速和国省道进入绍兴辖区的车辆，特别是疫情高风险地区牌照车辆、无牌车辆逢车必查。衢州市公安局启动入衢铁路站点通道防疫管控工作，成立入衢通道防控工作专班，建立健全警力联合、区域联贯、防疫联处、警民联手、职责联通“五联”管控机制，确保了疫情防控第一道防线的安全。海宁市公安局依托全市6个联勤警务站，通过联勤会商，警务站民警和综合执法工作人员、市场监管工作人员、红马甲志愿者组团上门为复工复产商家开展服务。

第二，警种联手，一体作战。省公安厅依托“情指行一体化”工作机制，最大限度地调动各部门警种资源，纵向形成省市县联动，横向形成全警种参与的协同作战体系。为促进复工复产，在确保公路绝对畅通的前提下，实行厅指挥中心、公安交警、地方党委和政府联防联控工作机制。全省高速公路出口设立460余个卡口，定向推“预警”“报警”“查控”三道指令。同时，针对已驶离高速公路的车辆，属地公安机关在收到查控指令2小时内通过地方路网设卡拦截、社区街道核查等方式予以处置，确保零遗漏。成立省市两级公安交警应急运输保障工作专班，核发专用通行证7万余张，设置防疫检查点应急专用通道400余条，累计保障防疫物资车辆和货车应急通行2万余辆次。

第三，区域联动，通力合作。省公安厅依托长三角区域警务一体化、九省市协作等机制，加强与湖北、江西、安徽、江苏等来浙人口大省的数据共享和动态通报。丽水、温州公安机关依托“警侨驿站”和海外服务中心，广泛发动侨团和侨领，并在微信公众号上开设调查问卷，及早全面地掌握境外人员回国意向、个人信息。嘉善县公安局积极发挥公安力量，提前与云南、四川、安徽等地的公安机关沟通对接，主动服务企业定向招工、安全招工，将“用工荒”变为“返工潮”。

第四，综合施策，多管齐下。加强党建统领，省公安厅下发《关于全面加强党的领导　为打赢疫情防控阻击战提供坚强政治保证的通知》《战时思想工作八条》等，及时组建厅直机关2个批次的支援基层“特援队”，建立一线临时党支部400余个，成立党员先锋队409支、青年（战疫）突击队78支；加强表彰奖励，设立疫情防控专项奖励项目，开通“奖励直通车”，先后为1300余个集体和个人记功嘉奖，对16000余个集体和个人通报表扬，在战疫一线表现突出的民警可火线入党、火线提拔；加强心理疏导，依托省公安厅“心擎”民警关爱平台，开通心理咨询“绿色通道”，为基层民警降压鼓劲；加强法治手段，出台《全省公安机关打击涉疫违法犯罪工作方案》《关于涉新冠肺炎疫情刑事案件办理工作的若干规定》等文件，为各级公安机关办理涉疫案件提供法律依据。同时，严厉打击涉疫违法犯罪行为，挂牌督办重大案件40起，依法查办涉疫案件4300余起。侦破的义乌市销售伪劣口罩案得到公安部领导肯定，并被最高检列为全国首批十大妨害疫情防控犯罪典型案例。

（二）群防群控，筑起坚不可摧的“防疫大堤”

第一，发动群众，自防自治。公安机关指导全省2.5万余个村（社区）、30余万名网格员，投入防控一线，累计摸排人员900余万人次。温州公安机关针对境外疫情输入严峻的情况，从村居治安积极分子、治安保卫干部、平安志愿者队伍中择优发展确定“警务助理”1.4万余名投入抗疫斗争，提供有效信息2.4万余条，走访群众10万余户，为群众办实事6600余起，调解处置矛盾纠纷、排查消除风险隐患5000余起。绍兴越城公安分局孙端派出所充分发动基层群众进行自主抗疫，确保4800多名村民隔离19天无一人冲卡。义乌公安机关创新“党建＋单元＋警务”工作模式，充分发挥村居、旅馆、企业和各类行业协会的自治功能，组织警力会同村干部、基层网格员、党员加强外地返（来）义人员动态管理，及时将人员信息传递给基层网格，实行精准管控。

第二，公众参与，义警助力。平安类社会组织成为抗疫的重要力量，全省各地的义警组织、救援组织、巡逻组织活跃度很高。绍兴发动全市 98 支平安类社会组织参与疫情防控，构筑起了群联群治的严密防线。诸暨公安机关依托“义警平台”，引导义警队员组建“老乡帮帮团”，将经防疫培训的“老乡党员”纳入防控网格，织密守村护家“防疫人网”，累计收集、传递信息 4 万余条。温州公安机关动员组织以“警务助理”为骨干的 260 余个平安类社会组织参与抗疫。丽水公安机关充分利用“义警—民宿联盟”组织人头熟悉、信息灵通的优势，配合派出所开展大排查工作。

第三，警企联动，社会协同。省公安厅主动加强与相关部门的数据对接，开展联合分析研判，挖掘疫情相关信息。高速公路交警部门在相关部门的支持下，仅用 72 小时就完成了健康码“出行申报系统”建设，并协调公安部交管局、导航平台等，通过系统精准推送、短信定向发送等方式提升知晓率和提前申报率，落实针对性预防措施。机场公安部门为防止境外疫情输入，尤其防止境外转机入境人员被遗漏（根据统计，通过民航通道入浙的境外返浙人员转机入浙的比例达 90%以上），与省机场集团专门建立了涉疫国际转机旅客预警处置工作机制，实现了全省机场数万人次涉境外入浙旅客零漏管、零失控。杭州市西湖区公安分局与有关部门协作，把平台外卖小哥变成了红臂章组织“反诈义警”，把疫情期间防骗反诈知识带到百姓家中。舟山定海公安分局深化“海上枫桥经验”治理模式，建立完善涉海部门联勤联动协作机制，组建海上运输企业以及船长、船员党员、船员家属参与的远洋服务联盟，将远洋警务从公安机关“孤军作战”升级为“综合治理”。安吉县公安局、衢州市柯城区公安分局把“项目警官制”运用于企业复工复产，对辖区企业及重点项目实行“一企一警”合作，通过警企数据实时互通，提升疫情防控治理水平。

（三）智防智控，打造迅捷精密的“防疫大脑”

第一，闭环管控，滴水不漏。依托“大数据＋情指行一体化＋网格化”精密智控机制，深度开展密切接触人员核查落地，会同交通、卫健等部门对入浙通道实施“受控进出”差异化交通管控，构建公路、铁路、民航、水路四大闭环管控体系，严格落实“八大管控机制”，确保管控力大于传播力，共检查 1248.8 万人次，排查出密切接触者 9.7 万余名。省公安厅根据疫情防控需要每日组织专人梳理新入浙人员信息，实时把握人员流向趋势，同时优化流动人口信息采集模式，创新推出安居码、钉钉房东联盟、房管通、企管通等自主申报渠道，有效提升登记率。宁波公安机关创新实施“五色预警”机制，深化“宁波全域一码通”综合运用，创新推出“单位专属码”和“境外人员码”，整合“浙江省海外侨胞回国健康信息预申报”“境外人员临时住宿登记”“甬行码境外入甬申报”“重点国家入境航班”等系统信息，全方位织密精密智控网络。杭州市滨江区公安分局对全区所有隔离观察点实施“人防＋技防”在线管控，确保人员异动等情况能够第一时间发现、第一时间做出反应。长兴县公安局紧紧依托辖区内 3 万多把智能门锁的规模效应，实现对离县人员、在册尚未归来人员、春节后在册返长人员和新登记人员的精准管控。

第二，精密智控，“点穴式”查控。牵头落实防输入闭环管控、重点人员“点穴式”查控等机制，实行分区分级差异化管控策略，有序推动工作重心从封闭式管控向精密智控转变、从疫情防控向疫情防控与复工复产两手抓转变。适应疫情形势，进一步释放“最多跑一次”改革红利，大力推广“互联网＋可信身份认证”应用试点和“非接触式”执法，积极引导群众“网上办、掌上办、预约办”，全省接入 128 个认证应用场景，累计提供无接触式服务 79 万余件次。创新推出白名单制度，累计审定各类人员 37 万余名，全省未发生复工复产导致的新增确诊病例。湖州市公安局织里分局大力推广“家在织里”App非接触式登记服务，实现流动人口登记“自主申报、上门核查、后台审核”高效运转，实现数据实时传递、批量推送。台州路桥公安分局运用“大数据围城”服务疫情防控，紧盯人员流入、落脚、流动“三个环节”，织密一来即知、一住即知、一动即知“三张网络”，实现涉疫高危人员零漏管。

第三，智安精控，“小门”无缝。社区（村）、企事业单位、酒店商超等“小门”是人员管控的最后一道关口，也是疫情防控最重要的一道防线。各级公安机关加强对涉疫高风险人员数据的动态实时比对，及时为基层推送相关数据，为把好“小门”提供有力支撑。各“小门”按照精密智控要求，把“亮健康码—核验身份—测量体温—分类处置”作为硬性规定，对“红码”“黄码”人员严格落实管控措施，让“健康人便利行、涉疫风险人员可追溯”，坚决守牢传染源输入的“最后100米”。特别是近年来，浙江扎实推进的以“智安小区”“智安单位”为重点的智慧安防建设，在疫情防控中助力社区、单位健全完善防疫检查方面发挥了重要作用。通过视频监控、红外测温、智能预警、智能门禁等智能化建设，切实提升阻击疫情的能力和效率。如宁波市1200个封闭式小区安装了智能设备，居民每天进出小区无须扫码、亮码，实现无感通行。嘉善县公安局开发的“智安小区·疫情防控系统”被时任省长袁家军称赞为“精密智控的社区版”，既减少了小区卡点值守压力，又提高了小区上下班高峰时段的通勤效率。

三、影响效应

（一）社会各界反响积极

第一，人民群众高度赞扬。浙江在疫情防控中的表现总体上赢得了人民群众的高度赞扬。首先，全省居民对疫情的恐慌度不高。据绍兴市委党校心理关爱中心李萍副教授在线大规模问卷调查，前期浙江民众的恐慌率为28.1％，到后期降至17.1％。其次，全省居民认为疫情期间的生活状况受影响不大。据浙江省委党校公共管理教研部顾金喜教授在线大规模问卷调查，居民认为“与平常没有什么差别”的占5.8％，“生活受限制，有点不方便”的占78.5％，“比平时更加悠闲舒服”的占5.4％，“生活质量明显下降”的仅占10.3％。再次，全省居民对政府的整体表现比较满意。“全省疫情防控总体满意程度”“全省疫情防控措施有力效果显著程度”“全省疫情报告和信息发布总体做到了公开透明程度”三项测评分别达到4.57、4.60、4.56分（李克特量表统计，总分为5分）。上述数据表明，浙江各级党委、政府的抗疫表现赢得了人民群众的高分评判，其中，浙江公安的付出功不可没。

第二，党委、政府充分肯定。疫情期间，省公安厅充分利用大数据研判，累计呈报人员流动研判专报28篇，为省委、省政府部署疫情防控工作提供科学参考，得到高度肯定。2020年6月，全省公安机关疫情防控工作向省委常委会、省政府常务会议作了专题汇报，得到省委、省政府的高度评价。时任省委书记车俊指出，“全省公安机关和广大民警在非常时期发挥了非常作用、铸就了非常业绩”。时任省长袁家军指出，“依靠公安力量使精密智控机制得以最充分、最淋漓尽致地发挥，为我省打赢这场战疫做出了不可替代的贡献”。省委常委、杭州市委书记周江勇指出，“杭州市广大公安干警勇于担当、积极作为，在疫情期间，市公安局充分发挥智慧警务优势，坚持‘大数据＋网格化’精密智控，有力保障了经济社会秩序安全稳定”。省委常委、温州市委书记陈伟俊批示，“温州市公安局和全市公安系统在这次疫情防控中，确实体现出了最强担当，发挥了极其重要的作用，应予表彰”。嘉兴市委书记张兵批示，“嘉兴市公安局在这次疫情防控阻击战中，为清存量、控增量、减流量、防变量做出突出贡献，应予以肯定”。浙江公安在关键时刻冲得上去、危急关头豁得出来，不负上级领导的期望，体现了公安的使命担当。

第三，主流媒体广泛关注。人民网、新华社、《法制日报》和《浙江日报》等国内、省内主流媒体对浙江公安运用新时代“枫桥经验”有力开展疫情防控工作做了报道。3 月 16 日，《人民日报》刊发报道《痛心！浙江 36 岁辅警抗疫牺牲》。3 月 25 日，《人民公安报》点赞温州“警侨在线”助侨抗疫。3 月 28 日，新华社报道《浙江义乌开辟绿色通道助抗疫物资运输》。5 月 6 日，《法制日报》刊文《浙江公安一马当先做建设“重要窗口”忠诚守护者》。6 月 21 日，《法制日报》刊发报道《丽水公安：抗疫“守门员”，复产“急先锋”》。

（二）防范化解风险带来深刻启示

第一，必须坚持把党的领导作为防范化解重大社会风险的根本保证。党建统领是新时代“枫桥经验”的政治灵魂。浙江公安坚持党建统领，以实际行动捍卫和诠释“两个维护”，坚决扛起使命担当，通过组织引领、制度引领、作风引领和实践引领构建全方位的政治优势，有效发挥了疫情防控的领导核心作用，展现了集中力量办大事的制度优势。

第二，必须坚持把以人民为中心作为防范化解重大社会风险的根本立场。人民主体是新时代“枫桥经验”的核心价值，浙江公安坚持疫情防控为了人民群众、依靠人民群众、由人民群众来评判，真正领会了新时代“枫桥经验”的精神要义，切实发挥民智、依靠民力、实现民安，堪称践行新时代“枫桥经验”的榜样。

第三，必须坚持把“三治融合”作为防范化解重大社会风险的根本方式。“三治融合”是新时代“枫桥经验”的主要路径，浙江公安协同各级地方政府，共同把自治、法治、德治“三治融合”元素全面植入城乡社区疫情防控体系之中，助力形成自治、法治、德治“三治合一”的基层疫情防控新路径，这对各项工作都具有重要的方法论意义。

第四，必须坚持把预测预警预防作为防范化解重大社会风险的根本任务。“四防并举”是新时代“枫桥经验”的重要手段，浙江公安坚持人防、物防、技防、心防“四防并举”，构建起人员广泛参与、物资保障充足、智能技术支撑、心理治理有效的立体化疫情防控新模式，加强了疫情防控的预测、预警、预防，值得各地借鉴。

第五，必须坚持把夯实基层基础作为防范化解重大社会风险的根本支撑。基层基础是新时代“枫桥经验”的基石，浙江公安突出基层基础建设，唱响公安力量、市场主体、社会组织的大合唱，形成各方力量积极参与基层治理的强大合力，构建起牢不可破的基层基础，有力证明了基层基础的重要性和关键性作用。

【思考题】

1. 新时代“枫桥经验”的要义与优势是什么？浙江公安如何把新时代“枫桥经验”的精髓与要义运用到新冠肺炎疫情防控中，实现“矛盾不上交、平安不出事、服务不缺位”？

2. 现代警务模式的内涵与特点是什么？浙江公安在此次疫情防控中如何把现代警务模式的治理优势发挥出来，实现“联防联控、群防群控、智防智控”？

3. 浙江公安运用新时代“枫桥经验”进行疫情防控，其中有哪些工作模式、工作方法、工作制度是可以推广借鉴的？

用财政速度与疫情赛跑 用坚实保障来护航经济

——浙江省财政厅加强疫情防控资金保障的实践经验

【摘要】在新冠肺炎疫情阻击战中，浙江省财政厅以非常之举应对非常之事，跑出浙江速度，始终奔跑在疫情前面，为阻止疫情传播、挽救患者生命提供了坚强的后盾和坚实的保障。一方面，最快响应，提前谋划，建立组织领导和工作机制，压紧压实疫情防控责任，全力以赴阻击疫情。另一方面，急事急办，特事特办，启动防控保障应急机制，迅速将疫情防控经费拨付到相关单位及重点领域，确保不发生因经费保障影响防控工作开展的情况。同时，精心谋划、精准施策，制定落实相关疫情防控政策，加强与财政部的沟通，会同相关部门制定出台一系列疫情防控政策，通过强化政策供给，鼓励广大医护人员和患者齐心协力战胜疫情。

进入疫情防控“下半场”后，积极研究出台支持企业复工复产和经济社会发展的财税政策举措，综合运用减税降费、政策性金融、财政专项资金、政府采购、政府债券五大政策工具，助力打赢经济社会发展总体战。

通过第一时间响应、第一时间部署、第一时间落实，省财政厅切实做好政策供给、经费保障等工作，做到疫情防控与经济发展两手抓、两不误，为“两手硬、两战赢”提供坚实的财政保障。

【关键词】浙江速度 财政保障 疫情防控

一、背景情况

为打赢新冠肺炎疫情防控阻击战，2020 年 1 月 23 日，浙江省在全国率先宣布启动突发重大公共卫生事件一级响应，并整体推出“十个最”的防控举措，一场疫情防控阻击战在浙江迅速全面打响。

兵马未动，粮草先行。患者救治的医疗费用能否兜底保障，一线防控医务人员工作和生活待遇如何保障，集中隔离人员的费用如何解决，防疫物资采购如何建立“绿色通道”……在与疫情赛跑的过程中，浙江省财政厅以“快、强、实”为原则，第一时间建立疫情防控领导和工作机制，以最快速度保障防控资金和政策需求，以最强力度确保一线防控工作顺利开展，以最实举措为复工复产保驾护航。

浙江全省财政部门统一思想认识，提高政治站位，把人民群众生命安全和身体健康放在第一位，认真落实各项保障政策，切实加大经费保障力度，确保人民群众不因担心费用问题而不敢就诊，确保各地不因资金问题而影响医疗救治和疫情防控，真正做到政策落实到位、工作部署到位、预算安排到位、资金拨付到位、监督管理到位。

二、主要做法

（一）最快速度，建防控机制吹响“集结号”

充分认识做好疫情防控工作的极端重要性，切实增强“四个意识”，做到“两个维护”，牢固树立“财为政服务”理念，压紧压实疫情防控主体责任，守土有责、守土担责、守土尽责，以最快速度建立疫情防控机制。

第一，以最快速度建立疫情防控领导和工作机制。1月21日中午，浙江省宣布进入一级应急响应的前两天，省财政厅以最快速度研究制定疫情防控工作机制。经过反复斟酌和修改，当天晚上10点多，疫情防控一号文件出台，正式建立厅主要负责人统一指挥，相关厅领导和各责任处室参加的财政厅疫情防控领导和工作机制。其中，社会保障处负责疫情防控总联络工作，做好与财政部、省疫情防控工作领导小组办公室的沟通联系和综合协调工作；各责任处室负责相关部门疫情防控工作政策和经费保障工作。当晚由于纸质文件来不及印发各地，省财政厅把电子版文件通过钉钉发到全省各地，要求各级财政部门马上建立相应的防控工作机制，全力以赴阻击疫情。

省财政厅提前预见防控形势的严峻性，及早谋划建立防控机制，是省级单位中行动最早的单位之一。这份以最快速度印发的防控文件，为浙江打好疫情防控阻击战赢得了时间，争得了主动，奠定了扎实的基础。

第二，以最快速度部署落实疫情防控工作。疫情期间，中央和省委、省政府密集召开会议，省财政厅主要负责人总是第一时间召开厅党组扩大会议或厅防控领导小组会议，部署落实相关工作，细化量化各项措施，扎实做好财政服务保障工作，将“财为政服务”的理念贯穿疫情防控全过程。

1月21日，省财政厅下发《关于切实做好新型冠状病毒感染的肺炎疫情防控工作的紧急通知》，要求全省各级财政部门统一思想认识，成立工作保障机制，切实履行财政职责，确保疫情防控工作顺利开展。1月27日，下发《关于进一步做好新型冠状病毒感染的肺炎疫情防控工作的通知》，对市、县财政部门落实政策供给和资金保障等工作提出进一步要求。2月24日，下发《关于全力支持打赢疫情防控阻击战确保财政收支平稳运行的通知》，提出“保、优、延、减、稳”的工作思路，要求各地大力优化支出结构，保障疫情防控和经济社会发展等重点支出，确保财政收支平稳运行。3月3日，组织召开全省财政系统统筹推进疫情防控和经济社会发展工作部署视频会议，对贯彻落实中央和省委决策部署、加强财政收支管理、加快财税扶持政策落地、深化“三服务”活动作出具体部署。3月9日至10日，组织三个防控工作督查指导组，由厅领导带队分赴台州、衢州、金华等地督查疫情防控政策和工作落实情况。

好政策，落地见效是关键。财政部门积极践行“最多跑一次”改革，创新资金兑现方式，优化政策落实流程，可以说是“八仙过海，各显神通”。一是“线上办”，如杭州、温州、绍兴、台州等地启用惠企政策直通车，通过数字平台进行一网办理。二是“集中办”，如杭州市余杭区财政部门牵头，联合24个部门成立惠企财政政策集中兑现办公室，通过“一条咨询热线、一个受理窗口、一套办理流程、一次申报兑现”的“四个一”方式，切实加快政策兑现速度。三是“简化办”，如湖州、金华、丽水等地，重塑专项资金兑现流程，梳理难点堵点，简化流程。四是“分类办”，如衢州、舟山开通“快速通道”，随时报、随时批、随时兑现；针对以往已明确的涉企政策，评定类项目即评即兑，申报类项目由原按年改为按季申报兑现。

第三，以最快速度发挥党员干部先锋模范作用。关键时刻，省财政厅党员干部挺身而出、担当作为，勇做疫情防控的先锋官、排头兵。财政部门将疫情防控现实表现作为考察识别干部的重要依据，营造奖优惩劣和“干部为事业担当、组织为干部担当”的良好氛围。

在党的引领和号召下，全省财政系统工作人员加班加点、坚守岗位、履职尽责，充分展现了财政铁军的责任和担当。在疫情防控期间，厅相关领导同志放弃休假，靠前指挥，带头值班值守，许多党员干部坚守岗位，加班加点，不少党员同志还主动参加社区志愿者服务。

研究制定防控相关政策、审核拨付防控资金、汇总报送防控动态信息、统计防控经费和医疗费用数据等，每天有很多工作需要完成。特别是疫情防控之初，有些政策不明确、不明了，地方具体执行中碰到很多问题，比如疑似患者的医疗费用、患者在医院的餐费、境外回来人员的医药费怎么处理等问题，都是未曾碰到过的难题。省财政厅的党员干部每天整理汇总各市、县提出的问题和建议，逐条研究并提出处理意见，报厅领导审定后第一时间反馈给各市、县（市、区），帮助各市、县（市、区）精准及时地落实好各项防控政策和防控资金。

（二）最强力度，让疫情防控吃下“定心丸”

立足财政职能，会同相关部门尽最大努力做好疫情防控的资金保障、政策保障、物资保障，以最强力度做到“两个确保”，即确保患者不因担心费用问题而不敢就诊，确保各地不因资金问题而影响医疗救治和疫情防控，助力打赢疫情防控阻击战。

第一，资金保障到位。为确保各地不因资金问题而影响医疗救治和疫情防控，省财政厅按照急事急办、特事特办的原则，统筹安排财政资金，并会同人民银行等部门研究启动资金拨付应急机制，迅速将疫情防控经费拨付到相关单位及重点领域，支持疫情防控各项工作。加强对各地库款情况的预测和监控，足额保障疫情防控资金的优先拨付，对保障不足的，及时进行调度。

一笔笔疫情防控资金在第一时间直达火线。1 月 22 日，浙江启动一级应急响应的前一天，省财政厅第一时间安排 7500 万元防控经费紧急拨付至省疾控中心和浙江大学；1 月 28 日，向桐庐县等 13 个地区紧急调度资金 3 亿元；1 月 30 日，预拨各地第一批疫情防控补助资金

3亿元；2月1日，预拨浙医一院医疗设备及器械购置补助经费5000万元……一笔笔资金的拨付落实，迅速解决了防疫物资和患者救治所需的资金问题，消除了医患双方的后顾之忧，为后续患者救治工作和疫情防控工作的顺利开展赢得了主动。

截至7月22日，全省已下达疫情防控经费224.3亿元，其中省级下达16.73亿元。

第二，政策保障到位。为了确保人民群众不因担心费用问题而不敢就诊，1月23日，浙江启动一级应急响应的当天，省财政厅研究制定患者救治医疗费用财政兜底的保障政策。明确患者救治保障，在按规定支付基本医保、大病保险、医疗救助等费用后，个人负担部分由财政给予全额补助，实现个人医疗费用“零负担”。政府对某类传染性疾病患者医疗费用实施兜底保障，这在浙江建立基本医保制度以来还是首次。

助力疫情防控，更要关爱医护人员。1月24日（大年三十）晚上，出台一线防控医务人员临时性工作补助政策，明确对符合条件的一线防控医务人员给予每天300元或200元的临时性工作补助。之后又陆续出台了工伤保险、伙食补助、出差补助、核增绩效工资、卫生防疫津贴以及援鄂人员待遇保障等一系列综合保障政策。

防控疫情刻不容缓，政府采购要开“绿灯”。浙江在全国范围内率先开通“绿色通道”：凡是与疫情防控有关的政府采购项目，都可由各采购单位先按照紧急采购方式自行采购，事后再补办相关手续。同时，积极提倡“不见面、少接触”，鼓励采购单位通过政采云平台在线完成采购，并启动政采云平台疫情防护用品应急监测制度，严厉打击供应商哄抬物价、销售假冒伪劣商品、虚标有货实际无货等违规行为，对所有违规商品立即进行强制下架或冻结，确保疫情防护用品价格稳定及有序供应。

第三，物资保障到位。要打赢疫情防控阻击战，保证物资充足是不可或缺的重要条件。自疫情发生以来，省财政厅全力以赴、多措并举出台各类鼓励筹措防疫物资政策，尽最大努力满足疫情防控物资需求。

支持疫情防控物资生产。对通过“短平快”技术改造、增补设备、加班加点等方式，迅速扩产扩能生产紧缺疫情防控物资的省级应急物资重点生产企业，在疫情防控期间内产生的亏损、投入的设备等给予一定比例的补助；对在疫情防控物资供给保障中做出重大贡献的企业，给予一定的奖励；对享受专项再贷款支持的疫情防控重点保障企业，给予一定的贴息支持。

免征部分企业进口关税。防护服、护目镜、口罩、红外线测温仪、一次性手术衣、一次性鞋套等用于疫情防控的进口物资可享受免税。2月3日，浙江公布第一批防控新型冠状病毒感染的肺炎疫情进口物资免税单位名单，对11家单位进口的防护服、护目镜、口罩等防疫物资免征进口关税。全省明确三批次共110家防控新冠肺炎疫情进口物资免税单位。

做好农产品稳产保供。在疫情防控应急响应期间，对家禽和生鲜牛奶等重点收购加工企业实施临时性补助政策；增设政策性叶菜价格指数保险，切实保障群众基本生活物资供应。

（三）最实举措，为复工复产注入“强心剂”

在疫情防控“下半场”，企业复工复产并非易事。按照“两手硬、两战赢”的要求，积极研究出台支持企业复工复产和经济社会发展的财税政策举措，综合运用减税降费、政策性金融、财政专项资金、政府采购、政府债券五大政策工具，助力打赢经济社会发展总体战。

第一，用好减税降费工具。用足用好减税降费措施，落实落细深化增值税改革、小微企业普惠性税收减免、残疾人就业保障金减免等一揽子减税降费政策，确保增值税留抵应退尽退。落实好文化事业建设费减半征收、停征小型水库移民扶助基金、取消政府采购投标保证金和采购文件工本费等措施。在企业经营活动现金流紧张的情况下，减税降费极大地缓解了企业资金压力，减少了企业的成本支出、税费负担。一是减免缓缴企业税收。对运输疫情防控重点保障物资和提供公共交通服务、生活服务、邮政快递服务取得的收入，免征增值税。对小规模纳税人大幅减免增值税，对小微企业、个体工商户缓缴所得税。对受疫情影响大的交通运输、住宿餐饮、文体娱乐、旅游四大行业和小微企业、个体工商户自用房产、土地免征全年房产税、城镇土地使用税。二是减免返还缓缴社会保险费。对中小微企业免征2020年2月至12月、大型企业减半征收2月至6月基本养老、失业、工伤保险单位缴费部分；对企业减半征收2月至6月基本医疗保险单位缴费部分。对不裁员或少裁员的参保企业，可返还其上年度实际缴纳失业保险费的50%；对受疫情影响的参保企业，各地根据企业不同情况，可返还1至3个月不等的社会保险费。对受疫情影响面临暂时性生产经营困难的企业，可缓缴社会保险费和住房公积金。一系列举措令企业拥有明显的获得感，如浙江久立特材料公司享受了近2000万元的税费优惠及财政补贴。截至6月底，全省共减免、返还、缓缴社会保险费达706亿元。

第二，用好政策性金融工具。对疫情防控重点企业贷款给予财政贴息，用好人民银行专项再贷款政策，对符合条件的企业，按其实际获得贷款利率的50%进行贴息，贴息期限不超过1年。一是降低企业融资担保费率。浙江省再担保公司对市、县（市、区）政府性融资担保机构减收再担保费，降低再担保费率，省财政给予专项补助，引导市、县（市、区）政府性融资担保机构降费让利。二是对扩大融资的金融机构给予奖励。对企业发行债务融资工具提供主承销服务的金融机构，按其年度累计发行额的一定比例进行奖励。对创设信用风险缓释工具且不需要政策性担保机构提供反担保的金融机构，给予一定奖励。对使用央行支小再贷款发放小微民营企业贷款符合条件的金融机构，按不超过再贷款使用金额的0.5%给予贴息性奖励。三是积极推进“三减”联动政策措施。通过减租减息减支联动，以积极的财政政策和有力的银行利息优惠措施，对在疫情期间减免租金贡献较大的中型企业精准实施阶段性减息贴息，推动其对小微企业和个体工商户减租减费，发挥财政金融政策协同杠杆作用，减轻企业负担，激发中小企业活力。

第三，用好专项资金工具。支持疫情防控物资生产重点企业扩大生产，鼓励企业保质保量增加紧缺的重点医疗防控物资生产，企业多生产的重点医疗防控物资，全部由政府兜底采购收储。一是支持外贸稳定发展。鼓励外贸企业巩固传统市场、开拓“一带一路”沿线等新兴市场，加大对国际性展会、出口信用保险补助、贸易摩擦诉讼的支持力度。对因疫情不能参加境内外展会的，已支付且确实无法退回的展位费用，可按不高于原补助标准继续补助；对省内防疫物资出口转内销而发生的外贸订单违约赔偿金给予一定补助。二是大力培育数字经济新热点。统筹安排工业与信息化专项资金、制造业高质量发展示范县创建激励资金等，发挥政府产业基金作用，加大机器人、大数据、人工智能等产业支持力度，推进产业数字化、智能化改造。2020年受理的企业科技创新券使用额度上限提高至50万元。三是加快生命科学科研和产业化。加大原创新药、医疗用品、医疗器械、精准诊疗、快速检测等研发攻关，对企业承担省级主动设计的防疫攻关应急研发项目，按“特事特办”原则，立项启动和首期经费支持同步进行，后续经费根据投入和绩效情况给予补助。特别重大的项目，按“一事一议”确定。

第四，用好政府采购工具。在确保质量的前提下，优先向复工复产企业直接采购；扩大首台（套）、首批次产品和制造精品入驻政采云制造（精品）馆的范围和数量，积极落实政府首购制度，支持企业创新发展。健全政府采购预付款制度，加快采购资金支付进度，深化“政采贷”、履约保函等金融服务，全面实行政府采购电子化，加大政府采购保证金监管力度，推进政府采购意向公开，进一步优化政府采购营商环境。全省项目采购全流程电子化，全年可为企业节约采购文件获取、投标文件制作、交通住宿等成本10亿元以上；取消投标保证金、降低履约保证金缴纳比例，全年减少占用企业资金160亿元以上。

第五，用好政府债券工具。发行地方政府专项债券是逆周期调节的重要政策工具，对于稳投资、扩内需、补短板发挥着不可替代的作用。加快地方政府专项债券发行和使用进度。进一步指导各市、县（市、区）做好项目储备、资金平衡方案等各项准备，确保债券额度一下达，发债程序就立即启动，尽快形成实物工作量。加强对重大政府投资项目的保障力度，地方政府专项债券优先支持2020年6月底前开工建设的医疗卫生、铁路、机场等符合条件的基础设施建设和补短板项目。

三、经验启示

新冠肺炎疫情是新中国成立以来在我国发生的传播速度最快、感染范围最广、防控难度最大的一次重大突发公共卫生事件，是一场举国大考，更是对财政治理能力和治理体系的一次直接检验。

浙江省财政厅在省委、省政府的坚强领导下，及时出台了一系列支持疫情防控的财税政策，对稳定社会预期、提振企业信心发挥了重要作用。用积极的财政政策来抗击公共风险，是形势所需，也是社会所盼，还能够助推财政事业高质量发展。因此，新冠肺炎疫情既是“危”也是“机”，如何化“危”为“机”，从浙江财政部门的抗疫实践中可以得到以下四点经验启示。

（一）以更高的政治站位，强化“财为政服务”

财政，即财中有政。财政工作一要对省委、省政府负责，二要对人民群众负责，对上对下都要负责，体现的就是党的集中统一领导和以人民为中心的发展思想的统一。这次抗击疫情工作中，浙江财政部门第一时间响应、第一时间部署、第一时间落实，为战疫赢得了更多宝贵时间，这正是财政部门“财为政服务”理念的集中体现。

“财为政服务”最直接的体现就是集中财力办大事。集中财力办大事是习近平总书记积极倡导、反复强调的。何为大事？大事就是中心工作所要求的大事，比如，为疫情防控雪中送炭是公共财政的本质要求，在打赢疫情防控阻击战中，公共财政必须为防控疫情提供强大支持。

面对复杂严峻的财税经济形势，省财政厅牢固树立“财为政服务”，克服眼前一切困难，用足用好减税降费、财政专项资金、政府专项债券、政府采购、预算稳定调节基金等各类工具，保障疫情防控资金，对冲经济下行压力，这是财政的政治担当和使命，是对公共财政的本质要求。当前“六稳”“六保”是中心工作，财政部门更要站在战略和全局的高度深入思考，综合运用财税政策工具，找准定位，主动出击，助力实现“两手硬、两战赢”。

（二）以更高的自我要求，提升财政治理能力

在各地疫情防控中，普遍存在基层向上和中央向下的决策链条过长等现象，为保障经济社会稳定，应当具备一套完善的财政应急响应机制，有效辅助公共危机管理。

在疫情发生时，省财政厅以最快速度建立由厅主要负责人统一指挥，厅分管领导和责任处室分工负责、协同配合的领导工作机制，协同相关部门做好疫情防控的资金保障、政策保障、物资保障。这样的

尝试和做法，效率远超以往，这是特殊时期和特殊事件所决定的，也为建立财政应急响应机制提供了很多宝贵经验。经过这次考验，财政部门要及时总结疫情防控工作中的好经验好做法，完善财政部门应对重大灾害、重大事件的预案，提升研判和决策能力，进一步提升治理能力，推动治理体系现代化。

（三）以更高的服务标准，推动“最多跑一次”改革

在疫情防控和复工复产中，财政部门始终坚持“最多跑一次”的服务理念，创新资金兑现方式，优化政策落实流程，成为疫情期间各类政策落实的润滑剂和推动力。

在财政职能范围内的疫情资金保障方面，省财政厅按照急事急办、特事特办的原则，统筹安排财政资金，迅速将疫情防控经费拨付到相关单位及重点领域，支持疫情防控各项工作；在财政职能与部门职能协同的防控政策保障方面，省财政厅主动联系相关部门，共同研究制定患者救治医疗费用财政兜底、一线防控医务人员临时性工作补助等保障政策，尽最大努力满足疫情防控需求。

（四）以更高的业务水平，加强财政收支管理

面对财政收支紧平衡下的突出矛盾，省财政厅及时提出“保、优、延、减、稳”五字原则，加强财政收支管理。

一是保重点。优化集中财力办大事财政政策体系，全力保障医疗救治、卫生防疫、医疗物资等重点支出。二是优结构。对年初预算安排的专项资金，除已明确具体实施项目外，都要优先调整用于疫情防控、“六保”和“六稳”的资金保障。三是延安排。对于受疫情影响，根据建设进度可以延后安排的项目，在相关财政政策不变的前提下，相应延后资金安排，后续根据工作进度再予以安排。四是减开支。坚持政府过紧日子，年初预算一般性支出压减不低于10%，日常公用经

费支出压减不低于5%，严格“三公”经费管理。五是稳运行。合理确定收支目标，强化“以收定支”，加大一般公共预算、政府性基金预算和国有资本经营预算统筹力度，确保财政收支平衡。

【思考题】

1. 为企业减税降费过程中，如何在有限的空间中继续挖掘潜力?

2. 新增加的财政赤字和抗疫特别国债全部安排给地方，如何保证不折不扣地用在落实“六保”任务上?

3. 面对当前经济形势，扩大投资需求是积极财政政策的重中之重，地方政府债券迎来发行高峰，但风险系数也在不断加大，怎样做到防风险与促发展并举?

敢为人先抢在前　全力以“复”暖人心

——浙江人力社保系统从应急响应到常态化促发展的创新实践

【摘要】作为用工大省的浙江，面对春节前大批员工返乡和疫情防控的双重压力，面对企业复工复产的迫切要求，如何快速摸清用工需求和员工底数？如何精准对接双方供需？浙江省人力社保厅认真贯彻落实中央和省委、省政府决策部署，发动全省人力社保系统联动作战、综合施策、精准发力。全省人力社保战线依托“最多跑一次”改革奠定的大数据等方面的技术基础，通过开展省际劳务合作，以最快速度打通员工“返岗路”，多元合力撬动就业“活力源”，用真金白银服务企业“真减负”，着手建立长效机制，探索出一条从应急响应到常态化促发展的创新实践之路。

浙江建立联动机制，采取点对点方式接工人返岗等举措，得到了人力社保部以及劳务输出省份的高度认可，有效服务了“两手硬、两战赢”战略任务，取得了积极显著的成效，是统筹推进疫情防控和经济社会发展工作的典型案例和样本。

【关键词】省际劳务合作　企业减负　稳就业　促发展

一、背景情况

面对严峻的疫情防控形势，浙江于 2020 年 1 月 23 日在全国率先启动重大公共突发卫生事件一级响应。为切实保障人民群众的生命安全和身体健康，浙江高度聚焦“内防扩散、外防输出”，全省人民积极响应号召，有效减少了人员聚集。不可避免的是，经济社会发展受到了一定冲击，部分行业甚至一度“停摆”。

春节过后，疫情防控和复工复产成为浙江面临的两道“必答题”。浙江是用工大省，复工意味着人员流动增强，但复工复产必须以做好疫情防控为前提。此时，省内不少生产防疫重要物资的企业，一线员工普遍紧缺，工人们连轴转也赶不上市场需求；手握订单的企业，因员工无法返岗，眼睁睁地看着交货期一天天临近，生产压力和交货压力两头吃紧。

2 月 9 日，浙江省委常委会召开扩大会议，传达学习习近平总书记关于依法防控疫情的重要讲话精神，研究贯彻落实意见。会议强调，浙江疫情防控工作已进入一个新阶段，要坚持一手抓疫情防控，一手抓恢复生产，做到“两手都要硬”，合力打赢防控阻击战、发展总体战。

但此时，大部分省外工人已于春节前返乡，因疫情防控需要暂时无法外出；无论是全国还是省内，各个地方防控风险等级不同，每个企业用工需求不同；因为停产停工，很多企业资金周转等方面遇到明显困难，一些企业甚至有破产迹象，员工失业风险也越来越高。

复工复产的关键在“人”，解决问题的出路也在“人”。全省人力社保系统紧抓问题关键点，借助“最多跑一次”改革和大数据发展等方面的先发优势，重点解决外省员工“出不来”与本省企业“等人来”的问题，妥善处理“疫情防控严防死守”与“企业产能亟待恢复”之间的矛盾，相关工作取得了明显成效。

全省人力社保系统通过打好系列组合拳，不仅有效推动浙江复工复产走在全国前列，同时也为常态化服务企业、稳定就业、促进企业发展提供了借鉴经验，进而为国家治理体系和治理能力现代化提供了浙江样本，贡献了浙江经验。

二、主要做法

（一）定点跑点相结合，服务供需双方零距离

第一，挖掘省内劳动力潜力。疫情防控初期，省人力社保厅以防疫物资生产企业、生活必需品生产企业为重点，通过省人力社保厅门户网站、浙江人才网、“浙里办”等平台发布用工需求，重点挖掘县内、市内、省内劳动力，保障应急物资的生产供应。

2020 年 1 月 29 日（正月初五），浙江省人力社保厅副厅长陈中带领省就业管理中心干部前往全省最大的口罩生产企业振德医疗用品股份有限公司进行调研，督促当地人力社保部门全力保障企业用工。同日，全省启动防疫物资生产企业、生活必需品生产企业和其他企业用工情况日报制度，将每日情况进行汇总报送。在杭州，人力社保部门在摸清企业用工缺口、外地劳动力返岗情况的基础上，通过组织志愿活动等缓解重点企业的短期缺工问题，取得了良好的成效。

第二，加快省外劳动力返程返岗进度。随着浙江吹响“两手硬、两战赢”的冲锋号，全省人力社保系统面向全国启动“接老员工返程返岗、招新员工来浙”专项行动。针对企业和员工普遍关心的疫情防控问题，省人力社保厅组织编写了《新型冠状病毒感染的肺炎疫情期间企业用工服务指南》，对企业员工返岗、用工方式、防护措施等提出了十条意见，受到了普遍欢迎。

2月19日，省人力社保厅召开全省人社局局长视频会议，部署省外员工返浙工作。21日，省人力社保厅印发通知，要求着力破解复工企业员工返岗难、招工难问题，搭建省际劳务合作对接平台，组织员工有序返程返岗。就此，一场“穿越大半个中国来接你”的行动拉开了序幕。

为做好这项工作，省人力社保厅建立横向邀请双方公安、卫生健康、交通运输等部门参与，纵向贯通对方省市县乡村五级的调度机制；建立覆盖双方省市县三级的工作群，相互推送各级劳务负责人联系方式，实现点对点对接。

2月27日，省人力社保厅劳务合作工作组分别赴河南、云南、湖南等九个劳务输出大省开展对接协调工作。其中，云南、河南工作组还与当地人力社保部门成立临时联合指挥部，调度所在省份员工返浙工作。

工作组通过官方媒体和商业媒体等平台，重点宣传浙江疫情防控措施和成果，让对接省份相关部门、员工及家属放心。同时，工作组与对方省份签订劳务合作备忘录，推动双方实现健康码互认，解决了出行健康证明这一难题。

按照与各省签订的备忘录和合作协议，浙江各级、各地省外驻点联络员配合当地人力社保部门做好员工健康检查工作，采取点对点、一站式包车直达方式，帮助员工返程返岗，浙江省内根据协议做好返岗复工员工的直接接收工作，确保返岗工人“出家门上车门，下车门进厂门”。人力社保部门配合有关部门指导企业做好卫生防疫等工作，同时建立“三包”（包专车、包专列、包专机）日报表和企业用工监测制度，实时掌握复工复产进度。这一系列举措，大大提高了省外务工人员返程返岗的效率，有力助推了省内企业复工复产。

在此过程中，全省各地涌现出一系列好做法、新成效：首趟复工人员定制专列，为杭州企业接回节前返乡员工；机场开辟绿色通道，为嘉兴嘉善接回工人，企业员工返回后无须隔离观察直接就能上岗；金华通过大数据分析，摸清全市主要务工人员来源地，筛查出疫情低风险劳务输出县（市），绘制出复工接人地图，永康据此派出工作组，出资包车接回首批1000多名云南镇雄籍务工人员。

据统计，2020年春节以来，全省共有361个工作组，1601人赴当地进行对接工作，组织包车3.4万辆次、包专列248列、包专机79架次，接返员工98万人，人数居全国第一；截至2月底，全省3.6万家复工规上工业企业员工到岗率75.03%，圆满完成复工企业用工保障阶段性目标任务；截至4月底，在浙省外劳动力超过2100万人，总规模已恢复到2019年水平，其中湖北籍员工100.6万人，为节前数量的88%。浙江的做法得到了中央和社会各界的充分认可，人力社保部在新闻发布会上专门点赞浙江与相关省份之间的联动机制。

第三，加大“云招聘”力度。疫情防控期间，线下招聘会等无法展开，全省人力社保系统联动高校、企业及相关单位，率先发起“云招聘”，倒逼人社工作数字化转型，保障企业用工。

省人力社保厅利用“浙就业”服务平台和网络招聘平台等，通过开展企业员工“云招聘”服务，实现老员工返岗和新员工招聘两不误。为保障防疫物资生产等重点企业的用工需求，省人力社保厅开发重点企业紧缺用工登记平台，支持企业自主登记，同步到浙江省人力资源网公开发布，并推送给各市劳务合作组，助其开展招聘工作，同时开通重点企业紧急岗位发布绿色通道，帮助疫情防控物资保障企业、群众生活保障企业发布紧急用工岗位。

在省级层面，浙江人才网联动全省62家政府人才就业网站，组织13万家企业累计发布150多万个岗位信息。疫情防控期间，浙江省人才服务平台2.0版上线，“2020高校毕业生云聘会”启动，联合多个社会招聘平台共同参与，为高校毕业生带来120多万个职位，服务200多万人次，初步达成意向14万人次。

“云招聘”服务过程中，浙江充分发挥人力资源服务机构市场配置作用，支持服务机构打造共享用工平台。截至2020年4月29日，全省已开发“人力宝直聘”“海兼职”等用工共享平台20多个，如浙江德科人力资源服务公司借助共享用工平台，已为1800家企业提供用工3.5万名。

（二）措施制度相结合，实现企业员工零忧虑

早在2020年1月26日（正月初二），省人力社保厅就下发了《关于积极应对新型冠状病毒感染肺炎疫情　切实做好劳动关系工作的通知》，提出“企业不得随意解除职工劳动合同”等要求，给广大员工吃下“定心丸”，并通过一系列举措切实保障企业用工需求。

第一，创新产教互动。为帮助企业解决“招工难”等问题，省人力社保厅发出通知，鼓励技工院校师生助力企业复工复产。根据通知，技工院校学生参与企业复工的，视同顶岗实习；教师参与企业复工的，视同专业教师下企业实践，表现突出的教师，在职称评审、职务晋升等方面同等条件下优先推荐。

在政策带动下，杭州、宁波、温州、湖州等地技工院校师生积极响应号召，主动加入助力复工复产的大军。舟山市人力社保局在“三服务”活动走访中了解到一些企业有用工需求，便立即与舟山技师学院进行对接，促成300余名学生进入企业顶岗实习，其中不少学生还与实习企业达成留用意向。为保障学生安全，各地学校运用信息技术手段，为实习学生建立管理跟踪网络，全面掌握学生的实习地点、工作生活环境、疫情防护措施等情况。截至2020年6月底，全省技工院校共组织2.9万名师生参与6000多家企业顶岗。

第二，“共享用工”促双赢。受疫情影响，企业用工短缺与人力闲置这一两难问题并存。对此，浙江人力社保系统通过政企联手，采取共享用工的方式进行劳动力余缺调剂，既解决了生产不足企业的员

工流失问题，又保障了用工企业的现实需求，有效盘活了人力资源。

例如，依托绍兴“战疫助企、互动共享”调剂平台，企业只需上报需求，各市、县调剂工作小组便派专人跟进。绍兴市越城区的两家企业在不改变劳动用工关系的前提下，一家企业50余名富余员工暂时借调到另一家企业一线工作3个月。宁波鼓励企业通过内部调剂解决就业问题，瑞孚集团旗下的瑞孚工业集团有限公司将270名富余员工调剂到旗下隆威婴儿用品有限公司，确保富余员工不外流。

第三，保障临时用工权益。为解除返岗人员和复工复产企业的后顾之忧，浙江人力社保系统推出暖心举措，为疫情联防联控和复工复产企业临时招用人员提供全方位权益保障。

嘉兴市率先出台工伤保险新政，允许疫情防控期间企业按规定临时招用的所有人员单独参加工伤保险，即把积极投身抗疫战斗的青年学生及“再上岗”的银发老人纳入企业工伤保险参保对象。

金华市把参与各级联防联控体系中的工作人员、志愿者和复工复产企业临时招用的人员，全部纳入工伤保险参保范围，由乡镇（街道）组织疫情防控有关单位、复工复产企业作为申报单位为其办理参保并缴费。

天台县和中国人民财产保险公司天台支公司签订全省首个“务工无忧”保险合同：如果企业出现疑似病例导致停工停产，在隔离的14天时间内，外来务工人员可获每人每天100元的补贴；如有员工确诊，可一次性获得3万元赔偿。

第四，促进短期用工转为长期就业。为完善稳就业政策，出台《关于做好复工企业用工保障工作的若干意见》，对疫情防控期间民办人力资源服务机构为企业推荐或派遣员工，并依法缴纳社会保险费3个月以上的，按每人500元、最高不超过10万元的标准给予民办机构就业创业服务补贴；对企业招用外省来浙初次就业人员，签订1年以上劳动合同，依法缴纳社保6个月以上的，给予企业每人1000元的用工补贴；对春节以来开工生产、配送疫情防控急需物资、提供交通运输服务的企业，根据增员人数给予每人不超过1000元的一次性吸纳就业补贴。通过上述补贴政策，鼓励企业与临时员工签订长期用工合同。

同时，省内各地也陆续出台相应政策。例如，宁波出台“复工20条”，从支持员工返岗、优化用工服务、降低企业成本等方面促进企业复工复产，鼓励企业多途径扩大招工规模，并给予企业最高30万元的招工补助。湖州出台《关于企业复工复产补助奖励的意见》，拿出1亿元资金，专项补助、奖励企业复工复产：对企业新招员工，给予每人1000元一次性生活补助；对一次性介绍20人（含）以上市外人员来湖州就业的主体，给予每人200元一次性奖励。

（三）援企监测相结合，服务保障企业零延时

第一，全面援企稳岗。为帮助企业顺利渡过难关，省人力社保厅出台减负政策，通过阶段性减免缓缴社保费、给予吸纳重点群体就业补贴等一系列政策红利，有效降低疫情对企业的影响，实现稳定岗位的目的。

在此过程中，浙江一方面做好“减”的工作。对中小微企业免征2020年2月至12月基本养老、失业、工伤保险的单位缴费部分，对大型企业减半征收2月至6月基本养老、失业、工伤保险的单位缴费部分，对所有企业减半征收2月至6月基本医疗保险的单位缴费部分。对于受疫情影响导致生产经营出现严重困难、无力足额缴纳社会保险费的企业，允许缓缴社会保险费，缓缴期限原则上不超过6个月。2020年全省预计可为企业减轻三险（养老、工伤、失业）费负担735亿元左右。

另一方面做好“返”的工作。对不裁员或少裁员的参保企业，返还其2019年度实际缴纳失业保险费的50%。对受疫情影响的参保企

业，各地根据企业不同情况，返还 1 至 3 个月不等的社会保险费。2020 年全省预计返还失业保险费 10 亿元，返还社会保险费 95 亿元。

据调查，社保费减免和社保费返还受到企业的普遍欢迎，一些中小企业“死而复生”，大企业复工复产、少裁员甚至不裁员的底气也更足了。以松下家电（中国）有限公司为例，疫情防控期间该公司社保减免优惠金额达到 800 万元，切实感受到政府部门对企业的大力支持与帮助。

值得一提的是，浙江在全面援企稳岗过程中，充分利用“最多跑一次”改革成果，通过大数据分析、办事流程再造等方式，让企业“少跑腿”甚至“不跑腿”就能享受到政策红利。

第二，开展用工监测。疫情防控期间，省人力社保厅联合移动、电信、联通等企业开展大数据跟踪，监测用工进展，开发企业用工调查平台，将 600 家防疫物资生产和生活必需品生产企业、4 万家规上工业企业纳入每日监测范围，并根据需求不定期开展问卷调查。同时，对照分析疫情“五色图”，根据返岗复工复产情况绘制浙江用工“五色图”，比对省外务工人员手机信号和健康码数据，实时监测返浙人员流动情况，并与务工人员输出大省和省内各市、县共享数据。此外，开展劳动关系监测，问卷调查千家企业万名员工，大数据比对企业劳动关系风险点，做好防范预警。

为保障相关工作有序开展，省、市、县人力社保部门三级联动，成立工作专班，24 小时值守，并专人跟踪对接重点风险企业。在此基础上，全省人力社保系统将 3.2 万家出口 100 万美元以上企业和 4.3 万家规上工业企业全部纳入监测范围，重点关注已裁员或有裁员计划的企业。5 月开始，每周一报，形成就业简报。

省内各地人力社保部门也充分利用大数据开展用工监测。如在丽水，当地人力社保部门将全市规上工业企业、省市重点项目施工单位和当地其他用工集中的特色产业纳入用工监测范围，动态跟踪员工返岗数据；温州瑞安在举行“云聘周”活动期间，对数据进行实时监测、统计，为后续企业招聘提供大数据支持。

第三，及时制定应急预案。疫情发生后，省人力社保厅印发《防范应对大规模裁员和失业风险总体预案》，省市联动成立工作专班，制定总体预案、重点群体帮扶预案、规模裁员应对预案、突发事件现场处置预案、重大（突发）网络舆情应对处置预案的“1＋4”风险应对预案体系，由专班各小组分别落实，指定专人24小时值守，确保就业局势总体稳定。

在具体实施中，由省人力社保厅牵头，组建省、市、县人力社保部门主要负责人任组长的工作专班，建立风险监测、会商研判、责任事项交办、省市县联动、结果反馈等工作机制，分类做实做细规模裁员应对、重点群体帮扶、突发事件处置等工作预案，并根据不同阶段形势加强对重点关注领域的用工监测，及时掌握用工变化情况并进行稳妥处置。同时，出台稳定劳动关系的政策文件，鼓励企业通过调整薪酬、轮岗轮休、调整工时等方式稳定岗位。

此外，全省人力社保部门都成立了劳动关系风险应急办公室，指导企业规范裁员行为，落实属地管理责任，有效防范化解劳动关系风险。例如，绍兴市越城区成立防风险保就业促和谐服务专班，牵头做好失业职工的安置和就业帮扶工作，打造和完善劳动监察“半小时”维权圈和劳资纠纷“一窗受理”制度，把风险控制在萌芽状态；当地还制定了风险防范预案，重点做好规模裁员应对、重点群体帮扶、突发事件现场处置、舆情应对等工作。

2020年上半年，全省共受理劳动争议案件31685件，同比上升4％，涉及金额7.34亿元；帮助27778名务工人员追回工资1.91亿元，没有发生劳动关系群访事件。

三、经验启示

浙江人力社保系统的有关做法和经验，为破解疫情下的复工复产难题提供了新的解决思路，为常态化促发展提供了有效参考。

（一）深化省际劳务合作是破解用工难题的重要举措

省外劳动力占浙江企业用工的一半左右，稳定这支队伍对保障企业用工至关重要，这次行动采取的很多措施，为破解企业用工不足这一难题找到了新办法。

（二）深化“最多跑一次”改革、加强部门协同是复工复产的有力支撑

这次能够打通很多返岗堵点，主要得益于公安、交通运输、卫生健康、大数据等部门的通力合作，这些经验在今后的工作中可以延续和复制。

（三）创新宣传方式是发动务工人员返岗的重要手段

在宣传方面，除发挥央视、新华社、《浙江日报》等主流媒体作用外，还注重运用抖音、微信等新媒体进行裂变式传播，宣传浙江疫情防控成效和优惠政策。借助融媒体产品强大的信息传播和舆论引导功能，为务工人员大规模返浙营造了良好的舆论氛围，提高了人社政策的知晓率，体现了人社政策的亲民性和实效性。

（四）用工保障要处理好政府与市场的关系

政府积极引导示范，有效弥补了市场调节的不足，保障了企业应急用工需求。随着疫情缓解，需要进一步发挥市场的主体作用。

（五）运用好大数据可有效推动决策科学化、社会治理精准化、公共服务高效化

无论是“云招聘”的举办还是用工监测平台的使用，都离不开新技术、新手段的有力支撑，也使得政策和措施可以更精准更有效。

（六）以人民为中心是相关政策的出发点和落脚点

无论是返岗补贴还是减负手段，只有掌握企业和员工的痛点才能精准施策，满足其生存和发展的迫切需求，进而让政策红利落到实处。

【思考题】

1. 作为“资源小省”的浙江，在复工复产和今后发展中，如何才能吸引、调动更多资源和力量?

2. 在推动复工复产及其他工作过程中，如何运用好“最多跑一次”改革的成果?

3. 推动复工复产的过程中，政府行为的“红线”在哪里? 需要注意防范和化解哪些可能出现的风险?

以先行担当 精准打通产业链供应链关键堵点

——破解宁波舟山港集卡运输难题的经验启示

【摘要】 宁波舟山港是国家战略中的“硬核”力量，是浙江省外贸产业链、供应链高效运转的关键节点。受新冠肺炎疫情影响，2020年2月初，宁波舟山港集疏运面临着严峻形势，特别是占总份额70%以上的集装箱卡车运输出现严重短缺，甚至一度“停摆”，港区集装箱大量积压，严重影响了港口生产，对产业恢复和外贸稳定带来巨大风险。对此，浙江省交通运输厅紧紧围绕“两手硬、两战赢”的要求，从“早、准、实、智、远”五个方面发力，通过点面结合、标本兼治，精准破解集卡企业、车辆、人员等复工复产难题，实现宁波舟山港率先恢复生产，为推动我国企业复工复产、恢复物流体系、恢复全球产业链提供了积极的样本。宁波舟山港的有关做法得到了习近平总书记的充分肯定，成为新时代加快推进“重要窗口”建设的生动展示，为统筹疫情防控和复工复产提供了有益的参考和借鉴。

【关键词】 宁波舟山港　产业链　集卡运输

一、背景情况

浙江是对外贸易大省、开放大省，“港通天下”优势突出、特色鲜明。2019年全省进出口总值达3.08万亿元（居全国第四，约占全国总量的10%），增速达8.1%，对全国进出口增长贡献率为22.3%，居全国第一。其中，全省90%以上的外贸货物，是通过宁波舟山港等主要沿海港口输往全球的。可以说，港口是浙江省对外贸易产业链、供应链畅通运转的重中之重和关键节点，也是浙江实现高水平对外开放的“桥头堡”。

早在2002年，习近平同志刚到浙江工作时，就预见性地指出，新世纪新阶段浙江经济进一步发展的天地在海上。10多年来，全省坚持一张蓝图绘到底、一以贯之抓落实，全力擦亮港口这一浙江金名片。2019年，宁波舟山港完成货物吞吐量11.2亿吨，连续11年位居世界第一，为全球唯一一个吞吐量突破10亿吨的大港；完成集装箱吞吐量2753万标箱，连续两年居世界前三，累计开通240余条国际航线，连通全球190余个国家和地区的600余个港口，有力服务了“一带一路”、长江经济带建设和长三角一体化发展等国家战略，成为国家对外开放的重要门户和战略枢纽之一。

新冠肺炎疫情发生后，浙江港口生产和外贸发展面临“内忧外患”的局面。从外部国际形势看，2020年1月30日世卫组织将新冠肺炎疫情升格为“国际关注的突发公共卫生事件”，美国、欧盟、东盟等主要贸易对象陆续对14天内经停中国的船舶，升级海事监管和船舶抵港管控措施，多个国际集装箱班轮公司陆续撤并中国航线，这对港口生产和外贸稳定产生了直接影响。从内部生产恢复看，为了全面阻遏疫情扩散，各级政府采取了最严格的管控措施。春节过后，2.4万余名返乡外省籍集卡司机无法按时返岗，集卡企业难以及时复工，占宁波舟山港集装箱集疏运70%以上份额的集卡运力出现严重短缺，港口集疏运严重不畅。2月1日至15日，宁波舟山港出口重箱（装载出口货物的集装箱）数量仅为往年的10%，港区积压集装箱高达60万标箱，堆存率是往年的3～4倍，港口吞吐量下降40%，严重影响了浙江外贸供应链和产业链稳定，具体表现为三个方面。

第一，司机返岗难。宁波舟山港外省籍集卡司机占99%，春节期间大量外地司机返乡过年。按往年惯例，正月十五之后基本能实现全员返工返岗。但疫情防控期间全国大部分地区都启动了一级响应，对人员出行实施多项管控措施，司机返岗复工面临重重关卡。即使能够回来，到达后当地社区均对外来人员实施严格管控，返岗司机面临“进不了村、入不了社区”等问题。集卡司机张德龙反映：“我回来后，出入都成问题，小区不让进，只能在车上待着，饭都没得吃，还不如不回来!”像他一样，许多集卡司机心中有顾虑，不敢回、不愿回、不能回。截至2020年2月15日，宁波舟山港在港集卡司机仅700余人，返岗率不足3%。

第二，企业复工难。2月9日，浙江明确在抓好疫情防控的前提下，推进全面复工复产。但各地对企业复工复产实施严格审批政策，集卡企业在审核方面均按工矿企业要求，在办公场所、隔离场所、防护用品等方面提出了很高的复工标准。由于集卡企业大多为小微企业，许多都是一家企业一辆车，因而很难达到复工门槛要求。至2月15日，宁波舟山港1600多家集卡企业仅复工26家，复工率不足2%。

第三，道路通行难。疫情防控初期，省内各地都采取了严格的封闭措施，仅2月8日全省就关闭高速公路出入口200余个，设置普通国省道卡口240余个，农村公路卡口更是数不胜数。同时，各地对司机实施严密的人员排查，部分地区还对疫情高风险区域的外地车辆实施禁入，这都进一步加剧了物流链条的“梗阻”。

宁波舟山港的复工状况直接关系上万家港航相关企业和10万余名

从业人员，并间接影响省内外数十万家进出口企业。受物流链严重不畅影响，进出口货物无法送达港口、向外运出，导致外贸企业出现原料短缺、库存积压、订单违约风险陡增等突出问题。比如，晶科能源是一家生产太阳能硅晶产品的大型外贸企业，产品和原材料主要以集装箱运输方式从宁波舟山港进出，2月上旬受港口集卡运力不足影响，库存出现大量积压，直接影响了30%左右海外订单的交付，数百万美金订单面临违约风险；3月，宁波远洋公司集装箱运输量同比下降12%，总利润下降71%。存在类似困难的企业还有很多。

2月3日，习近平总书记在中央政治局常务会议上强调，要在做好疫情防控的前提下，全力推动企业复工复产。2月4日，省疫情防控领导小组提出，要“管住人、畅通物”，最大限度减少疫情对经济社会发展的冲击。2月9日，省委常委会扩大会议提出疫情防控与复工复产两手抓，要求“破堵破阻，畅通物流渠道”。按照中央和省委、省政府部署，省交通运输厅把破解宁波舟山港集卡运输难题作为首要任务，以有力举措化解危机，推动宁波舟山港率先恢复生产。至2月底，宁波舟山港集装箱吞吐量降幅较前半个月收窄20个百分点，并实现了全面复工复产。

3月29日，习近平总书记到浙江考察，首站就是宁波舟山港。他充分肯定了复工复产的成效，并指出，宁波舟山港率先恢复生产，对推动我国企业复工复产、恢复物流体系、恢复全球产业链具有重要意义，并勉励宁波舟山港努力克服疫情影响，争取优异成绩。截至5月底，宁波舟山港完成货物吞吐量4.5亿吨，同比增长0.4%，实现止跌翻红；完成集装箱吞吐量1072万标箱，同比下降6.7%，降幅较一季度收窄1.5个百分点。

二、主要做法

（一）突出一个“早”字，积极应对疫情不利影响

第一，早研判。港口历来是交通运行监测的重点领域。2020 年 1 月 23 日，浙江率先启动重大突发公共卫生事件一级响应，省交通运输厅迅速成立疫情防控领导小组，设立港口生产保障专项组，建立省市县三级协同机制，联动宁波市政府、省海港集团、省集卡运输协会以及主要物流企业等各方力量，从原先的每周一次交换信息，增加到每天一次沟通对接。在常规指标监测的基础上，重点加强对国内外疫情发展态势、进出口贸易及运输限制政策、重要航运企业联盟运营调整及主要出口对象国航班航线变化等情况的跟踪研判，以实时掌握港口生产宏观形势及生产运行情况。

在此基础上，加强对历次“国际关注的突发公共卫生事件”的影响进行综合分析，结合国内外疫情发展态势和外贸形势，提前做好研判。春节期间（1 月 24 日至 30 日），宁波舟山港货物、集装箱吞吐量同比分别下降了 8％和 6.7％，省交通运输厅进行了有针对性的趋势分析，初步判断疫情对浙江省港口生产的负面影响将在 2 月中下旬进一步扩大，并将在航运班轮准班率、货源组织、运价恢复等方面产生连锁反应，进而对浙江外贸出口产生一定冲击。2 月 6 日，省交通运输厅向省委、省政府作专题汇报，有针对性地提出了分类分步的应对方案。

第二，早谋划。省交通运输厅组建了港航企业复工复产“三服务”小组，由厅班子成员带队，先后 5 次赴港口所在地、航运企业、行业基层开展调研服务，召开 20 余次座谈会，及时掌握港口生产中出现的新情况、新问题，摸清基层和企业的迫切需求，累计搜集 40 余条

意见建议。针对外地集卡司机返岗难、集卡企业复工审核通过难、车辆上路通行难等问题，研究制定了《浙江省保通保畅行动实施方案》《关于加快推进宁波舟山港集装箱疏港和集卡运输复工复产的指导意见》《返工人员点到点包车运输指导意见》等一系列政策举措并推动落实。

第三，早行动。早在1月底，省交通运输厅针对春节后港口用工可能出现短缺这一问题，要求交通港航部门、港口企业和相关协会加大宣传和联系力度，有计划地做好人员返工工作。2月初，省交通运输厅又专门组建服务组，对企业复产、用工组织、保通保畅等相关政策措施落实情况进行持续跟踪指导，累计解决企业和基层困难100余个。同时，选派骨干人员进行蹲点服务，对疫情防控和复工复产工作进行常态化指导。以宁波新丝路物流有限公司为例，往年一般是元宵节后复工，根据交通部门和行业协会的指导，该公司从正月初五（1月29日）开始逐个联系司机，在提前恢复生产上赢得主动。

（二）突出一个“准”字，全力破解三大堵点问题

第一，破解集卡企业复工难。针对复工审批标准过高、程序繁杂、确认不便、防疫物资短缺等突出问题，省交通运输厅逐一研究制定针对性措施，明确规定“集卡企业复工属于确认、备案事项，不必进行审核审批”，“对20辆车以上的较大集卡企业，只需网上提供复工方案，即可确认、备案，无须现场查勘”，“20辆车以下的小微集卡企业，凭企业负责人的书面承诺书，即可确认复工”，“集卡企业司机的健康登记一人一表，由企业自存备查”。同时，将口罩、测温计等防护物资纳入当地统筹保障范围，通过协会免费向企业发放口罩10万余只。

第二，破解集卡车辆通行难。严格落实省疫情防控责任1号令、2号令要求，迅速纠正各地各自为政、标准不一、层层加码等错误做

法，严禁擅自封闭高速公路出入口，严禁阻断国省道等干线公路，严禁硬隔离或挖断农村公路，严禁阻碍应急运输车辆通行，严禁擅自在高速公路服务区和收费站、省界和国省道等干线公路设置疫情防控检疫点或检测站。开辟高速公路货车专用通道，核发“疫情防控车辆专用通行证”，全省免查通行。特别是除重点疫情地区外，对已经严格落实疫情防控措施、通往沿海港口的外贸集装箱车辆，要求运送目的地和沿途各地放行。同时，指导宁波市出台《集卡车复运管控方案》，推出车辆检查凭证、8 小时内在全省范围免检通行等多项措施，全面保障车辆安全快速运行。

第三，破解集卡司机返工难。会同宁波市相关部门、省海港集团和相关协会，共同研究快速返工对策，第一时间宣传疫情防控成效和复工复产、交通补助等政策，通过包车、包机、包高铁专列和免费接驳服务等多项措施，为外省籍低风险疫情地区的返岗司机提供“一站式”暖心服务。同时，组织专人赴河南、四川、江西等劳务输出大省，主动与当地部门对接，制订返工人员白名单，逐一解决交通通行、人员返工、健康码互认等问题。比如，宁波市联合铁路部门，多次组织开行河南周口、安徽阜阳、江西南昌、四川成都等方向的民工专列，仅一周时间返岗集卡司机就突破了 6000 人，基本满足了当时港口生产集疏运的需求。精心做好返岗司机生活保障工作。来自低风险地区的集卡司机，经核酸检测为阴性后，不再进行 14 天隔离，可自由进出居住地。对于居住有困难的司机，利用闲置宾馆等场所为其提供必要的过渡宿舍，最大限度解决返岗司机的后顾之忧。

（三）突出一个“实”字，全力帮助企业渡过难关

第一，组建专班，“点对点”保障。省交通运输厅深入摸排、联系上下游企业，建立定点跟踪服务机制，主动对接港口集卡运输需求大户，制定专项运输保障方案，确保出口企业物流供应畅通。比如，在 2

月中旬了解到晶科能源公司存在出口产品运输难问题后，第一时间协调省海港集团，成立工作专班，根据企业实际需求，结合各地防疫管控要求，提供可行的水陆中转、海铁联运、水上通道、短驳转运等多渠道、全过程解决方案。仅2月底至3月上旬，就帮助晶科能源公司解决了2000多标箱的集装箱运输难题。

第二，协调运力，“门到门”直达。面对运力短缺、有货没车这一最大问题，省交通运输厅会同省海港集团紧急协调省内外运输企业，调动相关资源，组织专门车队力量开展服务。例如，宁波旭升汽车技术有限公司是特斯拉公司的一级供应商，疫情发生后，由于缺少运力，出货量大幅减少。通过专门协调天恒国际物流公司，抽调18名骨干司机组建攻坚队，提供“门到门”服务，仅一周内就帮助完成40个集装箱出货任务。再如，杭州中策橡胶集团生产的轮胎，一半以上是由地方车队运输至宁波舟山港，再出口到世界各地的。由于集卡司机尚未返岗，地方运力严重短缺，货物大量积压。通过组织易港通公司、集运公司、宁波港铃与物流有限公司等力量，错峰调配司机挤出运力，两周内顺利完成15批次集卡出运。

第三，政策惠企，“心贴心”服务。疫情防控期间，运输企业普遍遭受较大损失，经营出现困难，有的甚至难以为继。宁波舟山港1700多家集卡企业，拥有100辆以上集卡车辆的企业不足10家，99%为小微民营企业，受疫情影响更是严重。为帮助企业顺利渡过难关，省交通运输厅在落实国家和省委、省政府惠企政策的基础上，结合行业实际，进一步研究出台了一系列扶持政策，包括2月17日零时起实施全省收费公路免收车辆通行费；将10个指定收费站集装箱运输车辆收费优惠政策扩大至全省高速路网，通行费统一按6.5折收取，该政策在国家免通政策结束后继续实施3个月；自3月1日起，实行免收进出口货物港口建设费政策，将货物港务费、港口设施保安费等收费标准降低20%。截至6月底，共降低企业成本约40亿元。

（四）突出一个“智”字，坚持生产和防控“两手硬”

一方面，充分运用“一图一码一指数”，持续跟踪服务港口生产恢复情况。省交通运输厅依托数字化手段，建立交通运行监测分析机制，设计交通“五色图”，选取46项量化指标，构建人流、物流和行业恢复等指数体系，进行动态更新、量化分析和趋势研判。尤其在港口生产方面，聚焦集装箱积压、集卡企业和司机复工、本地外贸集装箱进出口等情况，选取集装箱吞吐量、靠港集装箱船舶数、易港通集卡司机活跃度、重空箱存量和堆存率等12项关键指标，每日动态监测分析并形成专项报告，及时上报省疫情防控领导小组，为省委、省政府准确研判外贸恢复形势、制定针对性扶持政策、帮助企业脱困复产提供了科学依据。

另一方面，以遏制境外疫情输入为重点，慎终如始地抓好疫情防控工作。2月下旬，韩国、意大利等国疫情暴发，境外疫情严峻形势陡然升级，沿海港口成为防范疫情境外输入的前沿关口。对此，省交通运输厅会同宁波市政府，迅速组建海港防疫情境外输入专项工作领导小组，重点通过大数据分析，快速筛选疫情风险船舶。建立“海港船舶风险信息上报系统”，由船代公司直接报送船员健康状况、靠离泊国家、是否在港维修等相关信息。通过掌上推送方式，与海关、边检、海事、卫健等部门实现信息实时共享。妥善处置班轮靠港、船员换班等问题，实现“应换尽换、应上尽上”“应检尽检、应隔尽隔”。截至6月底，累计进港外轮6000余艘，实现船员换班1万余人次，未出现一例境外输入病例，有效保证了疫情防控总体平稳有序。

（五）突出一个“远”字，加快打造世界一流强港

第一，前瞻谋划推进强港建设。按照习近平总书记关于复工复产要化危为机的要求，省交通运输厅牵头研究并编制了《高水平建设世

界一流强港实施意见》《加快现代航运服务业发展指导意见》，加快打造“枢纽港、物流港、贸易港、服务港、智慧港、绿色港”，重点推进一批千万级集装箱港区和智能化码头集群建设，做强舟山江海联运服务中心，依托自贸区油气全产业链，加快培育金融、保险、海事、租赁等高端航运服务业，推动港产城联动，全面提升港口综合服务能力、辐射带动能力和国际影响力。

第二，深化宁波舟山港高水平一体化改革。研究编制《推进宁波舟山港高水平一体化行动方案》，制定“一港两拖”“一船两引”“航道锚地共建共养共管”等实施方案，努力解决宁波舟山港拖轮配置不均、跨港域经营、分段引航等问题，优化航道锚地调度使用机制。同时，围绕长三角一体化发展，积极推动小洋山等合作开发，加快形成优势互补、错位发展的良好格局。

第三，加快推动“四港”联动发展。以海港为龙头、空港为特色、陆港为基础、信息港为纽带，完善多式联运服务体系，构筑“四港”融合发展新格局。组建“四港”运营商联盟，谋划建设台州湾海公铁多式联运、义乌西铁路物流中心、浙中多式联运港等十大标志性工程。同时，推进信息港建设，编制《“四港”智慧物流云平台建设方案》，推进物流信息整合集聚和市场化应用，加快发展多式联运。截至 5 月底，全省江海河联运、集装箱海铁联运量分别达到 1.39 亿吨、35.4 万标箱，同比分别增长 4.4%、13.1%。

三、经验启示

（一）疫情防控考的是忠诚担当，必须以敢打硬仗、冲锋在前的实际行动践行“两个维护”

交通运输作为人员流动的主要渠道，是疫情防控的关键领域和前沿阵地。这次疫情对交通行业来说，是一场必须打赢的大战，也是检验“不忘初心、牢记使命”主题教育成果的大考。对此，省交通运输厅坚决服从省委、省政府统一指挥，认真履行“管控与畅通组”组长单位职责，创新建立“午餐会”“晚餐会”等工作机制，累计出台港口、机场、高速公路管控等60余个政策文件，向省委、省政府提出加强民航铁路信息共享等40余条合理化建议，均被省疫情防控工作领导小组采纳。疫情防控期间，全省交通系统充分发扬“特别能吃苦、特别能战斗”的优良传统，发挥党支部战斗堡垒和党员先锋模范作用，全力投入到疫情防控大局当中，以实际行动践行“两个维护”。

（二）疫情防控考的是全局站位，必须以因时而变、随事而制的统筹思维确保实效

疫情防控是一个动态过程，不同阶段有不同的目标和重点。作为省级部门，省交通运输厅坚持把“强谋划、强执行”作为重中之重，始终紧扣全局要求、把握阶段特征，提前研判形势，注重精准施策，全力打好疫情防控总体战、疫情传播阻击战、保通保畅攻坚战、复工复产前哨战、民生服务组合战、入境防控持久战六场“战役”。在全面管控阶段，省交通运输厅迅速升级综合交通管控措施，严控省界“大门”、严管省内“中门”、严守交通“小门”，实现所有卡口和各种运输方式管控全覆盖；在“两手硬、两战赢”阶段，全面落实精密智控机制，有序恢复公共交通、货运、港口、邮政快递，做好返工人员组织工作，全力保障复工复产；在防控境外疫情输入阶段，牵头会同省级相关部门和嘉兴市政府建立协同机制，有序做好入境人员中转运输组织等工作；在疫情防控常态化阶段，坚决“防松劲、防漏洞、防反弹”，确保总体平稳有序。

（三）疫情防控考的是宗旨意识，必须以“以群众之心为心”的情怀实实在在解决问题、做好服务

疫情打乱了社会正常生产生活秩序，人流、物流、商流一度处于“冻结”状态，不论是应急状态下的保供应、保物流，还是复工复产中先“动起来”，都面临着大量实际困难。对此，省交通运输厅始终以人民满意为出发点，把疫情防控作为检验“三服务”成果的主战场，紧盯应急运输保畅、企业经营困难、复工人员紧缺等突出问题，依托“浙里畅行”平台，统一发布高速出入口开闭、干线公路检查点等信息；建立省市县三级协调机制，开通24小时应急电话，累计协调解决问题近6000个；强化应急状态下运输服务，累计发放“应急通行证”3.4万张，完成应急物资、重要生产生活物资运输64.3万吨。以钉钉子精神紧抓不放，全力破解企业和群众的“堵点”“难点”。

（四）疫情防控考的是治理水平，必须以智慧引领、分类施策的精准手段提升治理效能

建立“一图一码一指数”，用数字化手段织出一张弹性有度、疏而不漏的精密智控网，是浙江省在这次疫情防控中的一大创举，充分展现了省委、省政府超前的视野格局和领先的治理水平。作为疫情防控、复工复产的前沿阵地，省交通运输厅不断完善交通经济监测分析系统功能，覆盖疫情防控、交通建设、运输服务、审批执法等重点领域，努力构建一套精细感知、精准溯源、精密智控的监管模式。同时，建立健全适应“智控”体系建设的工作机制，进一步推动行业治理由传统“人控”向精密“智控”转变，以量化思维、智能化手段提升治理效能。

（五）疫情防控考的是进取精神，必须以长远思维、化危为机，全力当好“重要窗口”先行官

疫情既有短期冲击，也有长远影响，必须慎终如始地统筹做好各项发展工作。交通是经济社会发展的先行官，也是“重要窗口”建设的先行领域，因此，不仅要持续强化疫情防控，更要以敢为人先的意识、积极主动的姿态，为浙江高质量发展打好头阵。省交通运输厅围绕“交通强国”战略部署，不等不拖，全力推进高水平交通强省建设。3月25日、4月15日，时任省委书记车俊连续两次调研指导交通工作；4月17日，省委、省政府召开全省动员大会，出台《高水平交通强省建设实施意见》，集中力量打好“迎亚运、建窗口”综合交通三年大会战，全面推进“九网万亿”基础设施建设、“十大千亿、百大百亿”工程、“交通迎亚运、服务大提升”行动，以实绩实效努力为建设“重要窗口”增色添彩。

【思考题】

1. 请简要谈谈交通运输在保障产业链和供应链稳定中发挥了怎样的作用。

2. 请结合案例，谈一谈政府部门如何在统筹重大应急事件处置和保障经济社会健康发展方面发挥实效。

扛起农村疫情防控和农业稳产保供使命担当 努力为打赢两场硬仗夯实基础底盘

——浙江省农业农村厅统筹推进疫情防控和复工复产

【摘要】新冠肺炎疫情对浙江省“三农”工作产生了较强的冲击，特别是对重要农产品的生产保供、销售流通等影响较大，暴露出浙江农村社会管理和应急体系、农业产业融合发展及数字化管理等方面存在的短板，给实现乡村全面振兴带来挑战。农村防疫是疫情防控阻击战的关键部分，农产品保供稳价是实现“两手硬、两战赢”战略目标的重要基础，第一产业复工复产必须走在全省复工复产前列。

疫情发生后，浙江省农业农村厅深入贯彻落实习近平总书记重要指示批示精神和省委、省政府决策，周密部署吹响集结号，联防联控打好阻击战，多措并举打通供应链，有力有序推动复工复产，全力打好疫情防控阻击战和经济发展总体战，扎实做好“六稳”工作，认真落实“六保”任务，全省农村疫情得到有效防控，农业生产和农村发展有序恢复，“米袋子”“菜篮子”产品供应充足、价格平稳，有效稳住了农业农村基本盘。

【关键词】农村防疫　农业生产　乡村振兴

一、背景情况

近年来，浙江省通过实施“千万工程”等一批引领性重大工程，创建部省共建乡村振兴示范省试点示范单位，推进农村“三大革命”等一批惠民生的实事要事，举办国际茶博会等一批影响力大的重要活动，推动农业农村工作持续走在全国前列。2019年，浙江省农林牧渔业增加值2146.2亿元，同比增长2.2%；农村常住居民人均可支配收入29876元，同比增长9.4%，连续35年居全国各省、区首位；城乡居民收入比2.01∶1，为全国各省、区最小；低收入农户人均可支配收入12546元，同比增长13.1%，农村家庭人均年收入7600元以下现象全面消除。

在新冠肺炎疫情的冲击下，浙江农村经济社会发展、农业稳产保供等受到了很大影响，也暴露出一些短板和问题。主要表现为：农村社会管理体系不够健全，农村社会治理发展理念有待进一步提升、创新举措有待进一步加强，管理方式有待进一步完善；农村应急体系还不够完备，农村教育、医疗卫生、社会保障、基础设施等公共服务建设起步较晚，农村公共卫生防疫体系有待进一步健全；农业产业链条还不够长，疫情防控初期，蔬菜等重要农产品结构性供需不平衡矛盾突出，农产品生产区因运销困难导致积压滞销，而购销区因供货不足物价一路走高；农业产业对劳动力还比较依赖，大部分乡村产业仍属劳动密集型，一些环节对用工需求较大。

浙江省农业农村厅深入贯彻落实习近平总书记关于新冠肺炎疫情防控的重要指示批示精神，对标建设“重要窗口”新目标新定位，围绕全面落实“六稳”“六保”任务，深入贯彻落实省委、省政府“两手硬、两战赢”和“争先创优”行动等部署要求，谋划实施并强力推进新时代浙江“三农”工作“369”行动，组织全省农业农村系统

6300余名干部开展以“三联三送三落实”为主要内容的“三服务”活动，统筹推进疫情防控和农村经济社会发展。2020年上半年，全省农林牧渔业增加值增长1.5%，农民人均可支配收入增长3.2%，主要指标环比回升，领先全国、领跑东部，为全省经济“二季红、半年正”提供了有力支撑，为建设“重要窗口”贡献了“三农”力量。

二、主要做法

疫情发生以来，省农业农村厅迅速行动，全面打好“三农”领域疫情防控战、生产保供战，农产品供应和价格平稳，农业农村防疫到位，农村社会持续稳定，有效缓解了城市防控压力、供给压力，为全省疫情防控和经济社会发展稳住了基本盘、提供了重要保障。

（一）闻令而动，周密部署吹响集结号

按照全省关于疫情防控和复工复产的总体部署，省农业农村厅迅速行动，层层压实责任，成立由厅主要负责人任组长的“1+6”工作专班，建立健全机制，因时制宜，周密部署，上下联动。

第一，成立“1+6”工作专班。2020年1月23日，成立由主要领导任组长、分管厅领导任副组长、相关单位主要负责人为成员的疫情防控工作领导小组，下设综合协调组、疫情防控组、生产保障组等6个工作专班，形成分工负责的工作格局，根据疫情防控新的形势变化和要求，研究针对性防控措施。

第二，建立“1+4”推进机制。联合卫生、市场、交通等部门建立联防联控制度，实现部门协同配合、齐抓共管。根据疫情防控新的形势变化和要求，厅内建立工作任务清单制、工作专班责任制、工作例会制、工作日报告制4项制度，梳理任务清单，实行销号管理，确保各项工作有机衔接、有序推进、全面落实。

第三，省市县三级联动。疫情发生后，省农业农村厅先后召开厅党组会、厅常务会、专班会、全省性视频会 40 多次，动员全厅 1100 多名干部职工，联动全省农业农村系统加强应急值守，聚焦人员和畜禽的流动性，持续开展排查检查和联防联控，把疫情防控相关工作落到实处。

第四，加强舆情监测与宣传引导。坚持用土话说疫情、用乡音送科普，及时传递疫情资讯、防控科普等内容，使农民群众切实增强自我防范意识，坚定打赢疫情防控阻击战的决心和信心。立足打好系统宣传“总体战”，在厅属媒体《农村信息报》、官方微信和抖音平台开辟抗疫专栏，及时传递党中央、国务院和省委、省政府有关会议精神，推出特刊 6 期 96 版，刊发报道 190 余篇。主流媒体共报道全省农业农村系统疫情防控和生产保供情况 535 篇（次）。确定专人全网域全天候开展舆情监测，持续开展疫病防控正面宣传引导，全网涉农舆论平稳。

（二）靠前指挥，联防联控打好阻击战

疫情防控期间，省农业农村厅靠前指挥，突出系统防控、联动防控和重点防控，厅主要领导同志多次带头深入温州、丽水等地开展调研指导，15 名厅领导干部赴各地开展督导检查 37 人次。

第一，突出系统防控。省疫情防控工作领导小组研究制定《农村地区新冠肺炎疫情防控工作指南》，提出 50 条硬性规定要求；组织编制《农村地区新冠肺炎疫情防控应急 15 条措施》，提出“五个严禁”“五个严格”“五个强化”的具体要求，督促指导各地认真抓好落实。发挥省委农办统筹作用，组织动员各级农办，在党委、政府的统一领导下，加强与卫生健康、公安等部门的协作配合，发挥村民委员会、村集体经济组织、合作经济组织等力量，推动农村疫情防控各项措施落实落细落地。

第二，突出联动防控。着眼全省农村地区疫情防控大局，加强督促指导，积极推广各地的好经验、好做法，织密扎牢农村防控网络。充分发挥“四治融合”乡村治理共同体的优势和全科网格作用，建立健全群众自发防控网，加强网格化管理，严格管控进出村人员，强化联防联控、群防群治、村自为战。疫情防控期间，全省共动员 18 万乡镇和农村网格员奋战在抗击疫情第一线，参与重点人员和密切接触者排查、村头路口值守、居家隔离服务、涉农场所管控、物资筹措保障等工作。大力推广“义乌 20 条”“丽水 7 条”，有力有序开展全省农村地区疫情防疫工作。

第三，突出重点防控。聚焦动物疫病监测、屠宰检疫、公路动物防疫监督检查等防疫场所以及农产品批发市场等人员密集场所，落实情况排摸报告和清洁消毒要求。严密落实非洲猪瘟、高致病性禽流感等重大动物疫病综合防控措施，有效规避其与新冠肺炎疫情叠加风险。推动卫生整治，及时组织开展农村垃圾清理、卫生保洁、消毒灭源等工作，指导抓好农村人居环境整治提升。据不完全统计，疫情防控期间，全省农村地区共出动环卫保洁人员 25.66 万人次，有效保障了农村环境卫生和农民群众身体健康。

（三）问题导向，多措并举打通供应链

针对疫情导致的农产品产供销阻断问题，全省农业农村系统迅速行动，积极协调相关部门和基层党委、政府主动作为，确保主要农产品销售渠道畅通和保供价稳。

第一，聚焦“卖难”联市场。充分发挥农民信箱和网上农博会等平台优势，促进农产品与线上线下市场对接。如了解到番茄滞销问题后，省农业农村厅主要领导同志提出利用农民信箱“每日一助”向全省广大蔬菜经销商发送促销信息，帮助其对接世纪联华超市、安厨商务公司等终端企业。基地当日就收到 7 份番茄订单，共计 102 吨，并

带动了温州全市番茄销售6.2万吨，总收入近4亿元，同比2019年增收33%。

第二，聚焦"买难"强供给。在加强农产品动态监测、掌握市场供需变化的基础上，省农业农村厅联合省发展改革委下发《关于有效应对疫情　加强农产品供应保障的通知》，提出16项具体政策举措，加大对"菜篮子"农产品原料采收、加工仓储、调剂运输、人员用工、金融信贷、财政支持等政策的扶持力度，调动涉农企业积极性，加快推动复工复产，保障农产品供给。如针对一鸣奶吧省内1359家门店歇业797家、产品销量大幅下滑的状况，主动对接省发展改革委，研究出台《关于适当开放与居民生活必需品密切相关的连锁门店、便利店等经营场所的紧急通知》，联合省财政厅出台对生鲜牛奶重点收购加工企业的临时补助政策，对疫情防控期间坚持收购鲜奶的企业给予每吨500元的补助，有力有效地推动了奶吧应复尽复，使企业和养殖户经济损失降到最低。

第三，聚焦"运难"畅流通。省农业农村厅积极协调公安、交通等有关部门，做好"菜篮子"产品和农资车辆专用通行证申领和发放工作，全省累计发放有关通行证7517张，保障了主要农产品销售渠道畅通和保供价稳。同时，下发《关于进一步优化鲜活农产品运输"绿色通道"政策的通知》，联合省交通运输厅等5部门印发《关于切实维护"菜篮子"产品和生产资料正常流通秩序的通知》，协调推动"菜篮子"产品和农业生产资料正常运输，及时解决生产经营主体车辆运输中遇到的问题。针对跨省运输堵点问题，第一时间将有关情况提交省疫情防控指挥部生活物资组，并启动跨省协调机制。针对种植业缺肥料缺种子、养殖业缺饲料缺兽药等问题，加强与供销等有关部门的协调，帮助协调全省230多家肥料饲料农资生产企业和7100多家农资经营企业开业，切实保障春耕生产和养殖业农资供应。

（四）精准施策，有力有序绘就复工图

以“一图一码”为指引，精准智控，按照与疫情图匹配度加快推进涉农企业复工复产。

第一，强化政策引领。省委办公厅、省政府办公厅印发《关于抓好当前“三农”领域疫情防控　全力恢复农业生产保障市场供应的通知》，出台15条措施，按照“风险受控、一企一策、属地管理”原则，建立重点涉农企业名录和复工复产时间表，实行清单式精准分类管理。联合省财政厅增设财政补贴型蔬菜价格指数保险，按照每亩3000元保额引导农民持续种植叶菜类蔬菜，组织发动党员干部、跨业农民采取“党员帮困小组”“采茶互助团”等形式，破解复工复产劳动力不足的难题。同时，为助力加快乡村旅游业复工复产，省农业农村厅出台加快乡村休闲旅游业恢复营业7条意见，启动“云游浙村”浙江省休闲农业农家乐系列推介活动，在开化县举办推介活动启动仪式，230余万人次通过观看直播的方式参与其中，活动现场发布2020年浙江春季乡村旅游权威攻略，向广大网友在线推荐了54条线路、200多个景点。

第二，强化技术支撑。专门印发《疫情防控期间抢抓春季农业生产和春耕备耕技术指南》，提出粮油、蔬菜、茶叶、水果、食用菌、中药材、花卉、蚕桑、畜牧、水产十大类农业主导产业的生产技术要领，制定抓好春季公布生产调度和技术服务公开电话，专门组建11支技术服务队，为各主体提供全天候技术指导。

第三，强化用工协调。出台《全力应对新冠肺炎疫情影响　推动当前农业生产保供指导服务要点》《做好农业用工解困工作　促进农业企业复工复产的通知》等，指导各地在持续抓好疫情防控工作的基础上，同步加快促进农业企业复工复产，提出组织统一招工、支持就近招工、强化供需对接、加快机器换人、做好指导帮扶、加大政策扶持等措施。

第四，强化服务保障。从2月上旬开始，在全省农业农村系统组织开展“三联三送三落实”活动，省农业农村厅组织345名干部组成104支服务队，带动全系统6375人、1797个服务队联系10245个村(企业、基地)，送政策、送技术、送帮扶，帮助落实防疫任务、生产任务、安全任务，构建全省农业农村系统“三百示范、三千联动”的工作格局。活动开展以来，已累计提供服务4.5万次，收集问题14620个，解决问题12953个，解决率达88.6%，为有序推进全省农业农村疫情防控和复工复产、助力打赢“两战”提供了有力支撑。

（五）专班运作，赛马比拼勇夺高分表

在疫情防控常态化阶段，省农业农村厅认真贯彻落实省委、省政府实施“争先创优”行动的决策部署，在牵头组建省农业专班的基础上，又组建粮食生产、生猪增产保供、数字“三农”、渔业安全生产监管、扶贫开发工作专班，全力夺取“三农”工作高分报表。

第一，迅速启动、高效组建。2020年4月30日，省农业农村厅召开重点工作专班全体成员会议，部署组建5个由厅领导任组长的工作专班，抽调精干人员，实行集中办公、实体化运行。全省11个设区市、90个涉农县（市、区）均迅速组建相应工作专班，形成厅各单位横向互动、省市县三级纵向联动的农业专班工作格局。

第二，奋勇争先、比学赶超。突出目标导向、问题导向和绩效导向，立足当前、着眼长远，构建指标体系、工作体系、政策体系和评价体系四个体系，实行常态、紧急、严峻三级响应机制和“一图一表一指数”的赛马机制，挂图作战，建立“日碰头、周例会、旬分析、月排名、季盘点”工作例会制度。科学构建专班推进指数评价体系，在全省上下形成比学赶超、奋勇争先的良好工作氛围。

第三，锚定目标、狠抓落实。紧盯省委、省政府下达的重点工作

任务，加大政策扶持、强化任务落实、加强指导服务，确保粮食和生猪保供、扶贫开发、渔业安全生产等重点工作措施有落实、有成效。2020年上半年，全省粮食播种面积1376.49万亩，完成年度任务的91.77%，其中春粮实现面积、产量、单产“三增”。全省累计开工建设万头以上猪场141个、投产14个，生猪存栏量连续3个月增长，达到440.13万头。

三、经验启示

“三农”工作是重中之重，做好“三农”工作对有效应对各种风险挑战、确保经济持续健康发展和社会大局稳定具有重大意义。因此，系统总结疫情防控期间全省统筹推进疫情防控和农业稳产保供工作的成功经验，对于浙江下一步做好农业农村工作、成为全面展示制度优越性“重要窗口”、推动“三农”工作持续走在全国前列具有十分重要的意义。

（一）完善“四治融合”的基层治理体系是打赢农村疫情阻击战的根本保证

通过近些年的持续努力，浙江各地农村以自治、法治、德治、智治“四治融合”为核心内容的基层治理模式日益完善，网格化管理手段不断丰富，群众参与社会治理的积极性和主动性得到有效激发。在疫情防控工作中，村级基层党组织的凝聚力和战斗力明显增强，村“两委”、村集体经济组织、合作经济组织等力量充分发挥，在各级政府的统一指挥下，因地制宜创新模式，实行联防联控、群防群控，有效切断了疫情传染链条。实践表明，只有实现自治、法治、德治、智治的完美融合，充分发挥各种治理手段的最大效能，才能确保有效应对重大突发事件的冲击，保持农村社会运转正常有序，农村经济发展持续稳定，农民生活秩序有条不紊。

（二）构建数字化农业全产业链是提升农业稳产保供增收功能的关键抓手

省农业农村厅积极推行“网上农博”、农民信箱“每日一助”等平台，各地也推出了地方性农产品网上销售平台，如宁波“甬农鲜”云超市、平湖“金平湖鲜到家”，为居民线上订购、无接触配送农产品以及采购商和供货商对接合作提供了便利。实践证明，农产品电商不仅可以有效拓展销售渠道，实现生产者和消费者精准对接，让农户突破交易空间和时间限制，打破“信息贫困”瓶颈，了解真正的市场供需关系，而且可以实现按订单生产，减少供应链中间环节，降低供应链流通成本，提高供应链总体效益。因此，构建数字化农业全产业链，将成为提升农业稳产保供增收功能的“关键一招”。

（三）集聚要素突破堵点难点是浙江“三农”工作育新机开新局的重要手段

省农业农村厅努力在危机中育新机，于变局中开新局，集中优势兵力、集聚资源要素，实行专班化运作，打好“米袋子”“菜篮子”、数字“三农”、脱贫攻坚等组合拳。特别是针对2020年的粮食生猪增产保供“硬任务”，加强顶层设计，完善指标、工作、政策和评价四大体系，建立省市县三级农业专班，通过赛马机制，加快形成比学赶超的工作氛围，更好更快推进工作落实。正是这些疫情防控常态下的超常规措施，有力保障了“三农”重点工作的稳步推进，是确保完成决战决胜脱贫攻坚目标任务、全面建成小康社会的重要手段。

（四）改革创新精准施策是提升应急处置能力、加快农业复工复产的有力支撑

省农业农村厅把农产品生产保供作为重大政治任务，坚持问题导向、需求导向，密集研究并出台了一系列针对性、创新性政策意见，精准发力，攻克难点、消除痛点、打通堵点，为促进农业企业复工复产和重要农产品保供提供重要的政策支撑。如推出政策性叶菜类蔬菜价格指数保险政策、家禽和生鲜牛奶收购补助政策等，积极协调帮助企业落实农业企业新增授信和续贷，有效缓解了农业企业资金压力，提振了复工复产的信心。可以说，因地制宜、因时制宜的创新政策对农业复工复产起到了至关重要的作用。

【思考题】

1. 如何构建与新时代“三农”工作相匹配的数字化管理平台，提高乡村治理、产业发展等农村社会经济管理的精准度?

2. 如何进一步健全农村公共服务体系，构建全面完备的农村应急管理体系?

协同优化　高效创新　挖掘潜能

——疫情防控物资保障的浙江经验

【摘要】新冠肺炎疫情是对国家治理体系和治理能力的一次大考。浙江在全国率先启动突发公共卫生事件一级响应，第一时间果断决策并采取了严密的防控措施，开展科学有序的抗疫行动。然而，防控过程中应急物资保障等遭遇了极大的困难和挑战。由于疫情突如其来，没有准备的时间，前期物资保障缺口大，物资短缺的情况普遍存在，防控物资调度难；加之适逢春节假期，防控物资生产难以接续，供需矛盾极其突出。

针对上述问题，浙江省成立了医疗物资保障和生活物资保障两个专班，构建权责一致的工作体系，强化物资保障运行机制，完善社会协同机制，创新渠道筹措物资，优化不同部门的职能，不断挖掘全省各方面资源，跑出了应急保障加速度，为打赢疫情防控阻击战奠定了坚实基础。

浙江强化疫情防控物资保障的经验和做法，取得了积极明显的成效，有力地服务了“两手硬、两战赢”战略任务，获得了党中央的高度认可。总结提炼浙江的成功经验，对于如何有效应对重大突发公共卫生事件中的物资保障，形成具有普适性和可推广的区域样本，具有重要意义。

【关键词】物资保障　协同优化　创新　浙江

一、背景情况

新冠肺炎疫情是新中国成立以来发生的传播速度最快、感染范围最广、防控难度最大的一次重大突发公共卫生事件，是对国家治理体系和治理能力的一次大考；也是近百年来人类遭遇的影响范围最广的全球性大流行病，对全世界而言是一次严重危机和严峻考验，严重威胁人类生命安全和健康。此次疫情不仅对我国经济社会产生了深刻影响，而且与社会危机、媒体危机、民生问题产生了典型的交织叠加效应，更加凸显了应急处置的不确定性、风险性和艰巨性。

2020 年 1 月 20 日，浙江首例新冠肺炎病例确诊。1 月 23 日，浙江共新增 17 名新冠肺炎确诊病例，累计确诊 27 名。当天，浙江在全国率先启动突发公共卫生事件一级响应，第一时间采取了最严密的防控措施，拉开了科学有序抗疫的大幕。在此过程中，浙江全面贯彻“坚定信心、同舟共济、科学防治、精准施策”的总要求，建构起联防联控、群防群治、协同高效的防控机制，有效落实“十个最”的防控措施，严格落实“八大管控机制”，突出重点地区、重点环节、抓好重点人群管控，确保管控措施到人、责任到人，第一时间筑起了疫情防控的钢铁长城，奠定了成功抗疫的坚实基础。然而，我们在疫情防控过程中也遭遇了极大的困难和挑战，其中一个就是物资保障问题。

二、挑战与应对举措

“三军未动，粮草先行”，物资保障是打好疫情防控战的基础。然而，由于新冠肺炎疫情扩散蔓延速度极快，其传染性和防控复杂性超乎人们想象，给应急保障工作带来了极大的挑战。

（一）浙江疫情防控物资保障遇到的突出挑战

第一，疫情防控准备不足，前期物资保障缺口大。课题组针对浙江全省范围内的问卷调查显示，67.6%的受访者认为此次疫情防控暴露出的最大问题是防控物资严重短缺，排在所有问题的首位。防控物资严重短缺增加了疫情防控难度，也成为公众恐慌产生的重要原因之一。2020 年 1 月底，根据省卫健部门统计，浙江省各类医用口罩的缺口为 400 万只，医用防护服的缺口近 2 万件，全省防护物资缺口很大。进入 2 月，根据地方防疫工作的要求，企业复工复产需要准备的口罩、测温仪等防疫物资缺口大、存货消耗殆尽，供需矛盾更加突出。

第二，物资短缺普遍存在，防控物资调度难。疫情暴发以后，全国普遍存在防控物资短缺问题，各地防控措施层层加码。一些疫情较轻微地区也纷纷出台“硬核”措施，照搬疫情重点地区，很早就采取了封城断路措施，由此导致物资输送的动脉不畅、静脉不通。此外，一些重要的物流仓库被地方政府要求关停，如菜鸟物流嘉兴天猫超市仓、嘉兴天猫超市外挂仓、绍兴分拨中心等，导致省内物资输送的通道受阻。上述仓库均为浙江重点物资保障仓，停止营业给全省应急物资保障工作带来了严重的负面影响，增加了物资运输、调度的难度。

第三，适逢春节假期，防疫物资生产难。由于浙江生产医用口罩和防护服等防护物资的企业并不多，加之疫情初期正值春节假期，国内大部分医用防疫物资生产企业处于停工状态，导致浙江防疫和医疗物资在疫情发生时严重短缺。特别是随着疫情的扩散，浙江一度成为确诊人数除湖北外最多的省份，口罩、医用防护服、一次性手术服、护目镜等非常紧缺，供需矛盾极其突出。

（二）浙江疫情防控物资保障重要决策过程

在疫情暴发之初，浙江就通过大数据分析出全省涉湖北旅居经历的人员数量超过30万，疫情在浙江扩散蔓延的风险很高，因而第一时间启动了重大突发公共卫生事件一级响应，成立了省新型冠状病毒肺炎疫情防控领导小组，下设“一办六组”，实行专班运作、分工负责，对全省疫情防控统一领导、统一指挥、统一调度、统一把关。

针对物资保障面临的突出难题，分别成立了医疗物资保障组和生活物资保障组两个专班，前者由副省长高兴夫任组长，省经信厅、省发展改革委、省卫生健康委、省药监局等部门为成员单位；后者由常务副省长冯飞任组长，省商务厅、省发展改革委、省国资委、省市场监管局、省粮食物资局、省供销社等部门为成员单位，其中省发展改革委、省商务厅是双组长单位，并于2月4日改组为生活生产组，有21个成员单位参加，是“一办六组”中成员单位最多的组。

（三）浙江疫情防控物资保障主要措施

第一，构建权责一致的工作体系，优化职能规范运行。在省防控领导小组的统一指挥下，医疗物资保障组和生活物资保障组负责统筹防控应急生活物资保障工作，采取工作专班的形式，各职能部门精诚合作，组建相关工作微信群和钉钉群，形成权责清晰、反应灵敏、上下联动的工作体系，分别召开疫情防控期间生活必需品保供工作视频会议、省市县生活生产组视频会议、做好外贸外资和市场保供工作电视电话会议等会议，省领导作动员部署讲话，全面掌握防控生活物资供需情况，协调防控应急生活物资供需、生产、储备和生活物资调拨调配和紧急进口等事宜。

第二，强化物资保障运行机制，科学高效保障供应。为了提高疫情防控成效，生活生产组建立了“日研判、日监测、日报告”工作机制，建立健全包含市场监测、风险排查、预警预案、问题处置、考核评估内容的五大工作体系。建立完善生活必需品市场日报监测、生活必需品市场供求情况日报、每日市场供应异常情况零报告和脱销断档异常情况第一时间报告的“四报告”制度，动态监测生活必需品市场及供给保障工作，科学高效统筹全省资源，维持市场正常秩序，保持物价基本稳定，并做好企业复工复产必需的物流、生活、用工、防护物资、能源、资金等保障工作，协助做好涉及疫情防控和复工复产的紧缺工人和生活生产物资的运输工作等。

第三，完善社会协同机制，创新渠道筹措物资。在省防控领导小组的部署下，生活生产组构建了全方位的供应链风险排查和预警体系，搭建“11＋1＋N”应急保供机制，强化应急预案执行体系和社会协同机制，充分发挥社会多元主体的协同作用。同时，第一时间联系省内重点医疗器械进口企业，积极排摸外贸企业涉疫情防护用品产销情况，跑出了应急处置保供的加速度。非常典型的一个案例是，相关职能部门摸排到金华美鑫防护用品有限公司有20多万只FFP2欧洲标准口罩待出口，并第一时间找到该公司沟通。经过细致工作，最终该企业同意将该批次口罩优先用于满足省内防疫需求，有效缓解了燃眉之急。此外，省商务厅创新应急物资采购渠道，通过派驻海外的团队和友好结对城市，想方设法采购回大量口罩，充分挖掘了各方面的资源和潜能，打了一场漂亮的应急物资保障攻坚战。

三、实施成效

为了确保医疗防疫物资和生活必需品的有效供给，省商务厅冲锋在前、主动作为、积极探索、攻坚克难，形成了高效的应对机制和系统化的经验举措，为助力全省打赢“两战”贡献了智慧和力量。

（一）畅通全球采购链，多方联动挖掘医疗防疫物资供给潜能

为了满足防疫需要，浙江省商务厅紧急会同多方力量以“战时”机制扩大全球采购渠道，实现医疗防疫物资高效进口。据统计，2020年1月24日至3月24日，浙江省口岸累计进口口罩1.2亿只、防护服288.3万件、护目镜39.6万副、消毒产品102.9万件、其他相关防护用品1648万件。

第一，线上线下全面发动，扩大全省进口采购。1月24日起，省商务厅就组织开展医疗防疫物资进口渠道的持续排摸，充分挖掘全省进出口外贸企业和跨境电商企业的潜能。至3月底，省商务厅与各市、县防疫物资保障组一起，累计完成了与302家企业的对接工作。与此同时，还积极发动浙江驻外商务代表处、外经企业、外资企业通过境外采购网络开展医疗防疫物资的货源组织。为进一步提高各地与外贸企业及跨境电商的采购对接效率，省商务厅于2月17日上线了浙江省医疗防疫物资进口采购网上对接会，共组织97家进口和跨境电商企业与83家市县政府指定采购商进行网上对接洽谈。

第二，实施三方联合会审，快速达成采购决策。由于防疫物资市场供求严重不平衡，海外客商“坐地起价”“一日一价”现象愈演愈烈。为提升决策效率并在较短时间内达成采购意愿，省商务厅联合经信和药监部门建立三方会商机制：经信部门提出进口需求，省商务厅组织进口渠道，药监部门成立由医疗专家和临床医生组成的专家组快速研判意向物资是否符合医用防疫标准，三方通过线上工作群的方式构建了研判价格、推送需求、认定标准、达成决策的“一条龙”响应机制。同时，由省红十字会、省慈善联合总会等慈善组织先行拨付给进口企业一定比例的预拨金，以解除进口企业的后顾之忧。

第三，开辟物资运输通道，确保快速回运通关。疫情防控期间，有多达133个国家（地区）对我国采取入境管制措施，国际航班大面

积取消导致物资回运受阻严重。对此，省商务厅迅速组织省货代协会发动28家会员企业，提供物资回运服务。例如，省机场集团联合航空公司、国际货代组织等成立“浙江省防护物资空运出入境保障联盟”，共计协调保障来往全球30多个国家600余吨出入境防控物资。与此同时，杭州海关在全关区各口岸开通绿色通道，在机场等重点口岸设立快速通关专用窗口，保障防控物资通关零延时，并根据财政部海关总署税务总局2020年第6号公告，对卫生健康部门组织进口的防疫医疗物资免征关税，确保进口物资快速通关。

（二）疏通省域动脉网，跨省协调开启应急物资入浙绿色通道

第一，第一时间向中央请示，推动解决省际应急物资运输难题。疫情初期，各省市纷纷采取了严格的交通管制措施，虽最大努力减少了人员流动和疫情传播风险，但也严重阻碍了省域间的正常通行往来，限制了跨行政区域的物资运输。为了保障全省生活物资稳定供应，省商务厅在第一时间研究制定了生活必需品保供机制，并积极向中央请求协调有关省市生活保障物资进入浙江事宜，得到习近平总书记、李克强总理等多位党和国家领导人的重要指示批示，以最快速度打通了生活物资跨省运输渠道，也在全国层面直接推动解决了省际物资运输不畅的问题。

第二，积极与有关部门加强协调，帮助物资运输企业正常运转。省商务厅联合公安、交通等职能部门，首次出具“省级民生保供企业资质证明”，帮助物流运输企业的配送车辆能够正常在省域之间通行。同时，针对物流运输企业在岗员工数较少的实际，指导企业通过临时顶岗、合理排班、动态调岗等灵活措施，统筹安排人员上岗，保障运力充足。通过对市场需求的动态评估，指导卖场、超市等流通企业增加补货频次，切实保障水果蔬菜、米面粮油、家禽肉类、方便食品及瓶装饮用水等生活必需品的物流配送及供应。

通过上述两项举措，在一级响应期间，全省共向市场投放粮食53.8万吨、协调省外调入30.2万吨，其中大米37.9万吨、省外调入24.4万吨，食用油2.4万吨、省外调入0.9万吨，猪肉7.7万吨、省外调入2.3万吨，鸡蛋3.0万吨、省外调入1.9万吨，蔬菜46.1万吨、省外调入28.6万吨，方便面4224.5万桶（袋）、省外调入1332.4万桶（袋），火腿肠2974.1万根、省外调入381.4万根，瓶装水2271.1万瓶、省外调入149.1万瓶，有效减轻了疫情对群众“米袋子”“菜篮子”的冲击。

（三）联通预警监测网，多部门会商打赢生活必需品保供攻坚战

第一，建立完善顶层协调机构。自浙江启动一级响应以来，省疫情防控生活物资保障组（之后改组成为生产生活组）累计召开工作例会32次，撰写生活必需品市场供应情况每日监测报告52期，解决问题13个。为了研究部署全省各地生活必需品市场供应保障工作，省商务厅还多次召开专题视频会议，累计印发相关文件23个，进一步压实了各地政府“菜篮子”主体责任。

第二，建立健全监测工作机制。省疫情防控生产生活组在构建市场监测、风险排查、预警预案、问题处置、考核评估等工作体系的基础上进一步建立了针对生活必需品市场保供的监测报告制度。以全省600余家批发市场、超市、农贸市场为支撑，以生活必需品数量、价格、库存为核心，构建了涵盖批发、零售、仓储、投诉等各环节的全方位供应链风险排查和预警体系，全面掌握市场波动情况，并实现了对68家保供应急企业的全省联保联供。

第三，建立完善问题快速处置机制。生产生活组坚持以解决问题为导向，不断形成快速发现问题、及时处置问题的工作机制，畅通问题收集渠道，每日收集编制问题清单，对每项问题挂号跟踪限时办结，满足应急响应要求。截至3月底，省商务厅向省级有关部门和各

地商务部门派发问题交办单70份，累计解决各类问题210个，全省商务系统累计为2111家企业开具了民生保供企业资质证明，有效增加了市场供给，群众生活需求基本得到满足。

（四）打通最后一百米，“无接触配送”催生数字生活新场景

第一，推动快递骑手“安心送”。为了更好地帮助快递骑手顺利完成“最后100米”的配送，省商务厅不断加快健康码在电商、快递、外卖、生鲜配送等重点行业的推广应用，特别是配送人员获得健康码后，可凭其代替原有通行证件实现终端便民配送，确保关键服务不间断。鼓励电商快递企业组织“一社区固定一快递员”的专门队伍，采取不接触投放、存入智能柜等方式送件。同时，进一步推进“安心送”配套设施建设，在居民小区、写字楼、医院等收件密集的区域，推进安心自提点建设应用，提高“最后100米”安全服务能力，加强对于消费者和快递骑手的安全保障。

第二，推进线上“极速建店”。针对疫情防控期间线下菜场、餐厅、商超等零售商家经营面临的巨大困难，同时减少人员外出和聚集，商务部门积极支持线下生鲜菜场、餐饮单位、商超连锁店等商户推进“网上菜场”“网上餐厅”“网上超市”“网上家政”“网上市场”等数字生活新场景的建设。“网上菜场”即推广盒马鲜生、爱默降、菜划算、叮咚买菜、美菜网等生鲜电商服务模式，推进传统农贸市场数字化改造，普及“线上订购、线下配送”的无接触式消费；“网上餐厅”即鼓励“饿了么”“美团”等餐饮外卖平台在疫情防控期间减免平台佣金收费，推出商户快速上线和客户引流等服务，引导传统餐饮企业积极拓展线上业务，将堂食运营转为线上运营；“网上超市”即加快推广天猫超市、网易严选、联华鲸选等网上超市模式，鼓励传统商超通过自建平台、小程序、社区电商等方式加快推动线下交易向线上交易转换，探索发展社区集采集送模式；“网上家政”即鼓励家

政服务企业开展线上预约、线上撮合、线上跟单、线上结算和评价等服务，满足居民维修、育婴、护理、保洁等家政服务需求；“网上市场”即加快推进服装、日用百货等专业市场数字化转型，建立数字交易平台，为市场经营户线上开业、线上开店提供条件和便利。

第三，强化新业态的人才与供应链保障。省商务厅根据疫情防控期间就业新情况新形势开展“网上就业培训”，通过网上招聘加大临时性用工调剂，根据就业岗位需要，开展线上就业和上岗培训，扩大灵活就业岗位规模。尤其是在直播电商、社交电商、跨境电商和数字化营销等领域加强人员培训，助推新业态新模式发展。同时，在供应链方面，打通生产、采购、运输、仓储、批发、零售、配送等各个环节，为各类数字生活服务业正常开展提供保障。

四、经验启示

面对新冠肺炎疫情的冲击，省商务厅用“五个坚持”打好应急防控物资保障攻坚战，确保生活必需品市场平稳有序，为打赢疫情防控的人民战争、总体战、阻击战提供了重要的后勤保障，有力服务了“两手硬、两战赢”战略任务。

（一）坚持疫情就是命令，完善应急工作机制

习近平总书记强调，这次疫情是对国家治理体系和能力的一次大考。疫情就是命令，防控就是责任，各级党委、政府都要把疫情防控工作作为当前最重要的工作来抓。省商务厅第一时间召开党组扩大会，迅速传达习近平总书记重要指示精神、李克强总理批示要求以及省委、省政府决策部署，启动“应急工作专班”，与发展改革、经信、药监、市场监管、海关、交通运输等职能部门保持密切沟通并协调处置各种突发状况，医疗防疫物资跨境紧急采购机制和生活必需品应急

联保联供机制逐渐形成。同时，通过建立内部每日会商、每日汇报等一系列“战时”制度安排，各处室以及各层级部门的工作职能不断得以优化统筹，各地在应急物资供应中遇到的困难问题能够被迅速上报并加以解决，有力保证了医疗防疫物资进口渠道的畅通和各地生活物资供应的总体平稳。

（二）坚持以人民为中心，积极回应民生关切

全心全意为人民服务是中国共产党的根本宗旨，只有真正坚持以人民为中心才能打赢疫情防控阻击战。疫情发生后，习近平总书记强调，各级党组织和广大党员干部必须牢记人民利益高于一切，这是对各级党组织和党员、干部的重大考验。省商务厅牢牢坚持以人民为中心的发展思想，把守护好群众的“米袋子”“菜篮子”作为头等大事来抓，抽调各处室精干力量组成“市场保供专班”，以保民生、保供应、稳价格为重点，以“必需”为原则，第一时间请求中央有关部门和相关省市加强协调，保障应急生活物资能够顺利进入浙江，并全力组织本地事关生活必需品供应的批发市场、超市的复工，确保全省生活物资供应平稳有序。

（三）坚持平战有机结合，强化应急物资储备

习近平总书记强调，要健全统一的应急物资保障体系，把应急物资保障作为国家应急管理体系建设的重要内容，按照集中管理、统一调拨、平时服务、灾时应急、采储结合、节约高效的原则，尽快健全相关工作机制和应急预案。在这场应急防控物资保卫战中，省商务厅依靠平时搭建的企业直报监测和平台企业监测两大体系以及同相关电商平台和连锁企业的密切联系，准确及时掌握了全省市场运行情况并紧急启动“战时”机制保障防疫和生活物资的应急供应，取得了明显成效。同时，也进一步完善了突发公共卫生事件医疗物资进口预案，

围绕准入标准、采购决策、资金保障、应急通关、运力协调等方面加强跨部门联动；进一步建立应急医疗物资产品目录和重点企业队伍，形成应急采购数据库；进一步健全生活必需品应急保供供应链体系，完善生产、流通及销售渠道，选择一批大型连锁企业和稳定可靠的电商平台作为供给主体，确保生活物资保障有序有力。

（四）坚持数字技术赋能，多维研发智慧应用

习近平总书记指出，要运用大数据提升国家治理现代化水平。要建立健全大数据辅助科学决策和社会治理的机制，推进政府管理和社会治理模式创新，实现政府决策科学化、社会治理精准化、公共服务高效化。在这场应急物资保障攻坚战中，基于互联网、大数据技术搭建的数字平台有效地开启了防疫应急物资信息对接的“直通车”，在最大限度寻找全球防疫应急物资货源、扩大产能的同时，也推动了物资供需的精准匹配，实现了应急物资信息全流程数字化管理，降低了供需运行成本，提升了应急物资调配效率。省商务厅依靠“订单＋清单监测预警管理系统”“精密智稳指数”等政府数字化转型的最新成果，实现了系统集成、数据互联、业务协同，为做好应急物资调配和助力企业复工复产提供了重要技术支撑。同时，利用电商平台启动“数字生活新服务”工程，驱动生活服务业数字化提速，催生了以无接触服务等为代表的新业态、新模式。

（五）坚持守初心担使命，激励干部担当作为

此次新冠肺炎疫情是对干部队伍责任担当和工作能力的一次全方位检验。习近平总书记指出，各级干部特别是领导干部必须增强责任之心，把初心落在行动上、把使命担在肩膀上，在其位谋其政，在其职尽其责，主动担当、积极作为。对此，省商务厅第一时间向全省商务系统党员干部发出带头做好新型冠状病毒防控工作的倡议，下发

《关于在疫情防控阻击战中进一步发挥基层党组织战斗堡垒和党员先锋模范作用的通知》，并制定出台了在战疫一线考察识别党员干部的工作方案，号召激励商务系统全体党员干部要当先锋作表率，积极投身于新冠疫情的防控阻击战中。实践证明，生活物资保障和进口物资保障两支党员突击队，促消费、稳外资、稳外贸等八支党员模范攻坚队以及若干支党员先锋队，共同形成了“重点突出、点面结合、统筹兼顾”的党员攻坚梯队，充分彰显了党支部的战斗堡垒作用和共产党员的先锋模范作用，为打赢应急物资供应保卫战和疫情防控阻击战提供了坚强的组织保障。

【思考题】

1. 从此次疫情防控过程来看，应急物资保障遇到了哪些突出问题?

2. 省疫情防控生活物资保障组（生产生活组）主要采取了哪些措施以保障疫情防控物资的充足? 这些保障措施能够为完善突发事件应急保障提供哪些经验借鉴?

县域医共体织密疫情防控人民健康安全网

——浙江省卫生健康委加强基层医防体系建设的探索与实践

【摘要】县域是打好新冠肺炎疫情防控的人民战争、总体战、阻击战的基本作战单元。突如其来的疫情给县域医疗卫生服务体系带来诸多新情况新问题新挑战，如基层医疗资源总量不足、配置结构不合理、基层医疗服务能力偏弱、医疗与防病脱节等。

为提升基层疫情防控能力，浙江省把县域医疗卫生服务共同体作为织密疫情防控人民健康安全网的重要载体和抓手，使县域医共体全面融入县域疫情联防联控、群防群控机制，有效发挥医共体“一家人一条心一起干”体系优势，构建起县域疫情防控组织网络、监测网络、救治网络、联动网络和保障网络，形成了“基层首诊、双向转诊、上下联动、急慢分治、联合抗疫、各司其职”的新冠肺炎防控战略格局，实现了“县强、乡活、村稳、上下连、信息通”，为加强和完善重大疫情基层防控体系提供了可供借鉴的经验和路径选择。

【关键词】县域医共体　疫情防控　基层医防体系

党的十八大以来，以习近平同志为核心的党中央坚持把人民健康放在优先发展的战略位置，推动“健康中国”上升为国家战略，明确提出了“以基层为重点，以改革创新为动力，预防为主，中西医并重，把健康融入所有政策，人民共建共享”的新时期卫生与健康工作方针。新冠肺炎疫情暴发以来，习近平总书记亲自领导、亲自指挥、亲自部署防控工作，对疫情防控工作作出一系列重要批示指示，主持召开一系列重要会议，明确提出“坚定信心、同舟共济、科学防治、精准施策”的总要求。浙江省以全面推进县域医共体建设为基础，在坚决打赢疫情防控的人民战争、总体战、阻击战的过程中，不断破解卫生健康事业发展中存在的各种问题。

一、背景情况：供给、需求、治理三不足

从供给侧看，存在基层资源总量不足、结构不合理、服务能力偏弱等核心问题。2018 年，浙江省乡镇卫生院床位数、卫技人员数分别只占全省总数的 5.73％、10.16％。一半左右的乡镇卫生院（社区卫生服务中心）没有住院服务功能，群众“小病在基层”的就诊比例只有 50％左右。“基层不强”造成老百姓舍近求远，多花冤枉钱、多花时间精力跑县城、跑大城市，从而导致部分城市大医院“门庭若市”，基层医疗机构却“门可罗雀”。

从需求侧看，随着疾病谱转变、人口结构改变和人口老龄化趋势明显加快，以及人民生活水平的不断提高和健康观念的转变，加之新冠肺炎疫情等突发公共卫生事件的发生，基层社会对包括健康促进、疾病预防、治疗和临终关怀等在内的整合型医疗卫生服务的需要，变得愈发迫切。然而，既有的以医院和疾病诊疗为基础，各自独立、互不关联的治疗服务模式，在一定程度上削弱了卫生健康系统提供普遍、公平、高质量和可持续服务的能力。

从治理侧看，政府相关职能部门，尤其是卫生健康部门，往往停留于传统的惯性思维和管理方式，有待更新。既有的治理理念往往倾向于做管控调配资源的“总院长”，而不善于做过程和结果的“监管者”；往往满足于做检查评比考核的“裁判员”，而不善于做指导协调推动的“施工员”；往往习惯于使用单纯的行政指挥和行政命令，而不善于综合运用经济、法律和行政等治理手段。

二、主要做法：县域医共体建设

浙江省把县域医共体建设作为织密疫情防控人民安全网的一个重大探索和突破，坚决贯彻落实习近平总书记重要讲话精神和党中央、国务院重大决策部署，按照启动一级响应和落实“五个更加”“十个最严”的防控部署要求，紧急动员、迅速行动。全省 161 家县域医共体坚决扛起防范化解重大风险、保障人民生命安全和身体健康的政治责任。全省确诊病例中死亡率在全国确诊病例超千例的省份中最低，浙江经验被国家卫生健康委向全国推广。

（一）整合组织之网

资源整合是推进供给侧改革的基础，浙江着力打好疫情防控阻击战，是从整合县乡医疗资源上起步的。2017 年 9 月，在全省 11 个县（市、区）开展试点，探索整合县乡机构、优化资源配置、完善体制机制。2018 年 9 月，省委、省政府召开全省县域医共体建设现场推进会，在省域全面推开。从改革进度来看，浙江省有 70 个县（市、区）已经全面推开医共体改革，208 家县级医院、1063 家乡镇卫生院建成 161 家医共体，县、乡、村机构人、财、物等要素统一调度、统筹使用，实现了机构一体化、管理扁平化、运行垂直化和服务同质化。新冠肺炎疫情发生后，所有医共体全部成立以医共体党政领导班子、成员单位负责人为主体的疫情防控领导小组，统一领导医共体内疫情防控工作，下设医疗救治、疫情防控、物资调配等工作组，实行24小时值班和领导带班制，统一调度医共体内所有医务人员和防控物资，并建立疫情实时报告和每日会商机制，坚持统一领导、统一指挥、统一行动，形成了党政齐抓、联防联控的战时防控指挥体系，实现了县域疫情防控的网格化全覆盖。

从县级疾控机构领导班子成员中遴选产生公共卫生专员，每个医共体派驻一名，列席医共体党委会和院长办公会，参与医共体内公共卫生重大决策，对公共卫生类事宜决策拥有建议权、督查权。公共卫生联络员由县级疾控机构业务骨干担任，每个医共体成员单位派驻一名，负责公共卫生服务的技术指导、业务培训、工作检查等。各医共体牵头在医院内设立公共卫生管理中心，负责医共体内公共卫生相关机构建设、公共卫生事务管理及指导，落实医共体内公共卫生责任。以疾病预防控制、妇幼保健、卫生监督等公共卫生机构为主体，组建医共体公共卫生指导服务团队，以“团组驻点”“团组蹲点”等方式融入医共体，推动公共卫生与临床医疗人员、资源、信息、服务的高效协同、无缝衔接，实现专业公共卫生机构主动融入医共体建设发展。

按照闭环管理要求，以医共体为单位，统一开展疫情防控相关培训，及时将疫情防控要求和重点地区、重点人员防控处置措施传达到位。统一制定疫情期间患者入院筛查流程，加强医共体院区、门诊诊区及住院病房入口管理，对进入院区、门诊诊区及住院病区的人员实行“亮码＋测体温＋戴口罩”管控措施。医共体内设置过渡病房，新收入院患者在排除新冠病毒感染后再转至常规病房进一步住院治疗，降低潜在院内交叉感染风险。创新并严格落实“两员两监督一巡查”制度，在医共体发热门诊和隔离病房分别设立防护监督岗，督促医务人员按规范穿脱防护用品、做好个人防护，医共体主要负责同志和各类行政管理人员深入一线，参与巡查管理工作，并进行督促指导。

（二）发布监测之网

此次疫情中，浙江充分运用基层治理和大数据优势，加强疫情联防联控，全面建立精密智控机制，大幅提升了突发公共卫生事件应急治理的智能化、精准化、规范化水平，为统筹推进疫情防控和经济社会发展各项工作落实落细落地提供有力支撑。

预检分诊是把好疫情防控的第一关，也是抗击疫情的前沿阵地，更是筛选疫情人群的关键哨点。医共体内各医疗机构相互配合，共同守好基层抗击疫情的第一道防线。医共体成员单位规范设置预检分诊场所和隔离留观室，一旦发现可疑患者，立即采取隔离措施，联系专用救护车转诊至当地定点医院。医共体牵头医院规范设置发热门诊和隔离病房，并指派有专业能力和经验的临床医师充实到成员单位中，提高预检分诊能力。各医共体还派出医务人员在各村居、卡口、小区开展排查管控，全面加强机场、码头、车站等重点场所健康监测和检疫检查。同时，各地持续提升医疗卫生机构实验室检测能力。至2020年4月底，全省每个县（市、区）至少有一家医疗卫生机构具备核酸和抗体检测能力；至5月底，全省各级疾控机构和三级医院全部具备核酸和抗体检测能力；至6月底，全省所有开设发热门诊的医共体牵头医院全部具备核酸和抗体检测能力，并鼓励第三方实验室承担重点人群检测任务。

按照量化细化、闭环管理的要求，充分运用“大数据＋网格化”等现代技术和治理模式，扎紧织密精密智控网，以医共体和疾控机构开展的传染病、突发公共卫生事件监测、传染源和密切接触者活动轨迹、聚集性疫情等多维度精准信息为基础，以风险评估理论与可视化技术为支撑，首创“一图一码一指数”（疫情“五色图”、健康码和疫情风险传播指数），探索分区分级精密智控。依托县域医共体开展最严格的全面排查，对公共场所、学校、医疗机构、特殊场所、企事业单位和社区（村居）实施网格化管理、开展地毯式排查管控，强化“集中硬隔离＋居家硬管控”措施，全力做好集中隔离点人员的健康监测、医疗处置和信息登记工作。省卫生健康委搭建浙江省新冠肺炎公共服务管理平台和浙江省互联网医院侨胞关爱健康平台，集成疫情线索举报、医学观察服务与管理、网上智能问诊等八项功能，各医共体组织呼吸、感染、中医、心理等专家在平台上提供全时段健康咨询服务，切实做到从“国门”“中门”到“小门”“家门”的全链条防控。

省卫生健康委搭建“浙江驻企健康指导服务平台”，集成驻企服务现场信息采集、境外来企线索采集与处置、企业卫生防疫问题反馈与处置、健康码查验、规范佩戴口罩指引等功能；搭建“浙江驻校健康指导服务平台”，集成开学前学校卫生防疫准备、开学后驻校每日健康指导、开学后公共卫生巡查、学校卫生防疫问题反馈与处置等功能。各医共体派出驻企健康指导员和驻校健康指导员，每日打卡、实时填报，对指导服务过程中发现的问题和线索实施闭环管理。各医共体累计选派 2.8 万余名卫生健康指导员，依托“两个平台”开展驻企和驻校健康指导服务，规模以上企业和小微企业园区服务覆盖率达 100%，全省 1 万多所中小学和幼儿园开学复课风险可控。各医共体还组建防疫工作专家组，保障各地“两会”顺利召开。“五一”期间，向全省 220 多家 AAAA 级以上景区派出健康指导员，引导群众自觉履行个人防护义务。

（三）强化救治之网

浙江省各医共体充分发挥工作“一盘棋”、人员“一家人”、管理“一本账”的优势，统筹调配县域医疗资源，集成呼吸科、感染科、重症科、检验科等专家建立县级医疗救治专家组，按照“四集中”

（集中患者、集中专家、集中资源、集中救治）原则，将普通确诊病人集中到医共体牵头医院进行救治。同时，根据患者病情发展情况，将重症、危重症患者及时转运至综合能力较强的省级、市级定点医院进行救治。推进规范化同质化治疗，强化临床研究、临床救治和药物研发协同。医共体派出专家参与制定《新型冠状病毒肺炎诊疗方案（浙江临床经验版）》，提出患者五分类（轻型、普通型、重型、危重型、无症状感染者）、尽早采取抗病毒治疗、严格控制抗菌药物使用等“浙江经验”；参与制定全国首个《儿童新型冠状病毒肺炎诊疗指南（试行版）》和《孕产妇和儿童新型冠状病毒感染肺炎防护指南（试行版）》，填补了国内儿童患者治疗和孕产妇防控方案的空白；结合临床实践持续优化中西医结合的诊疗方案，形成“密切接触者预防用方、疑似病例第一时间用上中药、中医师进隔离病房全程参与救治、康复期用中药恢复”的中西医结合防治体系，保障患者得到最有效的医疗救治。

依托浙江省互联网医院平台，各医共体推进预约诊疗和网上复诊、在线续方、配送药等医疗卫生服务“最多跑一次”项目，合理分流门诊患者，减少来院就诊患者，降低交叉感染风险。各医共体在做好安全防护的前提下，重点做好常见病、慢性病的基本医疗服务，并针对老年人、孕妇、儿童及慢性病患者等重点人群，及时调整基本公共卫生服务的工作方案。加强对新冠肺炎康复者出院的精细化管理，对所有符合出院条件的患者严格实行14天隔离康复观察，由医共体家庭医生签约服务团队对居家医学观察对象落实“一对一”跟踪随访、定期复诊复检、健康指导、心理疏导和消毒管理工作。

此外，浙江先后组建了17批次共2018人的医疗队，累计诊治患者3000余人。其中，各医共体累计派出医务人员659名，构筑起抗击疫情的坚强战斗堡垒，实现了“打胜仗、零感染”的目标。浙江省医疗队勇于担当、敢于战斗、敢于奉献，浙江大学医学院附属第一医院重症救治医疗队、浙江大学医学院附属第二医院重症救治医疗队、浙江省援武汉第二批医疗队（驻武汉科技大学附属天佑医院）、浙江重症护理支援队、浙江国家紧急医学救援队、浙江医疗队（第一批方舱）等6个集体获“全国卫生健康系统新冠肺炎疫情防控工作先进集体”称号，王志宇等21人获“全国卫生健康系统新冠肺炎疫情防控工作先进个人”称号。浙江省是除了湖北省以外，全国各个省（区、市）中获得表彰数量最多的。浙江医务工作者以维护人民群众生命安全和身体健康为最高使命，发扬越是艰险越向前的大无畏精神，临危不惧，义无反顾冲在疫情防控第一线。他们以实际行动为人民群众构筑起生命防线，生动诠释了敬佑生命、救死扶伤、甘于奉献、大爱无疆的崇高精神，充分展现了新时代卫生健康工作者的精神风貌、职业操守、意志品质和应急能力。

（四）活跃联动之网

在紧急状况面前、在攻坚克难之际，一切行动听指挥，是我们党取得胜利的重要经验之一。面对新冠肺炎疫情加快蔓延的严重形势，必须加强党中央集中统一领导。

加强党的领导是打赢疫情防控阻击战的政治保证，全省卫生健康系统各级党组织勠力同心，共克时艰，各医共体充分发挥党委领导下的院长负责制的制度优势，充分发挥基层党组织战斗堡垒作用，充分发挥共产党员先锋模范作用，勇立潮头向前冲，在党的号召下形成了疫情防控人民战争的强大合力。各级党员干部奔着问题去、迎着问题战，靠前指挥、直插一线、深入基层，把疫情防控与深化“三服务”活动结合起来，统筹抓好病患救治、防控疫情、防疫宣传、复工复产等各项工作，精准服务企业、务实服务群众、高效服务基层，全力以赴抓好疫情防控工作，积极稳妥推进复工复产。

社会办医疗机构是医疗卫生服务体系的重要组成部门，为充分发挥社会办医疗机构作用，构建县域内多元化多层次整合型医疗卫生服务体系，更好满足基层群众医疗健康需求，浙江省出台实施意见，允许社会办医疗机构作为牵头医院组建医共体，支持社会办医疗机构作为成员单位加入医共体，实行以医疗卫生业务一体化为纽带的经营发展模式。鼓励社会办医疗机构与医共体在人才、管理、服务、技术、品牌等方面建立协议关系。疫情发生以来，浙江社会办医疗机构不分主体、经营性质、类别规模，坚决服从疫情防控工作部署调度，面向省内、湖北、境外三个“战场”，用心服务、保障有力，全力铸就了疫情防控的坚实后盾。

（五）坚实保障之网

浙江充分利用医共体这一平台，全面实施医共体医保总额预算管理，建立“结余留用、超支分担”的责任共担机制。实施多元复合式医保支付方式改革，对住院医疗服务，按 DRGs 点数法收费，对长期、慢性病等住院医疗服务，按床日收费；对门诊医疗服务结合家庭医生签约，按人头收费。合理拉开统筹区内外和不同等级医疗机构（含医共体内成员单位）报销比例，相邻等级之间的报销比例差距不低于 10％。参保人员未按县域医共体县乡两级疾病诊疗目录和双向转诊管理办法等有关规定办理转诊手续，自行到统筹区域外就诊的，个人自付比例不低于 10％。对在医共体内实现基层首诊、双向转诊的住院参保人员，视为一次住院，不再重复计算起付线，起付线按较高等级医疗机构标准确定。加大财政投入力度，科学调整投入方式，按原渠道足额安排对医共体成员单位的财政投入资金，将资金统一拨付医共体，由医共体结合资金性质和用途统筹使用。医共体内部建立财务管理中心，对成员单位财务实行统一管理、集中核算、统筹运营。省财政将县域医共体建设纳入集中财力办大事财政体系，2019—2022 年，每年安排 2 亿元左右资金，根据各地医共体建设综合成效给予激励奖补。开展县域医共体建设以来，县乡村三级医疗机构利益协同，实现医疗健康服务从以治疗为中心向以健康为中心转变。

快速、准确、灵活地进行防控部署，确保各项工作高效开展，是抗击新冠肺炎疫情的当务之急。原始的“人海战术”和传统的人工模式，面对本次传播速度快、传染范围广的疫情显得十分吃力。在疫情防控战中，浙江充分发挥信息共享和大数据优势，积极开展人员管理、健康服务、疫情监测、防控救治、资源调配等工作。针对不同群体、不同目标、不同阶段特点，以融入“一个码”（健康医保卡三色码）、搭建“四平台”（新冠肺炎防控公共服务管理平台、驻企健康指导服务平台、互联网医院侨胞关爱健康平台、驻校健康指导服务平台）的形式，构建轻量化多维度的数字疫情防控体系，让数字技术在辅助疫情研判、创新诊疗模式、提升服务效率等方面发挥最大效能，真正做到了科学精准防控疫情、有序有力推动复工复产。

“兵马未动、粮草先行”，做好基层一线医务人员医疗防护物资保障工作，是打赢疫情防控阻击战的重要基础。早在2018年，浙江启动实施了县域医共体药品耗材统一管理，即以医共体为单位，设立唯一采购账户，统一县乡两级用药目录，药品价格实行统一谈判，实现统一账户、统一采购、统一配送、统一支付。医共体统筹开展药事管理，促进药品耗材合理使用，每个县平均有1000种县级医院药品可以在基层配到。疫情防控期间，各级卫生健康行政部门和医疗卫生机构高效运作，无缝运转，协同联动，全力调度防控物资，做好后方保障，调配各类医用口罩3634.35万只、防护服35.39万件、一次性手术衣和隔离衣34.63万件、鞋套35.46万双、护目镜和眼罩25.06万副、医用工作帽153.11万顶、手套184.03万双。与此同时，持续挖掘基层抗疫先进典型，讲好卫生健康抗疫故事，启动“一次集体亮屏、一部专题宣传片、一首抗疫宣传曲、一次体验式采访”的“四个一”宣传活动，大力弘扬广大医务工作者医者仁心、无私奉献精神，并持续加大对一线医务人员的激励和保障力度。

（六）网网相扣，共保安康

浙江省贯彻落实习近平总书记关于卫生健康工作重要指示精神，围绕群众健康需求，牢牢把握整合型医疗卫生服务体系的精髓和要义，持续推动医疗卫生服务体系的融合、创新和升级，形成了具有浙江特色的医疗卫生体制改革经验。特别是在抗击新冠肺炎疫情过程中，浙江发挥县域医共体体制机制优势，有效增强了基层一线抗击疫情战斗力，为打好疫情防控的人民战争、总体战、阻击战发挥了重要作用。

医共体建设是贯彻落实以人民为中心的发展思想的具体体现，得到了省委、省政府的高度重视，纳入省委重点突破改革项目。注重顶层设计，印发《关于全面推进县域医疗卫生服务共同体建设的意见》，在制度设计上，坚持“一体两层级、三医四机制、五中心六统一”，即县乡医疗卫生机构融为一体，明确各自的功能定位，坚持医疗、医保、医药联动改革，改革医保支付、服务价格、药品供应及人事薪酬等机制，医共体层面成立人力资源、财务、医保、公共卫生和信息化五大中心，统一资产运营、物资采购、人员使用、信息化建设、财务管理和绩效考评。

县乡医疗卫生机构直接面向基层，是保障群众看病就医需求的首要关口，构建医防融合的医疗卫生服务体系，事关县域综合医改和重大疫情防控全局。浙江省始终坚持预防为主的工作方针，积极推动专业公共卫生机构融入医共体建设发展，发挥医共体整体效应和资源优势，创新县域公共卫生服务体系，完善医防协同工作机制，推进医共体公共卫生和医疗队伍、资源、服务、信息融合，切实落实三级预防和连续管理，推动医疗健康服务从以治疗为中心向以健康为中心转变。

浙江围绕医共体平台体系建设，注重“三医联动”机制改革，既要县域内医疗资源要素实现“物理整合”，又要体制机制改革产生“化学聚合”。围绕医共体放管服、医保支付、财政保障、医药供应、人事薪酬等关键环节的配套改革，加强部门间沟通协调，制定了一系列政策措施，将以往改革的“单兵突进”转变为“集成推进”，形成改革合力和叠加效应。

【思考题】

1. 基层医疗机构面临着医疗服务能力相对较弱的问题，县域医共体建设如何破解了这个难题?

2. 浙江的县域医共体建设在新冠肺炎疫情防控过程中发挥了哪些重要作用?

3. 浙江把县域医共体建设作为织密疫情防控安全网的重要抓手，其核心体制机制创新体现在哪里?

在大战大考中有勇有谋

——浙江应急管理系统打好防范化解重大风险攻坚战

【摘要】 2020年，受新冠肺炎疫情影响，国内外形势复杂严峻，各类风险隐患集聚，不利因素明显增多，统筹好疫情防控和复工复产，做好重大风险防范工作面临着巨大挑战。安全生产方面，企业复工复产人员高度聚集引发的安全风险不容忽视，一些企业复工复产安全基础不牢的情况比较突出，不少员工难以及时到岗，特别是技术保障、安全管理等一些重要岗位人员缺位，赶时赶工风险防范问题突出，给企业带来了严重的隐患。自然灾害方面，随着汛期来临，暴雨洪涝、台风等自然灾害风险增加，2020年汛期气候年景偏差，防汛抗旱任务重、难度大，形势严峻。为有效防范遏制各类事故灾难，防范化解重大安全风险，浙江省应急管理系统在此场大战大考中，始终保持战斗状态，紧紧围绕战疫情、保安全、促生产等重点工作，不折不扣落实党中央及省委、省政府决策部署，坚决打好疫情防控阻击战和重大安全风险防范化解攻坚战。

【关键词】 风险防范　应急管理　复工复产　安全生产

在2020年这场抗击新冠肺炎疫情的大考中，浙江应急管理系统深入学习贯彻习近平新时代中国特色社会主义思想和习近平总书记关于应急管理重要论述，深入领会习近平总书记关于统筹推进疫情防控工作和经济社会发展的一系列重要指示精神，全面贯彻落实党的十九届四中全会、省委十四届六次全会、省“两会”和全省安全生产暨消防工作电视电话会议精神，迅速行动、敢于担当、主动作为，按照省委、省政府“两手硬、两战赢”要求，及时制定复工复产安全生产“十条举措”，深入企业和基层开展“三服务”活动，精准把握各项工作方向，有力有序推进复工复产、安全生产。在疫情防控中，浙江应急管理系统始终坚持党的领导，突出一面党旗政治引领，展现应急管理担当，以实际行动彰显应急铁军担当作为；突出一个专班统筹协调，打好防控主动战；突出一张表格精细管理，细化量化防控举措；突出一套机制闭环运行，推动工作落实落地；突出两手抓两促进，全力服务企业复工复产，为全省疫情防控工作和经济社会发展提供了坚强的安全保障。

一、底线思维的逻辑

党的十八大以来，习近平总书记多次强调底线思维，明确指出领导干部要善于运用底线思维方法，凡事从坏处准备，努力争取最好的结果。坚持底线思维是我们党治国理政的重要思想方法、工作方法、领导方法，也是认识把握外部环境深刻变化和我国改革发展稳定面临新情况新问题、有效应对各种风险挑战的必然要求。坚持底线思维，增强忧患意识，为我们打好这场疫情防控攻坚战提供了重要保障。

浙江应急管理系统坚定不移地坚持底线思维，积极作为，未雨绸缪，防微杜渐，健全各方面风险防控机制，部署完善各项举措，大力促进各企事业单位复工复产，为成功应对这场疫情防控攻坚战提供了可靠保障。

（一）防控风险

自2017年8月启动全省第一轮安全生产综合治理三年行动以来，截至2019年底，全省事故起数、死亡人数比2016年分别下降68%、61.2%，提前实现下降40%的预期目标，事故起数、死亡人数全国排名从2017年底的第三、第三降至2019年底的第七、第八，2019年是浙江省历年来事故总量降幅最大的一年，全省发生各类生产安全事故起数、死亡人数比上一年分别下降35.7%、34.2%；发生火灾起数、死亡人数比上一年分别下降25%、23.3%。与此同时，浙江省危化品风险预防大数据平台已实现省市县三级和15个部门全贯通，累计接入企业和单位超7万家，监测各类生产性动态风险131万次，这是浙江省着力落实全省第一轮安全生产综合治理三年行动的成果。

面对疫情，浙江应急管理系统毫不松懈，强化风险防控意识，持续推进安全生产综合治理三年行动，深入贯彻落实《浙江省第二轮安全生产综合治理三年行动计划》，细化落实各项任务和责任分工，确保三年行动取得显著实效。集中整治多轮推动，重点聚焦3个专题和10个专项整治：聚焦“学习宣传贯彻习近平总书记关于安全生产重要论述专题”“安全生产风险防控和应急救援数字化建设专题”“落实企业安全生产主体责任专题”，开展危险化学品专项整治、加工制造类小微企业和矿山专项整治、消防专项整治、道路交通专项整治、交通运输专项整治、渔业船舶专项整治、城市建设专项整治、工业园区等功能区专项整治、危险废物等专项整治和特种设备专项整治。复工复产期间，针对危险化学品行业领域，坚持线上监测预警和线下精准执法相结合，推行危化品生产企业每日、使用危化品重点企业每周的风险研判和承诺机制，落实生产企业特殊作业升级管理和重大危险源波动预警现场检查，确保监测覆盖到位。危化品使用重点企业实施“红橙黄蓝”分级管控覆盖到位，已复产企业中红色、橙色风险现场检查率分别不低于50%、10%，黄色、蓝色企业每周随机抽查。

（二）砥砺奋进

坚持底线思维，防范化解重大风险，需要有顽强的斗争精神。建设伟大工程、推进伟大事业、实现伟大梦想，必须大力弘扬斗争精神，坚决战胜一切在政治、经济、文化、社会等领域以及自然界中遇到的困难和挑战。应急管理工作既要有防范风险的先手，也要有应对和化解风险挑战的高招；既要打好防范和抵御风险的有准备之战，也要打好化险为夷、转危为机的战略主动战。

浙江疫情防控战的号角吹响后，全省应急管理系统以实际行动彰显应急铁军的担当作为，敢于并善于斗争，切实把改革发展稳定各项工作做实做好。疫情防控期间，全省各级应急管理部门立足本职，统筹协调、发挥体制优势，主动作为，全力打好防疫这场硬仗。疫情期间，省应急管理厅成立了以厅党委书记、厅长为组长的疫情防控工作专班。一方面，加强内部防控，将内防管理措施严格落细；另一方面，全力做好相关抗疫物资储备和调拨。加强对防疫物资生产企业的安全服务与指导，统筹指导全省各类应急力量做好备勤和应急准备。专班强化统筹协调，下设内部防控、安全生产指导服务、应急救援备勤备战、应急物资调拨支援四个工作小组，全部落实专人实体化运行，强化全省应急管理系统疫情防控工作协同推进。

根据疫情形势变化，2020年1月22日以来，省应急管理厅领导同志分别带队赴绍兴、杭州、宁波、嘉兴等地开展指导服务，精准指导口罩、防护服、消毒用双氧水等防疫物资生产企业安全生产，排查风险隐患。相关负责同志深入基层企业，细问详查企业复工复产安全生产情况，帮助企业梳理安全生产方面存在的薄弱环节，指导企业在硬装备、软管理上加强安全生产，推进企业生产安全向精密管控提升。截至5月28日，全省应急管理系统做好了293490家企业的安全生产指导服务工作，指导服务1026272次，帮助防疫产品突击生产企业排除并整改隐患7394处，帮助危化等其他正常生产企业排除并整改隐患182346处；全省消防救援机构对96家疫情定点处置医院检查服务全覆盖。

全省启动重大公共突发卫生事件一级响应后，省应急管理厅主动对接，靠前一步，协助做好突发公共卫生事件应急处置、预案修订、救援备战和物资储备等工作，为防疫工作提供有力支撑。宁波市鄞州区应急管理局接手区防疫物资管理发放的部分职责后，第一时间成立物资调度专项工作小组，建立24小时无休物资调度快速响应机制，所有防疫物资按规定建立明细台账，协助纪检部门实现调度发放全过程监管，确保每一笔物资流向可追溯、全透明。湖州市协调市商务局等部门紧急调配防寒棉大衣1000件、雨衣1000件，调拨给全市各区、县共116个卡点上的一线疫情防控人员。台州市主动与物资储备部门对接，做好帐篷、食品等应急物资的储备工作。截至5月28日，全省储备应急物资44.83万件，调配19748顶帐篷、5517张行军床、4644个应急包和31817套防护服支援各地防疫工作；建立备勤备战各类应急救援力量队伍564支、16096人，累计执行防疫相关任务31746次、176935人次；省消防救援总队对96家疫情定点收治医院和208家协同处置医院的灭火救援预案进行修订完善，确保高效处置和行动安全。

二、精准思维的应对

天下大事，必作于细。2014年5月9日，习近平总书记在指导兰考县委常委班子专题民主生活会时特别强调：要从细节处着手，养成习惯。如果对工作、对事业仅仅满足于一般化、满足于过得去，大呼隆抓，眉毛胡子一把抓，那么问题就会被掩盖。因此，要从细节处着手，养成精准思维习惯，干工作不能满足于一般化，不能以原则应对具体，要一一回应，具体解决，精准开展工作。

（一）抓问题

抓住了问题，就抓住了具体。习近平总书记指出：要有强烈的问题意识，以重大问题为导向，抓住重大问题、关键问题进一步研究思考，找出答案，着力推动解决我国发展面临的一系列突出矛盾和问题。无论是做决策、定方案，还是抓落实，都要紧紧抓住核心问题和关键问题不放，在问题的症结点和关键点上做文章、出实招。

浙江应急管理系统以问题为导向，强化工作针对性、有效性，聚焦重点难点和薄弱环节，集中力量补短板、强弱项、促提升。通过制定《疫情防控工作每日汇总表》，对全省各级应急管理部门系统人员情况、企业生产情况、救援力量情况、物资储备情况建表建单，细化项目、分类管理，对表格实行日报制度，要求各地每日 17 时汇总上报相关情况，实时动态掌握全省系统疫情防控工作。

按照分区分级精准防控要求，浙江坚持问题导向、目标导向、结果导向，建立健全统计监测体系，实施差异化的小微企业复工复产策略。位于德清县的恒安锰钢厂是一家典型的金属冶炼小微企业。在复工检查中，该厂被发现存在中频炉冷却水系统未配置进出水流量检测报警装置等两处重大事故隐患，被责令暂时停产整改。德清县应急管理局迅速联系有资质的单位前往检测，并做好应急处置，同时组织专家开展全面“体检”。在县应急管理局的帮助下，该厂定人员、定时间、定方案，有序有效落实闭环整改，经验收合格后，实现全面复工生产。

在继续做好已复工复产企业安全指导服务的基础上，聚焦复工复产安全生产问题比较突出的加工制造类小微企业和“危化品、烟花爆竹、矿山和金属冶炼”等高危企业以及“三场所三企业”三个重点，通过重点攻坚提升本质安全。加快推动安全生产领域风险防控数字化建设，推进企业安全风险管控体系建设，进一步摸清安全风险家底，有效防控各类安全风险。

（二）做到位

当前许多工作都是因为管理不当、操作欠缺，导致质量不高、效率低下等问题，甚至酿成严重事故，危害人民生命财产。有许多制度，由于执行不严格，总是搞下不为例、特殊情况，结果造成制度虚设、程序空转。坚持和运用好精准思维方法，就必须要求摒弃原来那种“不拘小节”的思维陋习，在每一个细节上严格标准、严格程序，认认真真把工作做细做实做到位，科学高效地解决问题。

浙江应急管理系统以“六个不开工”（主要负责人不到岗不开工、技术负责人不到位不开工、安全负责人不到位不开工、关键岗位操作人员不到位不开工、设备装置不完好不开工、复产方案不落实不开工）和“四个全到位”（风险研判到位、隐患排查治理到位、安全培训教育到位、应急处置方案到位）突出精准管控。要求各地在严格落实疫情防控措施的前提下，将安全风险管控措施作为各类企业复工复产的强制性要求，纳入平台统一管理，严禁强行复工复产。要求高危企业严格落实“六个不开工”，一般企业做到“四个全到位”。

疫情防控期间，浙江应急管理系统持续推进“三服务”工作。在企业复工复产的关键阶段，安全更需要关注，风险更需要防控，更加需要将三服务工作落实到位，按照省委、省政府对应急管理工作的部署，浙江应急管理系统充分把“服务企业、服务基层、服务群众”和企业的复工复产进行有机结合，把“三服务”工作作为各企事业单位的强大后盾和有力保障，为企业保驾护航，坚持把“三服务”送到疫情防控要紧处、企业安全急需处，实打实解决问题。为充分保证各企事业单位的有序复工复产工作落实到位，各市都有自己的一套“金点子”。金华市应急管理局对危化品、矿山、建筑施工等高风险企业开展点对点的现场安全指导，帮助企业科学制定复工复产方案。安吉县应急管理局组建“助企服务专员队伍”，分片对企业进行上门服务。江山市应急管理局对 164 家复工企业开展检查指导，帮助企业完成 280 余处隐患的整改工作。同时，浙江各级消防救援队伍成立消防技术指导组，采取远程指导和实地服务相结合的方式，为疫情防控重点场所提供消防技术服务。一张张“三服务”清单的填写，一次次走访记录的反馈，一项项问题的解决，都体现了省应急管理部门在“三服务”工作中付出的努力，也是浙江应急管理系统将习近平总书记多次强调的精准思维运用到位的生动体现。

三、系统思维的谋划

习近平总书记多次强调系统思维方法，党的十八大以来，习近平总书记在推进政治、经济、军事、科学、文化等方面的思维和决策，表现出系统思维方法的科学性与系统性。打好防范化解重大风险攻坚战，坚持和运用好系统思维方法尤为关键。

浙江应急管理系统认真贯彻落实习近平总书记有关统筹推进新冠肺炎疫情防控和经济社会发展工作部署的重要讲话精神，将系统思维嵌入应急管理和安全生产的各项工作当中。

（一）构建体系

浙江应急管理系统立足于防灾减灾救灾和安全生产综合管理部门定位，将应急防控能力提升这“一条主线”贯穿其中，着眼于实现从“开篇布局”到“突破难点”、从“积极入轨”到“全面拉动”、从“初见成效”到“彰显高效”“三个转变”，坚持“以人为本、生命至上，问题导向、精准施策，着眼实战、突出重点，分级负责、分步实施”的“四个原则”，强化“不统筹、无应急，不系统、小应急，不数字、难应急，不到底、伪应急，不冲锋、不应急”的“五个导向”，谋划实施一批应急管理领域的重大改革、重大项目、重大平台、重大政策、重大课题，不断完善大安全、大应急、大减灾体系，融合重塑安全生产、自然灾害防范防治、应急救援和减灾救灾等多项职能，大力推动应急管理体系和能力现代化，加快完善形成一盘棋的应急管理体系。

（二）全面展开

面对新冠肺炎疫情的严峻形势，浙江应急管理系统充分把握系统思维，突出两手抓两促进，统筹兼顾疫情防控和各企事业单位的复工复产工作，准确把握疫情防控和复工复产之间的辩证法，坚持二者相互支撑、相互配合，全力以赴抓好疫情防控下的企业安全生产。

2月10日，省应急管理厅召开全省复工复产安全生产工作视频调度会，提出“三个三”的要求。2月11日，省安委会发出通知部署企业复工复产工作。从落实风险研判、管控机制、组织领导三个方面提出9项举措，即对已复产企业进行再评估、实施科学分类指导、排查梳理风险点、加强突击生产风险管控、加强重点场所风险管控、加强重点领域风险管控、压实安全责任、创新监管机制、做好指导服务。

浙江应急管理系统深入开展风险研判，要求各地结合疫情形势，从区域安全发展的全局综合考虑整体安全风险。既要防止因赶工、抢工等问题导致的生产安全事故，也要避免关键企业迟迟不复工引发的区域性产业链供求失衡等系统性安全风险；既要重视用工紧缺造成的未经培训仓促上岗等普遍性问题，也要关注因物流受阻造成的危化品胀库等特殊风险。因地、因时、因企区别对待，按照轻重缓急、风险高低，分区域分行业分时段提出有序推进企业复工复产的计划安排，确保风险受控、安全生产。

浙江应急管理系统严格落实安全生产风险管控。做好居家生活和疫情防控场所的安全防范，尤其是村居住宅小区、医疗救治定点医院、集中隔离观察点等场所的消防安全工作；突出抓好工矿商贸、交通运输、消防等重点领域的安全风险管控工作，按照“风险受控、一企一策、属地确认”的要求，对安全生产条件不到位的一律不予复工，对强行复工的一律严肃追责。

四、有勇有谋，任重道远

（一）机制性

疫情防控期间，浙江应急管理系统面对各种纷繁复杂的风险挑战，强化底线思维、增强忧患意识，始终把防范化解重大安全风险作为应急管理工作的重中之重，对各种潜在风险进行预判。凡事预则立，不预则废，加强应急管理体系和能力建设，必须抓好源头治理，健全风险防范化解机制，真正把问题解决在萌芽之时、成灾之前。要未雨绸缪，加强风险评估和监测预警，提升多灾种和灾害链综合监测、风险早期识别和预报预警能力，加强应急预案管理，健全应急预案体系；要有的放矢，实施精准治理，做到预警发布精准、抢险救援精准、恢复重建精准、监管执法精准；要依法管理，系统梳理和修订应急管理相关法律法规，加强安全生产监管执法工作，运用法治思维和法治方式提高应急管理的法治化、规范化水平；要坚持群众观点和群众路线，坚持社会共治，积极推进安全风险网格化管理，把各方面力量充分调动起来，筑牢防灾、减灾、救灾的人民防线。

（二）数字化

要着力推进治理体系和治理能力的现代化建设，全面构建“责任落实、机制完善、科技引领、多方协同”的大应急、大安全、大减灾格局，努力完成高质量的应急管理工作。以打造“数字应急先行区”为目标，将“互联网＋监管”体系作为关键点，根据“把风险控制在隐患形成之前、把隐患消灭在事故发生之前”的风险防控理论，统筹推进自然灾害、企业安全生产风险防控和应急救援平台项目建设，依托大数据分析能力和成熟的物联网感知技术，推动事故防控工作更加科学、更加精准、更具实效。

（三）服务度

需要深入做好安全生产“三服务”工作，“三服务”不是大包大揽，而是通过帮助企业发现“病灶”，第一时间了解企业复工复产后安全生产情况，帮助企业补上可能存在的“安全短板”。自开展“三服务”工作以来，浙江应急管理系统始终坚持服务企业、服务群众、服务基层，以“三服务”全力为人民保驾护航。同时，要继续推进“最多跑一次”服务，疫情防控期间，将“最多跑一次”优化升级，将“最多跑一次”改革这张浙江的金名片与“三服务”工作有机结合起来，进一步提高为人民服务办事的效率，真正做到从群众中来，到群众中去。

（四）统筹力

浙江各级应急管理部门统筹协调各方，立足自身优势主动作为，自上而下稳步推进系统建设，大力推进统筹协调机制化，完善一个口子统筹，探索建立省级应急委员会组织架构，构建省级安委会“1＋X”组织体系，完善安全生产责任和管理制度，形成齐抓共管格局，健全统筹工作机制，提升突发事件统筹处理规范化水平。要进一步强化涉及应急管理的各政府部门之间的协同，形成统一指挥、权责一致的扁平化组织体系，实现部门内部以及平行部门之间的高效协同。其次，通过“合作协议”“联动协定”等多种形式，不断增强与社会力量的协同关系，有序组织和动员全社会力量参与安全风险防范和应急救援工作。

【思考题】

1. 打好防范化解重大风险攻坚战，对社会发展有什么重大意义?

2. 浙江应急管理系统打好防范化解重大风险攻坚战，取得了哪些成效?

3. 浙江应急管理系统打好防范化解重大风险攻坚战，形成了哪些经验?

“三服务”护航“一带一路”重点项目

——浙江省外办助力文莱浙企战疫复产96小时

【摘要】浙江恒逸石化文莱大摩拉岛综合炼化项目（简称“文莱项目”），是浙江恒逸集团和文莱政府合资建设的800万吨炼化一体化项目，是文莱唯一被列入“一带一路”项目库的项目，是文莱迄今最大的实业投资，也是目前中国民营企业海外最大的投资建设项目。新冠肺炎疫情期间，“文莱项目”面临着通航中断、员工紧缺、安全隐患凸显等压力，项目发展几近阻滞。保障项目正常复工复产成为浙江省人民政府外事办公室力争“两手硬、两战赢”的工作重点。

省外办作为浙江省对外投资企业的坚强后盾，在疫情防控期间转变服务思维，发挥职能优势，下好助力对外投资企业平衡有序复工复产的先手棋，加大对重点企业的重点项目服务力度，和时间赛跑，与病毒较量，在包机申请获批后的96小时内，周密安排、精心布置，克服重重障碍阻力，成功开通由文莱皇家航空公司执飞杭州至文莱的首航，为“文莱项目”解了燃眉之急，彰显了非常之时的非常担当，更在为浙江企业海外发展保驾护航上提供了有效经验。

【关键词】航空专班　复工复产　“三服务”

一、背景情况

2020年1月21日，浙江省疫情防控领导小组会议召开后，浙江省人民政府外事办公室积极扛起“三个地”的使命担当，坚决贯彻中央和省委、省政府的部署要求，把做好疫情防控、推进复工复产工作与深化“三服务”紧密结合起来，真服务、深服务、大服务，努力让对外投资企业轻装上阵。

组建于1994年的浙江恒逸集团是一家专业从事石油化工与化纤原料生产的现代大型跨国民营企业集团，为全球最大的PTA-聚酯和CPL-锦纶双产业链一体化的化纤生产商。浙江恒逸集团“文莱项目”总规划为原油加工能力2200万吨/年，总投资约150亿美元，恒逸石化持股70%，文莱财政部持股30%。该项目一期总投资34.5亿美元，于2019年11月正式投产，在施工阶段保持了良好的安全和环保纪录，在试车阶段实现了零火灾、零伤害、零污染的“三个零”目标，为中国石化产业走向国际化树立了新的标杆。二期项目总投资约120亿美元，正在紧张筹备中，预计项目建设期三年，建成后将极大完善文莱油气产业链，保证文莱能源安全，持续推进文莱经济多元化。

2018年，习近平主席对文莱进行国事访问时，“文莱项目”作为两国合作的示范性项目写入了两国领导人共同签署的《中华人民共和国和文莱达鲁萨兰国联合声明》。习近平主席在署名文章中将“文莱项目”誉为中文两国的旗舰合作项目。

2020年4月17日，省外办接到浙江恒逸集团的求助信息。受疫情影响，中、文两国通航中断，253名中方技术人员无法抵达文莱，480余名文莱本地人员全部实行居家办公，“文莱项目”面临巨大运行危机。以电站为例，定岗160人，实际到岗仅为100人，熟练工操作岗位空缺严重，在岗员工开始调整至倒班模式，工作强度日益加大。一线中方员工长时间超负荷工作，给公司安全生产带来重大隐患。一旦出现病毒感染或疑似病例就会导致员工大范围隔离，项目现场的装置运行将无法持续，严重情况下，甚至不能安全关停。同时，在文莱的中国员工思想随之波动，其中，有三名中国员工因焦粉落入眼睛造成角膜伤害等原因，回国诉求强烈。

二、主要做法

时间就是效益，效益就是生命，在得知浙江恒逸集团的实际困难后，省外办迅速成立项目组，发挥外事资源优势，采取连续行动，摸清症结问题，和时间赛跑，统筹协调各方落实航空专班，帮助企业解决实际困难，恢复正常运行。

（一）提前反应做实功，讲好浙江抗疫故事

2020 年 3 月，省外办在获知浙江被文莱列入禁止入境地区后，迅速致函驻文莱大使馆和文莱驻华大使馆，通报浙江省最新疫情防控动态、全省涉外领域疫情防控工作机制以及复工复产等情况。积极协助我国驻文莱大使馆做好文莱政府增信释疑工作，引导文方客观看待浙江的疫情形势。驻文莱大使于红等率驻文莱大使馆迅速行动，研判形势，明确分工，与文莱外交部、能源部、内政部、移民局等方面加强沟通，介绍中国和浙江省采取的防疫举措和取得的抗疫成果，呈现中国抗疫的“进行时”，推动文方解除对浙江省的禁令。3 月 17 日，文莱政府调整入境政策，浙江省被成功排除出限制入境名单，为“文莱项目”紧急状况的有效解决奠定了重要基础。

与此同时，驻文莱大使馆推动召开文莱政府部门、恒逸集团三方协调会议，详细报告恒逸集团落实高标准疫情防控要求的主动作为，

受到文莱政府高官的积极评价。恒逸集团在文莱发生疫情后，彰显中国企业担当，第一时间向文莱政府捐赠医疗物资和现金 100 万美元，成为疫情中向文莱政府捐赠金额最大的公司，并在后期疫情防控中继续为文莱政府提供抗疫物资，共筑抗疫防线。

（二）统筹协调求突破，跑出浙江抗疫速度

4 月 17 日，省外办接到浙江恒逸集团的求助信息后，便着手进行专题研究，制订解决方案，并立即联系外交部亚洲司东南亚处，向外交部紧急寻求协助。当晚，外交部向国务院联防联控会议机制报送包机申请。

18 日上午，省外办会同杭州萧山国际机场、机场海关、出入境、恒逸集团等单位，提前做好人员组织出境和接受人员入境准备工作。前后由杭州萧山国际机场牵头，召开三次专班协调会，召集杭州出入境边防检查站、机场海关和疾控中心以及文莱皇家航空公司商务代表，落实人员出入境各项工作细节。

19 日，国务院联防联控机制同意杭州至文莱的包机申请。当日，中国民航总局特别批准文莱皇家航空公司直飞杭州萧山国际机场的航权。

20 日，省外办再次会同外交部，统筹协调杭州海关、杭州机场、出入境管理局及萧山区政府等部门，对所有拟登机人员进行身份、防疫等信息核实把关。

21 日，省外办商请驻文莱大使馆，做通文莱政府相关部门工作，办好飞行许可、人员出入境等手续。文莱能源部、移民局对“文莱项目”滞留中国人员名单进行逐个审核，为 106 名具备条件且急需返岗的中国员工签发了特别入境批复函。

22 日下午 1 点 20 分，一架由文莱皇家航空公司执飞的 BI639 航班平稳降落在杭州萧山国际机场，三名亟待医治的中国员工平安抵达并顺利入境。在省外办和萧山区人民政府的积极协调下，被专车送往指定医院进行14天的医学隔离观察，并由眼科专科医生前往隔离点为返航员工会诊治疗，医治其眼部感染。

考虑到办理登机手续需要查验多种文件，杭州萧山机场把原办理登机手续时间由提前两小时调整为三小时，并增开值机柜台，将旅客分流，缩短通关进程。22日下午3点25分，随着塔台的起飞命令，载有99名“文莱项目”技术骨干和中国政府捐赠文莱政府救灾物资的BI640航班腾空而起，在天空中划出一道美丽的弧线，飞往文莱斯里巴加湾市。

从19日到22日，省外办协同有关单位把困难想在前面，把工作做到极致，定好时间表，明确路线图，夜以继日，连续奋战96小时，采取措施积极应对，确保航班顺利执行，向国际社会展现了抗疫过程中的中国速度、浙江速度。

（三）持续助力重实效，彰显浙江抗疫形象

5月，我驻文莱大使馆抓住中石油下属公司完成在“文莱项目”工程包机回国的契机，全方位推动“文莱项目”复工复产，再次接返滞留国内的68名“文莱项目”员工，充实人员力量。在中文双方的共同努力下，“文莱项目”员工通过两次包机顺利返文，公司的文莱本地员工已100%复工，中方员工复工率达97%，为项目正常有序运行提供了有力保障。当月，公司的利润水平稳步上升。

4月24日，我国外交部新闻发言人就文莱包机一事做出回应，表示当前中方正在常态化疫情防控中全面推进国内复工复产达产，同时也在积极指导和帮助中资企业推进海外项目的正常运转。文莱皇家航空公司高管对中国政府的高效和严谨给予了高度肯定，对中国政府相关部门在三天内完成从资料提交到包机飞行全流程手续，表示了惊叹。

三、经验启示

“文莱项目”紧急状况的妥善解决，维护了境外中资企业人员生命安全和身体健康，促进了我国与境外尤其是“一带一路”沿线国家的经贸合作平稳有序开展，同时，也体现了中文两国携手抗疫、共同维护产业链供应链稳定、推动两国经济社会持续发展的积极意愿，为更好地践行人类命运共同体的理念，发挥“三服务”作用，助推浙江企业行稳致远“走出去”提供了有益经验。

（一）推动构建人类命运共同体是应对全球性挑战的中国答案

当前，新冠肺炎疫情仍在全球蔓延，严重威胁着人类生命安全和身体健康。疫情冲击下的世界正在发生深刻变化，面临更多不稳定不确定因素。新冠肺炎疫情再次证明，人类是一个休戚与共的命运共同体，构建人类命运共同体不仅需要理念引领，更需要行动力量。各国面临共同任务和挑战，必须将发展作为第一要务，着力提振国际发展合作，加强战略对接、优势互补、信息沟通、政策协调、行动配合，在合作中促进自身发展，在自身发展中促进共同发展。面对层出不穷的全球性问题，各国要齐心协力，共迎挑战，大国更要志存高远，敢于担当。在抗击疫情的过程中，中国同世界守望相助，共克时艰，得到了世界各国的高度认同。以“文莱项目”为例，中国切实履行大国责任，利用自身影响和实力，为文莱发展创造良好条件。此次特殊航班承载着中文两国共同应对疫情的邻里之谊，更是“中文同心、守望相助”的生动体现。

（二）浙江精神是解决各种困难风险的内在动力

疫情防控期间，文莱—杭州包机的成功首航，正是省外办等相关部门与外交部、驻文莱大使馆、中国民航总局、海关总署、国家移民总局等国家部委，以及文莱政府多方齐心协作的结果。包机的成功起航涉及航线申请、出入境管理、疫情防控、医疗救治等，包括文莱入境、签证政策等诸多环节，每一项政策都要吃透，每一项工作都要抠细，每一个节点都要整准，不能出任何纰漏。包机项目的顺利完成，充分展示了浙江广大干部群众“干在实处，走在前列”的浙江实践，也充分证明了以“求真、务实、诚信、开放、图强”为内涵的浙江精神是浙江的“根”和“魂”，过去是、现在是、将来仍然是推动浙江发展、应对各种挑战的根本动力。

（三）做好“三服务”是助企纾困的暖心之举

自2019年初省委、省政府部署开展“三服务”活动以来，省外办坚持以外事工作服务国家总体外交大局、服务全省经济社会发展为牵引，突出“三服务”在“外事为民”中拓展、在“守初心、担使命”中深化、在“最多跑一次”改革中提升，确保落地见效、取得实效。为帮助浙江企业更好“走出去”，省外办结合浙江外向型经济特点，将海外企业纳入“三服务”范畴，深入了解在外企业的实际情况。此次“文莱项目”圆满解决，一个重要的启示就是在“三服务”活动过程中，必须做到重点抓、跟进抓、长期抓，必须把“三服务”精准高效地落到企业、群众、基层急需处，真正转化为看得见、摸得着的发展实效，必须将发挥工作职能与推动复工复产紧密结合起来，为浙江企业特别是在“一带一路”沿线国家投资的民营企业的复工复产提供坚强的安全保障，为其在海外发展保驾护航。

【思考题】

1. “三服务”在“文莱项目”中如何实现助力企业“走出去”，为企业保驾护航?

2. 面对严峻的疫情形势，文莱方面为何同意复航浙江?

3. 面对全球性突发卫生公共事件，浙江外事系统践行建设“重要窗口”的使命担当具有怎样的现实意义?

战疫情保民生　守“米袋”护“菜篮”

——余杭区市场监督管理局农副产品物流中心市场监督管理所抗疫纪实

【摘要】杭州农副产品物流中心是华东地区最大的农副产品交易中心，承担了杭州市70%的农副产品供应重任，物流贸易辐射了半个浙江，因此也被称为全省最大的“米袋子”和“菜篮子”。新冠肺炎疫情期间，物流中心面临着疫情防控、民生保供、复市复产、食品安全等多重压力，保障物流中心正常高效运转就是安民心、稳大局、促发展，如何守好“米袋子”、护好“菜篮子”，成为力争“两手硬、两战赢”的必答题。

余杭区市场监督管理局农副产品物流中心市场监督管理所作为物流中心的监管后盾，疫情期间彰显了铁军的先锋担当，展现了综合治理能力，实现了物流中心无疫情发生，确保了农副产品供应充足、价格平稳、质量可靠，用实际行动争当浙江“重要窗口”建设排头兵，交出了“两战”高分答卷。

联防联控保防疫。以物流所为核心力量第一时间成立物流中心疫情防控工作组，建立7个党员先锋突击队，实施物流中心限制性开放、闭合式管理，三班制24小时全天候驻场监管，为物流中心累计筹集口罩17.72万只。

稳防稳控保供应。疫情发生之初，设置保供车辆“绿色通道”和员工“通行证”，全力支持市场经营户广开供货渠道、合理调配资源、加大采购力度。复市复产阶段，为物流中心八大市场申请每家10万元的政府补助。至2020年3月初，市场经营户复产率就已达100%，日均供应粮油3600余吨、蔬菜2700余吨、肉类400余吨。

严防严控保安全。全国首创的三色“食安码”，开启农批市场食品安全数字治理新模式。积极帮扶食品生产经营行业转型升级，推广中央厨房等现代化经营模式。疫情发生至今，物流中心未发现一例病例，未发生一起食品安全事件。

【关键词】党建引领　凝心聚力　统筹协调　以点带面

一、背景情况

2020年初，新冠肺炎疫情以其汹汹袭来之势，深刻改变了这个春天。1月21日，浙江省疫情防控工作会议召开后，各地各部门全面贯彻落实党中央和中央应对新冠肺炎疫情工作领导小组决策部署，浙江省市场监督管理局、浙江省药品监督管理局下发《关于认真落实新型冠状病毒感染的肺炎防控工作的紧急通知》，余杭区委、区政府迅速成立区疫情防控工作领导小组、指挥部，下设“一办十一组”，建立了一套“决策快、执行快”的工作体系与一套“可视化、数字化”的指挥体系，全力以赴打好疫情防控人民战争、总体战、阻击战。

位于杭州市余杭区良渚街道的杭州农副产品物流中心作为华东地区最大的农副产品交易中心，此时共有十大市场正常开放经营，每天有10多万人、6万多辆车往来于此，拥有来自全国各地的经营户9000余户，年交易量达500万吨，与杭州市乃至浙北地区千万人的生计息息相关。疫情发生后，如何迅速高效开展防疫工作，在“确保物流中心不发生疫情”的情况下“保障物流中心正常经营运转”，守好“米袋子”、护好“菜篮子”，成为摆在各级党委、政府部门面前的一项艰巨任务。

疫情就是命令，防控就是责任。在这危急关头，余杭区市场监督管理局农副物流中心市场监督管理所主动请缨，勇当先锋，攻坚克难。

二、主要做法

疫情发生后，各级党委、政府部门高度重视，浙江省委常委、常务副省长冯飞，浙江省委常委、杭州市委书记周江勇，时任浙江省市场监督管理局党委书记、局长冯水华，时任浙江省市场监督管理局副书记、副局长章根明，时任杭州市委副书记、政法委书记张仲灿，杭州市委常委、余杭区委书记张振丰，杭州市副市长胡伟，余杭区委副书记、区长陈如根等省、市、区领导先后赴物流中心检查指导防疫保供工作，要求切实落实疫情防控各项举措，保障基本民生。

（一）众志成城，建强基层战斗堡垒

要筑牢物流中心的防疫安全防线和民生保障底线，仅靠物流所的单方力量是远远不够的，必须有一支足以掌握全局、统筹推进、调度得力的中坚力量，把好整个物流中心疫情防控的“总开关”。为此，物流所在各级党委、政府的全力支持下快速开展工作。

第一，搭建物流中心疫情防控专班。2月4日，余杭区疫情防控指挥部发布第25号令，以物流所为核心力量成立杭州农副产品物流中

心疫情防控工作组（简称“物流工作组”），由余杭区副区长葛建伟带队在物流中心现场办公，牵头负责物流中心所有防疫保供工作。从物流所、余杭区市场监督管理局、属地良渚街道及物流中心城管执法中队共抽调49名工作人员，分为5个巡查组、1个机动组和1个信息后勤组，24小时驻于物流中心十大市场，对疫情防控和食品安全工作开展现场督导检查。

第二，把党支部建在疫情防控一线。在2月4日成立物流工作组的同时建立临时党支部，由余杭区市场监督管理局党委委员、副局长李杭川任临时党支部书记，物流所所长毛超逸任副书记，充分发挥基层党组织战斗堡垒作用。物流工作组共有党员18名，党员们坚决发挥先锋模范带头作用，将7个工作小组建成7个党员先锋突击队，持续发扬不怕苦、不怕累、不怕难，关键时刻能作战、风险面前不退缩、越是困难越向前的铁军精神，将党旗插在疫情防控最前线，为疫情防控注入红色力量。

第三，凝心聚力树命运共同体理念。一手建章立制。制定《物流园区交易市场疫情防控专项行动工作方案》，建立值班值守制度，明确各组各班次值班时间、交接班程序、AB岗职责；建立支援联动制度，机动组在临时党支部指挥下对重点时段、区域、专项问题实时支援处置；建立信息研究机制，信息后勤组对市场每日疫情防控动态、重点保供商品每日物价、保供车辆每日进出情况等各方信息汇总分析，实时研判；建立内部监督机制，实时监督并提出合理意见。一手集合力量。抽调余杭区市场监督管理局骨干力量36人在每天后半夜支援物流中心巡查，同时，每天另行抽调30名该局工作人员参与物流中心周边道路交通检查卡点值守；积极发动市场举办方、管理员、经营户及周边村社等群众力量，群策群力、群防群治。

纪实1

小所也有大能量

物流所前身为2008年10月21日成立的杭州市工商局余杭分局直属市场工商所，作为长期监管物流中心的市场监管部门，积累了丰富的工作经验。2014年经市场监管机构改革，更名为余杭区市场监督管理局农副物流中心市场监督管理所，市场监管力量也通过基层治理体系“四个平台”建设逐步下沉到一线，与属地良渚街道无缝衔接，积极参与各类综合行政执法工作。

早在2019年末，武汉市卫生健康委员会医政医管处发布《关于做好不明原因肺炎救治工作的紧急通知》之时，物流所就以高度的敏锐性和责任感，在余杭区市场监督管理局指导下对物流中心各大市场进行了内部排查，并联合属地良渚街道、卫生健康等相关部门对经营户开展肺炎等疾病的讲座。

余杭区疫情防控工作领导小组选择物流所为抗疫集结地，吹响集结号，正是看中了物流所既有业务专长，又熟悉街道运作方式，具备“条块结合、区域统筹、善打硬仗”的优势和能力。

纪实2

一个党员一面旗

“我快到南京了，再等等！”2020年1月25日，大年初一，刚回到河南老家的物流所副所长王文杰，盯着新闻播报的疫情动态，悬着的心怎么都放不下来。作为一名党员，他果断做出决定——返杭。从河南周口到杭州700多公里的路程，因赶上疫情，没有其他公共交通，王文杰和父母道别后，就带上同为党员的妻子及孩子自驾返杭了。当接到所里通知要提前结束春节休假时，他已经开了2/3的路程。一路雨雪，他们走走停停近13个小时。到达杭州时，

纪实2

已是第二天凌晨，然而王文杰顾不得疲倦，稍作休整就投入了战斗。

党员上官苗苗和同为市场监管人的丈夫曹骁，将年幼的两个孩子托付给家中老人后就开始了工作，即便孩子生病需要照顾也尽力不影响工作。元宵节当晚，夫妻二人在物流所只匆匆吃了口汤圆，便共同对五和肉类交易市场开展夜间巡查。

老党员魏仁祥为了省下口罩以帮助有需要的经营户，经常将自己的口罩高温消毒后重复使用。既是党员又是转业军人的俞建春在做好粮油批发交易市场主力工作的同时还申请执行蔬菜批发交易市场任务。

在物流所，这样的先进事例不胜枚举。在党员们的带领下，整个物流工作组上下拧成了一股绳，同使一股劲。

（二）协同联动，全面打响防疫战争

防疫的首要关键点在于人员流动管控。按照余杭区疫情防控指挥部第25号令部署，物流工作组集结各方力量多线协同作战，以战略思维谋全局、以辩证思维抓重点、以底线思维防风险，提高系统治理能力、综合治理能力、源头治理能力。

第一，优化市场经营模式。为防止人群聚集导致疫情蔓延，物流所暂停了南庄兜农产品市场等所有市场的零售业务，实行市场限制性开放，要求未开放市场不得新开、已开放市场锁定经营户规模。2月4日当晚，浙江食品市场、正北货运市场、冷冻食品批发交易市场（仅开放月台进出货）停止营业，粮油批发交易市场、五和肉类交易市场、蔬菜批发交易市场等七大市场仅保留现有市场规模。直到3月初疫情相对稳定后，各市场零售业务才陆续恢复。

第二，闭合式管理强管控。在各市场进出口严格执行“亮码+测温+戴口罩”管控措施，登记人员、车辆、货物信息。第一时间对人员开展地毯式排查，通过索证索票等方式追溯经营户动向和来源，动态排查掌握重点疫区人员，一旦发现情况立即采取措施。共排查员工1505人、经营户（帮工）15722人，发现湖北籍126人、温州籍168人、台州籍166人，在杭人员后期基本解除隔离，劝告暂缓返杭371人。24小时驻场巡查，每天日间安排5个巡查组和1个机动组，夜间由物流工作组6人加上余杭区市场监督管理局执法骨干36人共同巡查。

第三，压实市场主体责任。约谈十大市场，压紧市场举办方第一责任人责任，督促指导各市场严格落实“四个一律”，即市场每日一律清洗消毒2次以上、市场经营人员一律佩戴口罩、市场一律张贴和滚动播放防控宣传资料、市场举办方一律签订《杭州市农贸市场防控新型冠状病毒肺炎疫情责任状》。针对防疫物资紧缺的问题，通过向上级申请、慈善总会捐赠、爱心捐助等途径，累计筹集口罩17.72万只、测温枪69把、84消毒剂145瓶、消毒液55桶，并组织消杀公司对市场主体进行培训指导。

第四，增设交通检查卡点。2月5日，根据余杭区疫情防控指挥部部署，在物流中心周边设置3个区级道路交通检查卡点，将检查关口前移。物流工作组在余杭区市场监督管理局全力支持下，每天另行抽调该局30名工作人员，24小时三班制支援2个卡点，配合交管部门做好查看身份证及健康码、测温、检查口罩佩戴情况等工作。

纪实3

市场总动员

疫情防控离不开人民群众的理解与支持。

疫情防控初期，有的经营户未执行“亮码+测温+戴口罩”就想进场，有的进货者不戴口罩就要进场，有的帮工属于红码却想强

纪实3

行进场，甚至以报警、打投诉电话等形式要求市场放行，主动规范佩戴口罩的意识薄弱。2月24日夜间，一名外来人员想进入南庄兜农产品市场采购，但未佩戴口罩，也不愿配合测温，还与市场管理员发生冲突企图硬闯，最终市场管理员只能报警求援。

由于市场监管部门对此类行为没有相应执法依据，物流工作组通过与市场举办方商讨，决定由市场举办方以相关法规和市场管理契约为基础，制定一套市场内部处罚机制，对不佩戴口罩的行为第一次进行警告，第二次罚款并将罚款以爱心捐款名义捐献给慈善机构，第三次停业整顿，累计处罚不佩戴口罩人员800余人，罚款9.29万元。同时，推行“志愿者稽查制度”，被浙江卫视曝光的一位不佩戴口罩经营户，成为物流中心第一名“疫情防控志愿者”，主动戴上红袖章在市场内巡查，督促人们佩戴口罩。

此外，物流工作组建立问题交办单制度，明确各市场举办方的防疫责任人、责任区块，将巡查发现的问题以交办单形式交由市场举办方及时整改反馈，累计发放交办单400余张，完成问题整改900余个。这一举措得到了各市场举办方的积极响应，如杭州地利集团作为蔬菜批发交易市场、果品批发市场、水产品批发市场的举办方，设立了市场领导带班值守制度，安排市场领导参加市场进出口的值班、检查工作。

3月23日至24日，杭州地利集团和杭州五丰联合肉类有限公司分别将印有“抗击疫情夜以继日，迎难而上守护平安”和“亲企惠民敢作为，防疫保供显担当”的锦旗送到余杭区市场监督管理局，向疫情期间全力奋战在物流中心的市场监管人员表示感谢。

纪实4

物流卡点的铿锵玫瑰

良渚街道紧邻杭州市主城区，属于城乡接合部，面积大、人口多，当时街道、村社人员力量已经都用在了小区、村庄、道路卡点上，交管部门人员力量也不足。余杭区市场监督管理局党委书记、局长胡昕得知后，在全局人员力量已经全部投入防疫监管工作的情况下，克服人少任务重等困难，每天调剂出30名工作人员支援2个物流中心周边道路交通检查卡点，配合交管部门承担起24小时全天候防疫检查管控工作。由于前期支援物流中心夜间巡查的36名执法骨干均为男同志，13个市场监管所执法力量也必须保障，因此此次支援物流卡点的工作人员只能从局机关、下属单位抽调，其中90%以上为女同志。

不同于2016年G20杭州峰会期间的公路检查站值守，此次物流卡点值守面临着低温多雨雪天气、防疫物资紧缺、时间紧人员少等诸多不利因素。2020年初春的杭州，雨雪连绵，给人带来的是钻到骨子里的湿冷感，而卡点是用活动板房、雨棚临时搭建的，为了保持通风、减少聚集，工作人员只能偶尔到室内取暖。余杭区市场监督管理局紧急筹集防寒服、雨衣、雨靴、暖宝宝等防寒物资，但当时各类物资都紧缺，暖宝宝不够用，就优先发给傍晚17：00—24：00和凌晨24：00—08：30两个班次的工作人员。然而穿再多的衣物、贴再多的暖宝宝、喝再多的热水，也挡不住长期在室外值守的寒冷，特别是凌晨时分，又冷又累的工作人员休息期间常常坐在凳子上、靠着雨棚的杆子就睡着了，同事担心这样睡着会感冒只好把人摇醒。最大的挑战还在于防疫物资短缺。尽管防疫物资已经优先保障物流卡点，保证每个班次的每一名工作人员能领到一只新口罩及一双新手套，但防护服和护目镜依旧紧缺，只能采购一次性雨

纪实4

衣充当防护服，护目镜也是反复消杀使用，不少工作人员还自带游泳眼镜充当护目镜。

为提振士气，物流工作组临时党支部在物流卡点成立了“红盾巾帼岗”，各级领导多次前来慰问。在党组织的号召下，物流卡点的女同志们克服困难勇挑重担，每天检查过往车辆千余辆，严把进入物流中心的第一道关。她们之中，有的是尚在哺乳期的新手妈妈；有的是家中上有四老、下有两小，且丈夫也在抗疫前线的家中顶梁柱。她们之中，有的发现额温枪长时间在低温环境下超负荷使用容易导致失灵，就把额温枪揣进自己怀里“保温”；有的在检查车辆时差点被方向偏离的车撞倒；有的被倒塌的雨棚支架刮伤……

除了承担卡点值守工作，她们在值班之外还要做好各自的本职工作。其中，全面负责物价监督检查工作的宋晓英同志，在既要参加物流卡点值守，又要开展余杭区疫情期间价格执法工作的情况下，连续一个多月高强度、快节奏、超负荷工作，让她的身体透支了。身体感到不适后，同事们多次劝她去医院全面检查，但她只是去社区医院打个点滴、简单配点药就返回了工作岗位，后来她被诊断为急性白血病，目前尚在治疗中。所有市场监管人都祝愿她早日康复，期盼她早日回归市场监管大家庭。

在此次物流中心防疫保供工作中，宋晓英同志被推选为美丽余杭人，上官苗苗同志获评余杭区巾帼建功标兵，余杭区市场监督管理局红盾青年突击队被授予“杭州市新冠肺炎疫情防控工作优秀青年突击队”称号。

（三）物流不断，确保供应充足稳定

民以食为天。农副产品“保供、保质、保价”是疫情防控期间事

关民生稳定的重大工作。怎样在人流、车辆近乎停滞的状态下，保障物流不中断，提升物流的稳定性、安全性，是又一道摆在物流工作组面前的难题。

第一，建立流动通道。疫情防控期间，许多市场管理员、经营户、保洁员等由于村社管制无法随意进出、正常上班，道路交通检查卡点对来往车辆管控也很严格。物流工作组成立的当晚，就有大量经营户反映送货车辆被拦在了高速路口，鲜活的农副产品眼看着就要腐烂变质。面对人员车辆“进不去”“出不来”的问题，物流工作组根据上级防疫要求与前期人员排查情况，创建了一张“白名单”，为无风险且有进出需求的人员发放“通行证”，持“通行证”人员在测温正常、佩戴口罩后即可出入市场，同时与持“通行证”人员所在村社对接，持“通行证”人员测温正常后可出入住所；开通车辆“绿色通道”，车辆及送货人员凭备案登记准予入场，同时安排专人每日收集未来24小时内即将抵达物流中心的车辆信息，提前与各道路交通检查卡点对接，提高车辆通行效率，积极协调来自重点区域的运输车辆货运问题，另派车辆接驳转运至市场内；采购人员凭身份证等有效证件入场。累计制发人员“通行证”3700余张、车辆“通行证”497张，协调解决13365车次保供车辆通行问题。

第二，保障货源供应。优先保障保供类市场经营和批发业务，充分发挥经营大户和基地直采作用，确保农副产品供应充足、种类丰富。如良渚蔬菜批发市场朱姓经营户和邵姓经营户，在海南、福建、广东、昆明等均设有基地，通过产地采购和基地直发的方式向市场供应蔬菜，供应量占整个市场的8%；五和肉类交易市场沈姓经营户和张姓经营户通过多年建立的渠道组织货源并投放市场，供应量占市场的40%；杭州为家家农副产品配送有限公司、良渚蔬菜批发市场王姓经营户、水产品批发市场董姓经营户均长期为联华、永辉等大型商超供货，物流工作组优先保障这些企业和经营户的正常运营。

第三，加强市场监管。首先，动态监测各大市场商品交易情况，每日统计粮油、肉类、蔬菜、水产、水果等主要农副产品交易量、平均批发价。张贴发放《余杭区市场监督管理局价格提醒告诫书》近5000份，要求经营户明码标价，自疫情发生以来，物流中心未发生一起哄抬物价案件。其次，督促各大市场做好食用农产品检验检测工作，承担物流中心蔬菜全检全测工作的余杭区食品药品监测中心坚持24小时不间断检测，累计抽样74295批次，销毁检测不合格蔬菜74批次，共21739公斤。最后，强化食品安全监管。按照《余杭区市场监督管理局防控新型冠状病毒感染的肺炎疫情工作实施方案》部署，累计出动执法人员6200余人次，检查经营户3000余家次，督促市场严格落实索证索票工作，查验进货凭证、合格证明、供货者信息，严禁活禽、野生动物交易，确保杀白禽“一证两标”齐全、净膛上市，鲜肉检验检疫手续齐全。

纪实5

政企齐心共保生鲜叶菜

杭州宇航梦园农业科技有限公司是一家长期为大型超市供货的大型农业种养殖和配送企业。疫情防控期间，大部分公司员工由于人员流动管控无法顺利返岗，导致公司位于余杭区径山镇的种植基地和位于物流中心的配送中心用工紧张，出现了菜无人收割、无人包装配送的问题。物流工作组得知这一情况后，立即与余杭区委组织部联系，由组织部协调组织了余杭区农业局、余杭区商务局的部分干部及余杭区教育系统的部分教师共70多人，补上了岗位缺口，到田间地头支援公司生产，保障了生鲜叶菜及时收割、包装、配送。

（四）精准服务，有序推进复市复产

进入复工复产阶段，物流工作组在严密防控疫情的基础上，靠前服务，着力为企业纾困解难，把“疫情之危”变为“转型之机”，按下发展“快进键”。

第一，及时推出优惠政策。指导市场建立应对疫情专项帮扶机制，通过优先安排交易仓位、灵活调整市场交易费、临时性资金支持等措施，纾解经营户困难。例如，为帮助建德市的草莓经营户渡过难关，市场优先安排了交易场地，只收取70%的成交费，并承诺凡是年销售额达100万元的建德草莓经营户，都给予1.5%的返利，有8名建德草莓经营户共拿到了27.6万元返利。积极宣传余杭区“企业复工复产28条”“支持个体工商户复工复产8条”及余杭区市场监督管理局《疫情期间市场主体轻微违法违规经营行为容错免责清单》等新政，积极为市场申请补助。例如，根据余杭区市场监督管理局与财政部门联合发布的《关于下达疫情防控期间开业农批、农贸市场补助资金的通知》，为八大市场申请了每家10万元的补助资金。

第二，转型升级广开渠道。落实余杭区委、区政府部署，全面开展“深化‘三服务’、助企开复工”活动，发挥驻扎市场深入一线的优势，累计走访重点企业39家，收集并解决问题8个。例如，杭州五禾餐饮服务有限公司是一家位于物流中心的中央厨房，主营业务是提供大型食堂餐饮服务管理和半成品、速冻食品的加工。面对食堂餐饮服务业务受疫情影响基本停滞的现状，物流工作组指导企业有效转产，开拓快餐配送业务。2月至6月，公司共配送快餐24.82万份，销售额309.5万元，弥补了部分经济损失。再如，一些集体配送企业向物流工作组反映原料采购难、价格高等问题，而此时的蔬菜批发交易市场却陷入了蔬菜销路不畅、堆积腐烂的尴尬境地，物流工作组汇总了集体配送企业和物流中心各大市场的农副产品供销信息，为双方建立了信息交流渠道，帮助双方解决了各自的难题。

第三，数字赋能食品安全。进入常态化疫情防控阶段后，物流工作组意识到加快提升食品安全治理数字化水平的重要性和紧迫性。在余杭区市场监督管理局全力支持下，依托2019年建立的余杭区“融食安”食品安全治理平台，充分借鉴“余杭绿码”理念，2020年5月20日，余杭区食用农产品批发市场数字化治理平台在水产批发市场正式上线运行，全国首创以“食安码”红、黄、绿三色管理为基础的食品交易模式。经营户通过“食安码”手机App，即可便捷完成水产品报备、进场、检测、交易等全过程，实现农副产品入场来源可溯、出场去向可追、场内实时闭环管理，全链条追溯。三色“食安码”的使用将推动农批市场食品安全管理从粗放型向精准型、动态型转变，推动食品安全监管理念从“事后处罚”向“事前防范”转变，倒逼食品产地建立健全“准出”制度，加强食品安全“源头”治理。

纪实6

24小时建成员工之家

2020年2月9日一早，杭州农副产品物流中心员工之家迎来了第一批入住员工。

“条件虽然比不上家里温馨，但该有的设施基本都有。”良渚街道工作人员介绍，每间房约30平方米、4张上下铺。为避免入住人员过于密集，只开放下铺，有独立卫生间和开放的热水房，并给每个入住的员工发放了热水瓶等生活用品。

在推进复市复产的过程中，物流工作组发现复工人员普遍遇到隔离期住宿困难、通行证等证明文件办理需要时间等问题。在良渚街道的全力支持下，第一时间集结街道党员干部、志愿者等300余人，仅用24小时便建成了员工之家，在原鸿艺电子公司旧厂房宿舍

纪实6

基础上完成145间房、1200张床位的改建。分管副省长对此给予肯定，认为“充分体现了余杭速度、余杭力度、余杭温度”。

“这不是某一个部门的事！”良渚街道相关负责人介绍，在物资采购上，经信、教卫、公安等部门联动，第一时间联系周边尚有物资库存的企业，赴湖州、德清等地进行采购；在通水通电上，着力克服管道10年未使用等困难，千方百计抢修故障点、破损点。员工之家还制定了严格的人员进出、就餐管理、应急处置等规定，并每天对宿舍定时消杀，配备了食堂、医务室等，实现员工拎包入住。

【思考题】

1. 面对疫情等突发应急事件，要把握哪几个关键点？

2. 如何在疫情防控阻击战和经济社会发展总体战中有效把控“防控”与“复产”之间的关系？

3. 余杭区市场监督管理局农副产品物流中心市场监督管理所抗疫纪实，对推进治理体系和治理能力现代化有哪些启示？

疫情当前　医保担当

——医保系统应对突发公共卫生事件的“嘉兴模式”

【摘要】为直面疫情“大考”，答好医保“考卷”，嘉兴市医保系统以习近平新时代中国特色社会主义思想和习近平总书记系列重要讲话、指示批示精神为指导，创新形成以构建“一套指挥体系”、落实“两个确保”、善用“三治融合”、发挥“四大助手”、创新“五种办理”、探索“六大机制”为主要内容的“123456”医保系统应对新冠肺炎疫情的“嘉兴模式”，为建立健全医保部门应对重大突发公共卫生事件体制机制提供了有益探索和实践，也为完善医疗保障体制机制贡献了“嘉兴力量”。

【关键词】突发公共卫生事件　医保系统　“嘉兴模式”

2018年，按照党中央和国务院机构改革统一部署，国家医疗保障局在机构改革中应运而生。在利益盘杂、矛盾交织中组建成立的国家医疗保障局肩负着撬动“三医联动”改革、维护人民利益、守护人民健康的重要职责。嘉兴市医保局于2019年1月2日正式挂牌成立，当年底即迎来统一全市医保政策，强化医保基金监管、深化“三医”联动等重大改革任务。在新局刚起步、工作待理顺的情况下，旋即遭遇到新冠肺炎疫情这场前所未有的“大考”。

一、面临的形势

（一）“无准备之仗”

这场疫情，是新中国成立以来在我国发生的传播速度最快、感染范围最广、防控难度最大的一次重大突发公共卫生事件。对于新成立的医保部门来说，无疑是一场“无准备之仗”，前望无经验可循，侧看无模式可依。在应对重大突发公共卫生事件时，暴露出一些医疗保障体制机制上的短板与不足。

（二）医疗保障不健全

目前，我国重特大疾病医疗保险和救助制度尚不健全，统一高效的应急医疗救助机制未全面建立，缺乏应对突发公共卫生事件的法律法规和政策依据。同时，医疗保障制度各统筹区之间存在的碎片化问题，也直接导致了医保待遇的地区差异性。以嘉兴为例，虽然在2019年实现了全市医保制度的统一，但6个统筹区仍有不少细碎的政策尚未完全统一，还存在部分医保待遇高低不一等情况。

（三）医保基金存风险

社会经济发展和人口结构等因素导致医保基金筹资压力日趋加大，基金收入增幅放缓；基金支出刚性增长，基金使用绩效不高，导致基金收支平衡难度较大；医保基金监管制度不健全，定点医药机构欺诈骗保现象不同程度存在，造成医保基金跑冒滴漏。

（四）医保服务待提升

“掌上办”“网上办”系统开发不够完善，办事系统运行不够顺畅，体验感欠佳；医保系统普遍存在经办人手不足与群众办事需求大的矛盾；群众的传统办事习惯一时难以改变，加上网上办事流程较为复杂，扎堆办事窗口仍然是群众办理医保业务的首选渠道。

（五）机构管理难应急

在应对突发公共卫生事件的过程中，定点医疗机构基金结算的常规程序易产生机构垫资压力，难以满足实际救治需求；救治患者必需的药品耗材由于使用量急剧上升，容易出现供应不足的风险；定点药店处于疫情防控一线，缺乏科学有效的管理体系支撑，矛盾隐患凸显。

二、具体做法

疫情防控任务容不得“等、靠、要”，在国家医保局“确保患者不因费用问题得不到及时救治，确保定点医疗机构不因医保总额预算管理规定影响救治”的总体部署下，嘉兴市医保系统迅速行动，创新思路，敢于破题，在面对突发公共卫生事件无规章制度依循、无经验模式参考、无架构机制支撑的“三无”困境下，立足机构职能，举全系统之力，积极助力疫情防控和企业复工复产，构建“123456”医保系统应对突发公共卫生事件的“嘉兴模式”，为医保系统建立公共卫生事件应急机制提供可循路径，为完善重大疫情防控体制机制进行先行探索，为健全医疗保障应急管理体系提供经验参考。

在疫情防控工作中，嘉兴市医保系统践行初心使命，始终把人民群众的生命安全和身体健康放在第一位，从指挥体系建设、救治保障、定点管理、数据应用、公共服务和完善常态化防控下的工作机制等方面，统筹建立推进疫情防控和复工复产的医保“嘉兴模式”，推动建立嘉兴医保突发公共卫生事件应对机制，着力提升嘉兴医保治理能力，加快推进嘉兴市域治理现代化。

（一）指挥体系形成最强合力

作为机构改革新组建的部门，嘉兴市医保局既没有成熟的应对突发公共卫生事件的预案方案和指挥体系，也没有经历过实战的检验。新冠肺炎疫情暴发后，嘉兴市医保系统本着摸着石头过河的思路，根据医保职能，科学研判，迅速成立全市医保系统疫情防控工作领导小组，并下设“一办四组”：领导小组办公室和综合宣传组、机构监测组、系统监测组、医保服务组，明确工作职责，构建全市统一领导、统一指挥、统一部署、统一落实的工作机制，形成“全市一盘棋”的指挥堡垒。实践证明，这套指挥体系基本符合医保系统应对突发公共卫生事件的实战需要。

（二）用足用好医保基金“救命钱”

在以往的疫情防控中，定点救治机构因担心资金保障不力引发的救治不及时或药品耗材不对称进而影响救治效果、患者因担心支付不起昂贵的治疗费用而东躲西藏逃避检测治疗等情况都不同程度存在。此次疫情发生后，国家医保局汲取经验教训，迅速建立起以“两个确保”为核心的医疗救治保障体系，消除了定点医疗机构实施救治和患者接受治疗的费用顾虑，实现“应救尽救、一个不落”，医保基金成为开展疫情防控工作的坚固基石。

嘉兴市医保局第一时间发布《关于做好新型冠状病毒感染肺炎患者医保支付结算相关工作的紧急通知》，对确诊和疑似患者，实行先救治后结算的原则，由医保基金先行垫付费用；同时规定就医期间产生的医疗费用，在基本医保、大病保险、医疗救助等按规定支付后，个人负担部分由当地财政给予全额补助，打消了患者就医顾虑。全市74名新冠肺炎确诊和疑似病人得到了救治保障。

此外，第一时间向定点医疗机构预拨医保基金，确保患者得到即时有效救治，并明确救治费用不列入总额预算，决不因费用问题耽误患者治疗。截至6月底，全市累计向定点救治机构预拨医保基金1.85亿元。推出医保费用月结算“网上办”，全市1730家定点医药机构实现审核结算“不见面”、基金拨付“零延迟”。同时，迅速开通医疗机构线下采购急需药品和耗材绿色通道，将符合卫健部门新冠肺炎诊疗方案的17种药品与医疗服务项目临时纳入医保基金支付范围并按甲类处理。

（三）发挥定点药店的作用

医保定点药店不但是满足市民日常购药需求的“保障点”，也是容易产生交叉感染的“风险点”，更是发现感冒发烧等疑似感染病人的“前哨点”。嘉兴市医保局敏锐地发现定点药店在疫情防控中的特殊地位，善用“三治融合”理念，统筹管理好这扇“小门”。在各地纷纷对定点药店作关闭处理以规避感染风险时，嘉兴市所有定点药店仍然保持开放，主动担当、精细防控、温情服务，既保障了群众购药需求，又分流了医院就诊人群，为全市疫情防控工作分担了责任和压力。

2019年11月，嘉兴市在全省率先成立覆盖全市的医保定点药店行业协会。作为全省首家地市级行业协会，在此次疫情防控工作中，它充分发挥了组织动员和药品供应的功能，加强行业自我管理，第一时间向全市定点药店发出倡议书，全力采购防疫药品、医疗器械产品和消毒产品，确保满足市民购药的基本需求。同时，全市定点药店坚持依法诚信经营，保证药品市场价格稳定，未出现囤积居奇和扰乱市场价格等情况。据监测统计，定点药店次均费用与2019年同比基本持平。

疫情防控期间，针对全市日均3万多名市民到定点药店购药的实际情况，嘉兴紧盯定点药店“防控措施落实是否到位、体温测量是否规范、实名登记是否严格”三个问题，采取线上监测、线下严查的方法，以“最严监管”确保“购药安全”。组建由医保、商务、市场监管等部门人员参加的10个联合执法检查组，并定期和不定期开展明察暗访，严厉查处不规范行为。建立全市定点药店视频监控平台，将全市1245家医保定点药店全部接入平台，发现问题后立即通知整改。据统计，截至5月底，累计发现各类不规范问题302个，其中，现场整改8家、责令改正23家、暂停医保协议5家。

嘉兴团结凝聚起了药店的抗疫力量，一方面，迅速部署动员全市定点药店的3000余名营业员岗位参与疫情防控，让药店一线营业员成为发热人群的监测点、社情民意的收集点、疫情防控的宣传岗。充分发挥先进典型的示范引领作用，如浙江长红大药房连锁有限公司采购12万只口罩免费赠送市民。据统计，疫情防控期间，全市定点药店共捐赠价值100多万元的医疗防护物资。另一方面，全力做好定点药店营业员的保障工作，迅速向全市定点药店营业员送去慰问信，协调商业保险公司为所有定点药店免费赠送每人价值20万元的新冠肺炎保险。同时，加强心理辅导工作，帮助他们努力克服因害怕交叉感染而产生的恐惧情绪。

（四）医保大数据大有作为

充分发挥医保大数据动态精准、覆盖面广的特性，深入挖掘数据信息，嘉兴建立分析研判机制，研究探索出了一条医保大数据在应对突发公共卫生事件中的应用路径，医保大数据在疫情防控阻击战中“功不可没”。

第一，实名登记采集信息，精准摸排感冒发烧人员。第一时间启动定点药店防控机制，以定点药店为基础，建立了1200多个感冒发烧病人的采集点，制订全国首个地市《零售药店实名购药流程图》，严格进行购买感冒药、退烧药实名登记工作，建立每日报送机制。据统计，2020年1月28日至4月3日，全市定点药店累计实名登记购买感冒药和退烧药45万余人次，包括湖北籍近3000人次、落地高风险人员425人，并对其中373人实施闭环管控措施。此项工作获省医保局、省药品监督管理局发文推广。

第二，筛选筛查参保信息，服务复工复产。通过医保信息系统，对全市413万名医保参保人员信息进行筛查，筛查湖北籍和温州籍在嘉兴参保人员情况。同时，对湖北参保人员异地备案到嘉兴和嘉兴参保人员异地备案到湖北的信息数据进行筛查。将两份数据第一时间上报市疫情防控领导小组办公室并通报公安机关，为协助做好“三返”人员的信息排查工作提供了第一手基础资料。

第三，监测定点药店动态数据，维护药品市场稳定。做好定点药店线上“巡守”，每日对定点医药机构就医结算和防控药品情况开展统计分析和重点监测，截至5月底，共发现各类不规范问题194个并已全部落实整改到位，确保药品供货正常、药价平稳、群众利益得到有效保障。根据异常数据波动，及时组织督导组开展实地巡查。如在发现2月1日市本级3家大型连锁药店双黄连口服液销量激增问题后，迅速组织力量开展实地巡查，确认未出现囤货和哄抬药价的情况。

第四，监测定点医疗机构结算数据，保障医疗救治。实时监测定点医疗机构的基金结算及相关数据情况，跟踪了解定点医疗救治机构财力状况，为及时预拨医保基金提供数据支撑。如在监测中发现3家基层卫生院和1家民营医院作为备用定点救治机构即将启用而面临经费保障不足的情况，嘉兴市医保局实行特事特办、简化程序，仅用半天时间就预拨了每家500万元医保基金，解决了医疗机构燃眉之急。动态做好药械采购数据监测并建立问题快速处置机制，想方设法保障救治所需。

（五）能办事，好办事

随着“最多跑一次”改革的持续推进，医保领域的“最多跑一次”改革逐步迈入深水区。嘉兴市医保系统在疫情的“考验”和“倒逼”下，承压前行、迎难而上，及时推出“不见面办”“特事特办”“延期办”“便民办”“放心办”等便民服务举措，持续深化医保服务供给侧改革，医保经办的服务质量和便捷度得到显著提升。“网上办”“掌上办”业务量占比从2019年的61%提高到87%。

加快推动以网上办事为主阵地的经办服务模式升级，引导参保人员选择浙江政务服务网、“浙里办”App进行“网上办”“掌上办”；推出“邮寄办理”服务，对不想“网上办”“掌上办”，又急需报销后进行资金周转的参保市民，采取线上上传发票和医院诊疗清单等照片，先行费用预审、线下邮寄原件材料再行费用拨付的方式办理报销业务；公布全市医保系统咨询电话，安排业务骨干接听解答医保政策和业务。

嘉兴市长期护理保险制度是覆盖全市城乡居民的惠民政策。疫情防控期间，嘉兴及时出台“六举措”确保稳妥实施长期护理保险制度。“六举措”即：受理不停，方式多样；评定延后，待遇不误；暂停上门，服务累积；远程核查，待遇不断；监管持续，确保安全；爱心助战，宗旨不变。同时，紧急在“浙里办”App上开辟“长护险申办”掌上办理模块，供参保人线上申请失能等级评定。指导嘉善县姚庄医院首次采取网络方式进行专家组评审。截至6月底，全市享受此待遇者达1.47万人。

对因受疫情影响，参保人员无法按时缴纳基本医疗保险费的，延长缴纳时限，在疫情结束后进行补办补缴，其间，不影响参保人员享受待遇。参保人员因异地就医等特殊原因需要凭发票到经办窗口报销的，明确2019年发生的费用，办理时间可以延长到2020年12月31

日；2020 年发生的费用，办理时间可以延长到 2021 年 12 月 31 日。

以便民为最大宗旨，出台简化就医购药规定，“特殊时期”的“特殊药方”有效保障了患者的用药需求。实施“长处方”报销政策，允许医疗机构根据患者实际情况，合理增加单次处方用药量；对高血压、糖尿病等慢性病患者，经医生评估后，支持将处方用药量放宽至 3 个月。放宽转诊备案手续，疫情防控期间参保人员需转外就医，但未在市域内定点医疗机构办理转诊备案手续的，视同已办。依托互联网医院平台，多渠道便捷群众就医购药，就诊过的医保患者可通过互联网医院在线完成常见病和 9 种慢性疾病的复诊及开药、购药、支付、配送全流程服务。

“方便办事”更不忘“安全办事”，制定医保经办大厅疫情防控工作制度，认真做好医保经办大厅室内通风、卫生检测、清洁消毒等工作，消除经办场所疫情隐患，维护现场办事秩序，为参保群众提供安全的服务环境；确保办事群众佩戴口罩、接受体温检测、保持安全距离，确保一线经办人员配备必要的防护用品，同时保护好办事群众和经办人员的健康和安全，让参保群众放心办事、让经办人员安心服务。

（六）疫情防控常态化

随着国内外疫情防控形势的变化，浙江省逐渐由疫情防控阻击战转向“外防输入、内防反弹”的疫情防控常态化，工作重点也从疫情防控转向疫情防控和复工复产“两手抓”。嘉兴市医保系统结合工作实际，及时调整并建立疫情防控常态化下的医保工作机制体系，助力疫情防控和复工复产“两战赢”。

第一，医保基金的应急保障机制得以健全。医保基金具有平时“蓄水池”、战时“泄水池”和临时“活水池”三大功能，嘉兴市医保局按照“以收定支、收支平衡、略有结余”的原则，积极探索医保基金运行管理绩效的评价体系建设。2019年在确保待遇略有提升的基础上，医保基金支出增幅下降了19个百分点，按上年增长率节约支出17亿元，支付能力达到了23个月，为落实“两个确保”和减免企业医保费助力复工复产奠定了扎实基础，形成了“手中有粮、心中不慌”的保障体系。

第二，数据监测和研判处理机制得到锻炼。疫情防控数据分析报告由每日报送制改为每周报送制，对全市医保经办服务、定点医药机构费用结算、基金拨付、确诊和疑似病人医疗费用结算等情况作通盘汇总梳理和分析研判，及时发现可疑情况，预警防范相关风险，落实风险发现和及时汇报处理机制，强化数据在疫情防控常态化下的维稳预警作用。

第三，医疗保障精准扶贫机制得以建立。完善“因病致贫、因病返贫”人员医疗救助工作机制，加强民政救助对象的动态监测比对，及时将符合医疗救助对象条件的低收入、因病致贫人员、贫困边缘易致贫人口纳入医疗救助范围，确保救助“不落一人”。探索研究建立重特大疾病补充保险，有效满足群众多样化的医疗保障需求。

第四，企业复工复产服务工作机制得到确保。按照“两手硬、两战赢”的要求，迅速落实企业缴纳医保费减征缓缴政策，积极助力企业复工复产。截至6月底，已完成减征10.63亿元，落实率月月超100%。持续坚持“三个一”企业返工服务工作机制，即开通一条医企联系专线、推出一个微信政策问答栏目、搭建一个企业交流平台，向企业员工宣传医保政策并解疑释惑。

第五，网格化“三服务”工作机制得以实现。把医保网格化服务作为深化“三服务”的重要内容，由局领导带队深入基层联系点、参保企业走访调研，上门宣传医保新政实施和医保费缓缴减征等惠企政策。深入群众开展服务活动，如桐乡市医保局建立长护险“帮帮团”，在做好长护险待遇享受家庭服务的同时，以家庭为单位制定具体帮扶计划，组织党员志愿者开展家庭助困活动。

第六，“医保之嘉”服务品牌运行机制得以显现。创立“医保之嘉”机关服务品牌，突出“保障和改善民生”属性，着力强化作风建设，创新服务方式，提升服务效能。疫情阻击战打响后，嘉兴市医保系统10多名领导和业务骨干参加市县指挥部集中工作，分别在疫情处置、医疗救治、物资保障等防控小组担任负责人，210多名党员干部积极参与到村（社区）巡察、医学集中观察点值守、车站及高速公路重点卡口值勤、口罩预约电话值班和“你过元宵我守平安”等疫情防控第一线。有些同志以一线为家持续奋战，有些同志克服家庭困难毫无怨言，有些同志想方设法筹集防疫物资支援一线，充分展现了医保系统在应对突发公共卫生事件中“特别能担当、特别能战斗、特别能奉献”的精神。

三、未来展望

医保局在新组建不久就遇到了新冠肺炎疫情的重大考验，在这样的突发公共卫生事件中担当作为、守护生命、维护经济社会发展，成为国家公共卫生应急管理体系不可或缺的使命。从此次新冠肺炎疫情应对中可以看出，强化顶层设计尤为重要和紧迫，在国家层面要建立医保部门应对突发公共卫生事件的应急响应预案和指挥体系；建立完善应对重大突发公共卫生事件的医保政策保障体系，包括实施救治保障、扶企渡难、医疗救助等；建立健全医疗保障全国数据共享平台，完善异地就医直接结算工作机制，提升全国医保数据共享能力。

医保基金的安全稳定运行是实施强有力救治保障措施的基础和前提，医保基金抗风险能力建设将是今后一个时期医保系统的重点工作。要持续深化“全民医保”，努力实现参保人员全覆盖，不断夯实医保基金运行基础。统筹建立合理的医保基金筹资和待遇享受机制，做实医保基金省级统筹，逐步实现医保全国统筹。探索建立医保基金运行管理绩效评价体系，努力提升医保基金使用效率。加大打击欺诈骗保的工作力度，严堵医保基金安全漏洞。建立健全“互联网+监管”工作机制，构筑医保基金“不敢骗、不愿骗、不能骗”的高压态势。

新冠肺炎疫情加速了医保与互联网之间的融合，医保局利用“互联网+”技术，不断加快推进医疗保障改革进程，提升医保便捷服务水平。要以此次疫情防控为契机，加快构筑线上为主、线下为辅的业务经办模式，全力推动医保业务“融合办”，全面推进医保服务数字化转型。构筑医保费用移动支付模式，全力推动互联网医保支付。构筑医保业务“一件事”办理模式，强化部门联动，打破信息壁垒，推进事项联办。构筑医保业务智能经办审核模式，建设智能审核平台，全面提升医保业务经办智能化水平。

医疗保障是一项系统性的民生工程，唯有建立医保与其他部门和单位的工作联动机制体系才能顺利推动各项工作落实落地。要建立与职能部门的工作联动机制，共同推进医保领域改革攻坚任务。建立与定点医药机构的交流沟通机制，共同守护好医保基金。建立与行业组织的工作协商机制，发挥包括嘉兴市医保定点药店行业协会在内的行业组织作用，为深化医疗保障制度改革凝聚更广泛的力量。

【思考题】

1. 医保系统应对突发公共卫生事件的“嘉兴模式”有哪些特点?

2. 如何更好地彰显医保系统在健康中国建设中的地位与重要价值?

3. 如何更好地在浙江打造“努力成为新时代全面展示中国特色社会主义制度优越性的重要窗口”中展现医保系统的担当与作为?

展现铁军担当
筑牢疫情防控的“空中门户”

——浙江省机场集团疫情防控的实践与探索

【摘要】新冠肺炎疫情发生以来，省机场集团认真学习贯彻习近平总书记关于疫情防控的系列重要讲话精神，全力以赴、坚决落实省委各项决策部署，提高政治站位、积极履职尽责，始终保持清醒头脑，准确研判形势变化，发扬连续作战精神，从武汉、境外疫区再到“三省六市”等重点旅客管控，通过大数据筛查等技术手段进一步织牢、扎紧浙江空中防护网，实现重点管控对象不漏一人的目标。按照“外防输入、内防反弹”的总体要求，坚决守好全省“空中门户”，稳步推进复工复产，为确保“两手硬、两战赢”贡献机场力量，展现机场铁军积极担当作为的良好作风形象。

【关键词】疫情防控　“空中门户”

一、背景情况

新冠肺炎疫情突如其来，习近平总书记高度重视，并亲自全面部署疫情防控工作。2020 年 1 月 20 日全国新型冠状病毒感染的肺炎疫情防控工作电视电话会议后，省机场集团作为全省“空中门户”的守卫者，按照省委要求迅速参与到这场疫情防控的人民战争、总体战、阻击战中。

省机场集团下辖7个民用运输机场，通达航点众多，单日旅客吞吐量达到20万人次以上。武汉入浙航班怎么保障？哪些是涉疫航班？涉疫航班旅客如何安置？一时间问题接踵而来。1月23日深夜，杭州萧山国际机场再现特情，在新加坡飞往杭州的TR188航班上，335名旅客中有116名武汉籍人员，这些旅客该如何妥善安排？机场集团面临着诸多挑战：一是面对来势汹汹的疫情，机场集团现有组织架构已难以满足疫情防控的需要；二是疫情态势发展变化快，疫情防控政策变化快；三是机场口岸相对于其他省际交通卡口，输入旅客来源广，信息获取难度大、要求高；四是机场面临疫情防控的同时，还面临着自建亚运重点工程开工复产，助力疫情防控物资运输等一系列难题。

在严峻的疫情形势下确保旅客的生命安全与“空中门户”的安全正常运行，有序推动机场建设复工复产，确保不因疫情影响项目工期，成为机场集团一项迫切的创新内容和改革任务。截至7月20日，全省机场共测温14.02万架次，1599.78万人次；累计排查密切接触者乘机1593人，劝返356人，控制并移交疾控部门1237人；累计排查并管控涉国际疫区旅居史旅客入浙航班1477架次，20157人，处置率达到了100%；做到了重点管控对象不漏一人。

二、主要做法

（一）强化领导，夯实疫情防控政治堡垒

第一，以坚定的执行贯彻力搭建专班，当好主力军。作为全省航空产业发展的主力军，省机场集团党委始终将疫情防控和复工复产作

为当前最重要的政治任务，努力将政治优势转化为工作优势，快速响应，全面加强组织领导。1月20日全国新冠肺炎疫情防控工作电视电话会议后，集团党委快速行动，21日一早首次召开新型冠状病毒感染的肺炎疫情防控工作视频会议，连线各机场、直属公司传达并学习中央对疫情防控工作的重要批示指示精神，部署和落实省委、省政府相关工作要求。迅速成立疫情防控工作领导小组，设置“一办六组”机构，实施例会机制、周报机制和联络员机制等“三项机制”，并将“零输入、零输出、职工零感染”作为集团公司疫情防控的总目标。1月23日，省政府启动重大公共突发卫生事件一级响应，集团公司迅速响应，当天下午即召开专题会，启动集团公司重大公共突发卫生事件一级响应，并全面开展所有到港航班旅客的测温排查工作。1月27日、28日（正月初三、初四），集团党委连续召开视频会议传达省委常委会、省政府党组会议和省疫情防控工作领导小组会议精神，确保上级要求的做到当天学习、当天传达、当天部署。1月29日（正月初五）集团所有中层以上管理人员全部提前到岗，进一步充实力量，压实一线防控。省委做出“两手硬、两战赢”的工作要求后，集团党委迅速行动，全面部署客货运输和重大项目建设复工计划，积极推动各项工作落地见效。

第二，以过硬的使命担当力冲锋在前，展现铁军担当。在疫情防控期间，集团和各直属公司两级班子靠前指挥，冲在一线，践行初心使命，体现了机场铁军的担当作为，起到了主心骨的作用。鉴于温州疫情的严峻性，2月1日，集团党委书记、董事长王敏同志带领由党委副书记王安平和三位中层管理人员（自愿报名）组成的工作组赴温州机场指导疫情防控工作，在温州机场连续奋战8天。集团公司总经理郑向平先后赴杭州机场、衢州机场、温州机场、台州机场检查指导疫情防控、复工复产、安全生产工作。集团公司副总经理徐树雄同志作为公司分管应急工作的领导，一直坚守一线，尤其是1月24日（大年三十），在杭州机场新加坡涉疫航班处置过程中，亲自指挥，连续30多个小时奋战一线，最终得以妥善处置该航班。经事后确认，该航班上共有10例新冠肺炎确诊患者，正是由于果断处理，才避免了疫情大面积传播的可能，取得了较好的社会影响。集团公司其他班子成员也都在第一时间（正月初五）到各个机场一线进行慰问，指导疫情防控工作，并始终按照疫情工作的分工要求，坚守岗位、履行职责。在集团党委班子成员的示范带领下，集团中层干部克服家庭生活上的各种困难，坚守岗位。

第三，以务实的组织宣传力凝聚正能量，增强斗争力量。疫情防控是一次全民战争，集团党委通过党员发展、干部提拔、员工关爱和典型选树等党员干部看得见、摸得着的务实举措积极推动省委组织部“暖心八条”的落地落实，营造“干部为事业担当，组织为干部担当”的氛围，引导和动员全体党员干部员工在疫情防控斗争中勇于担当作为，聚人心，强力量。一是成立由集团公司副总经理徐树雄任支部书记的疫情防控领导小组临时党支部，同时成立党员突击队45支、团员突击队8支，通过党团组织的战斗堡垒作用团结更多党员、团员和群众。二是按照突出一线、控制数量、严格标准的原则，经基层组织推荐、集团党委审核、省国资委党建处预审，在疫情防控一线破格发展12名党员。同时，对2名在疫情防控工作中坚守岗位、冲锋在前、表现优秀的基层管理人员进行了提拔。三是开展一线员工慰问和防疫知识的再教育，全力确保一线员工防护物资，落实好临时性工作补助的及时发放。通过专题、专栏、专刊大力宣传报道在疫情一线的干部员工的事迹，弘扬“逆行战士”的精神，疫情防控以来，通过官网、微信公众号发布各类宣传报道2000余篇。

（二）多措并举，筑牢空中防火墙

第一，快速响应，高效落实疫情防控政策。目前国外疫情还在肆虐，我国及省内疫情防控工作取得的阶段性胜利，靠的是以习近平同志为核心的党中央在各个关键节点部署了及时有效的防控措施和安排。省机场集团作为浙江疫情防控的“空中门户”的守卫者，深知对国家及省级层面政策快速解读和迅速落实的重要性。省机场集团在疫情防控初期就迅速建立起不同层级的钉钉群、微信群，疫情防控期间很多管控要求的落地都是通过这些即时通信工具传达落实的。例如，1 月 20 日全国新型冠状病毒感染的肺炎疫情防控工作电视电话会议后，集团迅速反应，紧急通过微信、电话部署各机场立即开展武汉进港航班的体温监测工作，当晚杭州机场即刻落实，对 2 架次武汉进港航班进行全员测温。在民航局要求对进京旅客进行测温的同时，26 日率先在全省机场将测温范围扩大到所有进出港旅客，并及时向民航局、航空公司提出协调申请，对全国飞抵浙江的航班进行登机前测温，并提前两天共享旅客信息，使针对重点疫区旅客的防输入工作更加精准有效，持续做好密切接触人员的管控工作。运用“五色图”、健康码和运营商开放的轨迹查询系统等精密智控，简化优化管控流程，既减轻了机场一线员工的作业负担又方便了旅客出行。

第二，联防联控，妥善处置每次紧急特情。疫情防控期间每天都有特情发生。每一次的成功应对，依靠的不只是成熟、完善的预案和应急处置程序，还有保障 G20 杭州峰会重大运输任务后传承下来的不畏艰难、勇于担当、务实果敢、以变应变的浙江机场精神。1 月 24 日（大年三十）下午，杭州机场接到市民爆料，经多方查证，确认从新加坡飞来杭州的 TR188 航班上，335 名旅客中有一个 116 名武汉籍人员组成的团队。该团 1 月 19 日从武汉飞往新加坡，极有可能存在潜在感染病例，一旦病毒携带者进入杭州，后果不堪设想。“疫情就是命令，时间就是生命”，省机场集团按照省疫情防控领导小组的要求，迅速组织联检、公安、民航浙江监管局、相关航空公司等单位召开紧急会议，结合航班运行实际，制定了严密的预案。杭州机场与市防控指挥部的高效联动和妥善处置得到该趟航班旅客的认可和支持。后经证实该航班上集中隔离的旅客中有确诊感染者。得益于对这次特情的果断处置，机场集团成功阻拦了一起疫情大面积潜在传播事件。

第三，以变应变，落实落细涉疫航班管控。随着疫情发展态势的不断变化，从武汉、境外、“三省六市”再到吉林，管控重点不断变化。省机场集团始终加强疫情形势研判，通过周报、周例会机制定期分析研判近期疫情防控重点。始终加强与地方政府、公安、疾控协调联动，积极对目的地直飞或通过其他城市转机至浙江的重点人员航班进行管控，严防疫情倒灌。按照省疫情防控领导小组的要求，持续优化调整管控方案和范围。特别是境外来浙临时航班保障方面，提前与当地政府沟通协调，制定专门的航班保障方案及旅客处置流程，完成口岸防疫能力提升的设施改造，并联合相关部门开展预案演练。

（三）精准预警，精密智控，织密空中防护网

如何扎紧、织密空中防控网络，在茫茫人海中迅速精准锁定重点管控目标是此次疫情防控工作的关键。特别是在严防境外疫情输入阶段初期，国家还没有出台统一对入境人员在第一入境点集中隔离 14 天的管控政策，每天有近千名在其他口岸入境的人员通过转机进入浙江，而旅客前段的国际行程信息获取难度极大，一时间难以掌握，此类人员的漏防隐患极大，防控风险极高。

第一，自力更生，主动靠前。由于前期大数据手段暂时还无法准确锁定境外疫区转机入浙的人员，机场集团便拟定《关于协助做好防控境外疫情输入工作的函》并发各航空公司，联防联控，要求各航司严格执行机上旅客排查程序，提前获取境外疫区转机入浙旅客信息，在信息手段还不能发挥作用之前，就已初步建立起了空地联防联控机制。

第二，多方携手，紧密配合。机场集团积极对接省大数据局、公安等相关单位。每日将省大数据局提供的密切接触者数据库与集团下

属各机场的旅客订票名单进行比对，提前锁定次日需要重点管控的人员名单并推送给各机场。省机场集团持续利用省大数据局提供的密切接触者、境外疫区旅居史计划入浙名单等信息，通过技术攻关与进出港旅客订票信息比对，做到提前精准预警，并将名单导入机场安检系统，只要旅客一通过机场安检就能触发报警，做到实时精准拦截。

第三，创新举措，精密智控。在得知公安将提供人员入境名单后，机场集团主动与省公安厅和机场公安局对接，开展技术攻坚，最终利用系统实现了国内航班离港数据和入境人员数据库实时比对功能，这也就意味着飞往浙江七个机场的每一趟国内航班，只要前方站客机一关舱门，就可以实时精准掌握这架飞机上有哪些旅客是境外回国人员，这有效弥补了由于旅客临时订票引起的疏漏以及前一天比对数据缺失等情况。技术攻坚成功后，机场集团安排专人每半小时为下属机场推送一次国际疫情入境转机入浙名单等重点人员管控清单，真正做到精准拦截，精密智控。

第四，加大投入，关口前移。加强健康码应用管控，构建依码通行的空中通道。引入智能化设备，提升现场管控能力。省机场集团下属各机场积极引入“健康 ETC”等智能验证设备，减少查验人员与旅客的接触，降低潜在传播风险，同时提升旅客通行效率，提高精密智控能力。全省机场全部实现智能“健康 ETC”设备覆盖。其中，杭州、温州的机场航站楼到达大厅还启用了健康码自助验证通道。旅客只需将居民身份证放在查验区，最短只需 2 秒钟就能完成自动识别。自助验证通道的投运，不仅进一步提升了健康码查验的准确度和旅客通行效率，也避免了工作人员与旅客的接触，大大降低了员工的感染风险。针对进港无健康码旅客多为从云、贵、川三地来浙务工人员的情况，机场集团拟定《关于协助做好来浙旅客健康码申请工作的函》并发云、贵、川地区机场集团，争取提前做好浙江健康码推广工作，进一步加强联防联控。

（四）“两手硬、两战赢”，全力推动复工复产

第一，抢通航线，确保空中运输畅通。机场集团迅速组建省防控物资运输路径保障联盟，发布集团应急物资国际运输保障机制，主动协调帮助浙江各地华侨捐赠、采购的国际应急物资的运输，并精心做好驰援湖北的应急物资和医护人员的运输服务等工作。截至 4 月 6 日，集团下属机场保障进港应急物资共 1168.53 吨，其中，经集团协调保障的国际地区入境应急物资 583 吨。截至 4 月 7 日，集团下属机场保障出港至湖北的应急物资共 1528.88 吨，医护人员 1761 名。集团下属机场保障包机回浙医护人员 1983 名。集团下属机场已累计保障进港复工包机 100 架次，来自 12 个省、直辖市、自治区复工人员 13438 人。截至 6 月 14 日，集团下属机场保障运往境外的应急物资航班共 516 架次，货物合计约 8698.9 吨。确保了物资和人员运输的安全、及时、准点。

第二，精准施策，蹄疾步稳推动复工复产。积极落实“两手硬、两战赢”的工作要求，全面推进重点建设项目复工复产。作为亚运重点工程的杭州机场三期项目，按照 2 月底全面复工达产的目标实施责任倒逼，在千方百计解决物资供应问题后，全力抓好工地人员补充这一关键，通过保存量、调增量等各种措施确保施工人员按时到岗，坚决把因疫情耽误的工期抢回来。做好复工复产工作的同时持续做好重点工程疫情防控工作：一是充分发挥施工单位防疫主体责任，督促施工单位持续做好人员管理、消杀管理和台账管理工作，建立防控预案，落实承诺制度，要求施工单位务必做好“一人一档”“一人一证”“一人一码”管理工作。二是严格把控劳动力来源，借助“大数据＋健康码”筛查双保险制度做好返岗人员审核工作。杭州机场三期指挥部根据上级防疫指示要求适时调整对返岗复工劳动力的来源要求，要求施工单位提前搜集近阶段计划返岗人员信息，并交由公安部门进行

大数据筛查，同步搜集计划返岗人员健康码，经“大数据+健康码”筛查双保险通过后，方可报送指挥部，经各项目审核同意后方可返岗。三是发动施工单位采取包车方式接回外地返岗人员，为复工人员的安全出行保驾护航。杭州机场各参建单位先后安排包车百余次，从上海、安徽、江苏、江西、山东、河南、湖南、四川、贵州等地共接回2500余名返岗务工人员，包车返岗人数约占总返岗人数的54%。系列措施的有效实施极大降低了外来人员返岗途中的健康安全风险，提高了返岗复工效率。

在客货运复工上，分阶段落实巴士班线恢复，航班复飞加密等工作，运用疫情“五色图”经验，精细分析复航点的客流趋势和疫情形势，通过保障资源、时刻分配倾斜等措施，激励航空公司尽快恢复航班航线，全力落实省委、省政府关于“动脉要通”的要求。督促各机场落实集团领导“货运要率先全面复工、以货补客”等工作要求，杭州机场全面恢复了全货机航班，宁波机场新增达卡全货机，截至3月16日，集团货运恢复指数已达100%。

第三，引入赛马机制，在全集团开展“争先创优”活动。在前期实施“复产指数”周报的基础上，按照省委相关工作部署，结合集团实际引入赛马机制。将所属各单位的“航空市场”“财务目标”“项目投资”等关键共性指标进行量化，形成浙江省机场集团“争先创优”评比机制，家家比、月月评，推动省内各机场赶超比拼。同时，充分发挥党建引领作用，成立三期党建联盟党员突击队，开展日常巡查，确保防疫工作落到实处。党员突击队由指挥部和各参建单位党员代表组成，每日深入一线，对各施工单位人员管理、消杀管理、台账管理、健康码管理等防疫工作开展落实情况进行巡查并严格记录，对巡查中发现的问题整理通报指挥部各项目组以引起高度重视，并提出合理化建议。

集团四大重点工程项目已于3月11日实现全面达产，用工复工率达100%。其中杭州机场三期工程于2月10日复工，2月29日达产；温州机场于2月24日复工，3月7日达产；舟山机场国际二期工程于2月25日复工，3月10日达产；建德产学研基地于2月15日复工，3月11日达产。集团综合复产指数从2月20日的30%，提升到4月5日的57%。

三、经验启示

（一）高度的政治敏锐性和以人民为中心的发展思想是筑牢浙江“空中门户”的政治保障

浙江“空中门户”守护取得阶段性胜利靠的就是省机场集团党委高度的政治敏锐性和始终坚持以人民为中心的发展思想，始终把人民群众生命安全和身体健康放在第一位，把有效防控疫情工作作为头等大事，时刻关注形势变化，及时响应上级决策部署，确保疫情防控有力有序推进。集团各机场坚决服从集团党委的统一指挥、统一协调、统一调度，明确责任，加强落实。各单位紧急行动，积极参与联防联控、群防群治；广大员工响应号召、敢于“逆行”；党员干部冲在一线、勇挑重担；在危机面前，以人民为中心的发展思想得到了充分践行，汇聚起团结一心抗击疫情的强大力量。实践证明，疫情防控取得阶段性胜利，最根本的是要将以人民为中心的发展思想体现在各项防控制度和政策的制定和实施过程中，贯穿于疫情防控的各个阶段。

（二）完善的应急预案和坚决执行力是筑牢浙江“空中门户”的基石

建构成熟完备的制度体系是需要时间的，不可能一蹴而就，特别是在此次疫情防控中，没有现成的模式能照搬，必须坚持从基本情况出发，根据当下实际、着眼未来发展，在实践中不断探索。制度构建有时存在滞后性，有些危机会出现在制度构建的过程中甚至之前。面对这些问题，我们应该坚定信心、统一认识，继续顺应社会发展潮流，推进治理现代化进程。省机场集团每一次成功处置特情及防控政策不断调整过程中的妥善应对，靠的就是多年来航班保障积累下来的预案和部门协作的经验。机场集团始终抓牢疫情防控的关键核心，按照部门职责，以不变应万变，做好了每一次疫情防控的政策调整落地。在应对本次疫情的过程中，构建起的联防联控机制，采取的依法防控、差异化防控策略等诸多举措，也都进一步提高了机场集团管理的专业性、精准性。

（三）“大数据＋健康码”的精密智控是扎紧、织密空中防护网的核心

习近平总书记多次提出要构建网络强国、数字中国，与2003年抗击“非典”时相比，大数据已在全面支撑主动、精准、科学战疫等诸多领域发挥了关键性作用。此次疫情防控过程中，省机场集团之所以能做到重点管控对象不漏一人，靠的就是精准的信息筛查。疫情防控初期，省机场集团联合航空公司开展联防联控，通过登记旅客信息等手段，做到了重点旅客前端信息掌控，并运用电话、短信等方式提前劝导，减少重点旅客出行。在国外疫情不断蔓延后，集团公司又主动对接公安机关开发了具有民航特色的国内航班离港数据和入境人员数据库实时比对系统，通过“大数据＋健康码”真正做到精准拦截，精密智控。

【思考题】

1. 此次疫情中，省机场集团“空中门户”守卫者的重要性体现在哪些地方?

2. 如何处理好疫情防控阶段的铁腕防控措施与民众正常出行需求之间的关系?

企业零材料　政府零审批　申请秒兑现

——杭州市政商“亲清在线”数字平台的创新实践

【摘要】政商关系涉及政府治理体系、市场治理体系和社会治理体系。在探索社会治理体系和治理能力现代化的过程中，政府必须着力改变传统的治理模式，积极从管理思维转向服务思维，变依法管理为主动服务，着力培育政商共同核心价值观，把“政府致力于优化营商环境，企业致力于健康经营发展”作为价值追求，才能构建起服务零距离、交往等距离、生活有距离的亲清新型政商关系。

2020 年以来，杭州市以习近平新时代中国特色社会主义思想为指导，紧紧围绕推进国家治理体系和治理能力现代化这一战略目标，依托城市大脑，以建设政商直通车式在线服务系统为着力点，整合并协同政府部门、公共机构的涉企数据资源，积极打造全国首创的政商“亲清在线”数字平台，推动政府管理理念和社会治理模式创新，不断提高企业获得感和满意度。

实践证明，让信息多“跑路”，百姓就能少跑腿。为城市治理插上科技的翅膀，既能让城市“耳聪目明”，更能提高公共服务品质、管理精细化程度。“亲清在线”数字平台通过流程再造、数据协同、模式重构等办法，一定程度上颠覆了传统的政企交流方式、政策兑现方式、政务服务方式，体现了“整体智治”的智慧政府治理理念，打通了政策和服务直达企业、直达群众的“最后一公里”。在探索城市治理现代化建设的道路上，杭州还将持续推进“亲清”式的服务变革，并把“亲清在线”数字平台的实践成果转化为制度性成果，驰而不息、久久为功，以此撬动为企服务的各领域改革，加快建设“数字治理第一城”，坚决扛起省会城市的使命担当，奋力展现建设“重要窗口”的“头雁风采”。

【关键词】“亲清在线”数字平台　流程再造　数据协同

一、背景情况

中国特色社会主义市场经济体制下，处理好政商关系，事关政治生态、经济生态的和谐共建，事关国家治理体系和治理能力现代化，事关全面建成小康社会的民生福祉。习近平总书记对此高度重视。2016 年 3 月 4 日，在全国政协民建、工商联界委员联组会上，他深刻剖析了我国政商关系中的突出问题，并以“亲”“清”二字为政商良性互动开出药方。到党的十九大时，习近平总书记进一步强调，“构建亲清新型政商关系，促进非公有制经济健康发展和非公有制经济人士健康成长”，对政商健康交往产生了巨大的推动作用。

2016 年，浙江省委办公厅、省政府办公厅正式下发《关于构建新型政商关系的意见》，就深入贯彻落实习近平总书记系列重要讲话精神，加快构建新型政商关系，努力把浙江建成非公有制经济健康发展的标杆省份，提出了多项举措。2017 年，杭州市出台《关于构建新型政商关系的实施意见》，从促进民营经济发展的角度，提出加强政商沟通和加强涉企服务力度。在后续的相关政策及指引中，杭州逐步提出数字化治理的模式，让民企找政策有目标、有路径、有指引，探索政务服务的新模式。

2020年新春伊始，新冠肺炎疫情席卷而来，全国各地疫情防控工作形势严峻。如何在精准防控疫情的同时，有序推进复工复产，切实减轻疫情对企业生产和员工生活的影响，帮助小微企业渡过难关，是摆在杭州市委、市政府面前一道必须破解的难题。为此，杭州市委、市政府在充分了解掌握企业困难和实际需求的基础上，迅速制定出台了《关于严格做好疫情防控帮助企业复工复产的若干政策》，内容涉及金融支持、社保支持、租金减免、财政补助、服务保障等“1＋12”惠企政策。然而，如何才能破除以往政策落地过程中政企信息不对称、企业申报材料多、政策兑现程序繁、政策资金到位慢等固有问题，同时通过不见面、不间断的方式将“1＋12”的惠企政策快速精准、不折不扣地直达企业和员工呢？只有发挥数字治理优势、打破传统的政策兑现模式，推进线上服务企业的常态化、便利化，实现政府自身数字治理改革，才能实现制定出台“1＋12”惠企政策的目标。

把危机转化成机遇的关键在于实践。为统筹做好疫情防控和经济社会发展工作，杭州应用健康码服务理念，创造性地建设了网上申报复工平台。上线短短几天时间，复工平台上的申请企业就已接近20万家，申请杭州健康码的人数已经突破1000万人。杭州不但实时掌握了企业复工复产和企业员工到岗到位的状态，更重要的是获得了企业和市民对这种全新服务理念的肯定和认可。政商之间实现了如此紧密的连接，是任何城市、任何时候都没有做到过的，这让杭州市委、市政府意识到：政府与企业、个人产生“端对端”联系可以实现，构建新型亲清政商关系、实现政商在线双向平等互动已然具备了现实条件。

2月18日，浙江省委常委、杭州市委书记周江勇专题调研健康码专班时强调，要充分借鉴现有的健康码和企业申报等便民便企的有效方法，尽快建设在线互动政商服务系统，构建新型亲清政商关系。杭州市发改委迅速牵头成立工作专班，坚持挂图作战，夜以继日连续攻坚，3月2日，杭州市亲清新型政商关系数字平台（即“亲清在线”数字平台）正式上线，“1+12”惠企政策陆续通过该平台实现在线一键兑付。7月3日，“亲清在线”数字平台完成全功能发布，“惠企政策”“诉求直达”“在线许可”“互动交流”“绩效评价”五大板块全面上线运行。

二、主要做法

为把“亲清在线”数字平台真正打造成企业“高频使用、爱不释手”的政务服务平台，“亲清在线”工作专班以“大道至简”的理念，围绕“端到端、零干预、即时达”的建设目标，创新思维，打破惯例，通过技术融合、数据融合、业务融合，对政府服务的理念、行为、制度、方法、工具进行全方位改造。“申报零材料、审批零人工、兑现秒到账”的政策直达服务成为平台上线后的最大亮点。

（一）流程再造，实现规则设计的理念转变

李克强总理强调，政策资金要直达地方、直达基层、直达民生。为了让惠企政策能够瞬间快速直达企业和个人，首先要打破政策部门的固有思维，变管理思维为服务思维、线下思维为线上思维。

第一，变“线下思维”为“线上思维”，破解理念转变难题。针对每项上线政策，“亲清在线”工作专班都要事先向各政策制定部门宣讲普及“亲清在线”数字平台背后的服务理念和改革意义，对流程再造进行反复协商、逐项优化，让“在线实时兑付”的理念扎实落地。

打造“亲清在线”数字平台的目标是通过流程再造、数据协同、在线互动，实现政企端到端、服务一键达，其背后支撑的是始终在线

的服务理念、数据协同的治理机制、信用承诺的管理闭环、区块链的信任保障。以“发放企业员工租房补贴”为例，按照政策实施细则要求，企业员工为获得500元租房补贴，需要提交工资条和个人纳税凭单、社保缴纳证明、本人和配偶未享受保障房证明、无房证明、租房合同、结婚证、身份证等7项材料，之后通过企业、街镇、区县、市级部门的层层上报、资金层层下拨环节，前后约需1至2个月。相比之下，按照“亲清在线”数字平台的兑付流程，不需要员工个人提供任何证明材料，而是由政府制定标准、后台数据协同、主动推送政策，企业收到政策信息后，只需在网上填写员工的身份信息、个人账户，并作出信用承诺，之后由系统自动审核，审核通过即直接将补贴款实时发至个人支付宝或银行账户，实现“即报即核秒到账”。

从过去的“层层上报、层层下拨”兑付程序到“零材料、零审批、秒兑现”的直达模式，不仅实现了政策兑付流程、速度的变化，更推动了政府与企业相互关系的变化，政企之间不再是管理与被管理的关系，而是构建起了服务和被服务的平等互动关系。

第二，从“宽严相济”到“适度容错”，消除“风险顾虑多”的问题。在与各部门的沟通过程中，“亲清在线”工作专班从服务的角度研判认为，在大数据比对的条件下，兑付出错的风险可控，对那些受益面广、金额不大、获得感强的政策可从宽进行、适度容错；而在部分数据不可获取的情况下，通过信用承诺和事中事后监管，完全可以在提升服务水平的同时，实现风险管理的闭环。对于率先上线政策的牵头部门，通过积极引导、全面协助，帮助各部门建立起对系统建设理念、政策兑现方式的全新认识，做好兑付前的发布准备、舆情应对准备以及申诉处理准备，把政策兑现的保障全方位做扎实，为“亲清在线”数字平台的统筹建设打好基础。为完善线上服务体验，亲清专班还协调各县（市、区）和各部门按照政策上线进度及时跟进线上咨询交流服务，重点打造“亲清D小二”“亲清对话”等服务机制和

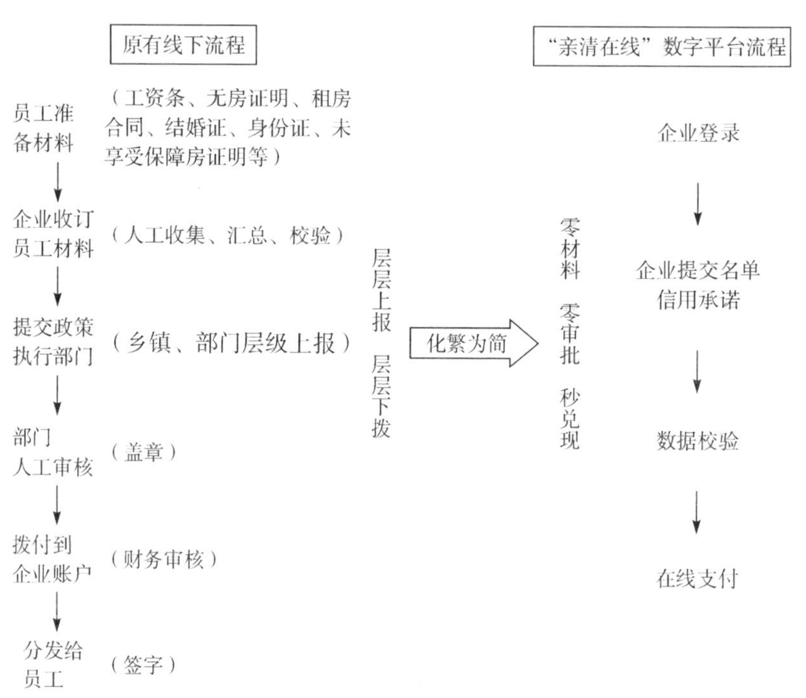

原有线下发放企业员工租房补贴流程与“亲清在线”数字平台兑付流程比较

服务品牌，进一步提升政企平等互动的交流关系。

随着各部门协同合作水平的不断提升，在抓好功能板块开发建设的同时，“亲清在线”工作专班按照每个县（市、区）每月 3～5 项的要求逐步推进政策上线，并不断拓展“亲清在线”数字平台功能，丰富服务企业手段。

（二）打破壁垒，推动数据协同的整体突破

数据协同是“亲清在线”数字平台实现在线精准服务和政策即时兑现的基本依托。但数据共享不畅、质量不高、覆盖不全等问题频频发生，说明数据审代替人工审存在着重大风险，可能直接导致政策事先不可测、事中不能核的情况。为应对这些现实问题，“亲清在线”工作专班以打通数据壁垒为突破口，通过不断提升数据协同能力、改

善数据质量，逐步探索出一条清晰的数据赋能政商关系的新路径。

第一，加强部门协同，全面整合数据资源。为将传统的“企业先申报，政府再审核”转变为“政府先梳理，企业再确认”，大幅减少企业办事环节，“亲清在线”数字平台依托城市大脑中枢系统，在政府端接入市人力社保局、住房保障局、规划和自然资源局、税务局等部门数据系统，按照各类优惠政策标准，调取企业纳税、注册登记、社保医保、不动产登记、用电等信息数据进行交叉计算，提前精准掌握政策兑付的对象和规模。在企业端，企业在登录平台后点击政策、核实信息等板块，无须提交任何材料，即可享受对应优惠政策。

与此同时，针对缺少数据支撑或易于事后抽查的政策兑现事项，“亲清在线”数字平台创新建立信用承诺制，即为了保证兑付资金准确无误，企业和员工在申请兑付资金时，需要确认标准化的《承诺书》，并做出信用承诺，一旦事中事后发现其存在与事实不符的情况，不仅将收回兑付金额，更要将其失信行为纳入诚信档案。

第二，提升数据质量，推进涉企公共数据的共享利用。为打通数据壁垒，“亲清在线”工作专班采用人盯人的方式，在短时间内协调10余个数源部门开放数据，归集数据总量超亿条；对教育部、国家电网、税务局等国家部委或垂直部门，协调其提供数据验证接口，解决数据协同问题。面对频频出现的数据质量问题，如社保数据存在着1万多家企业、3万多个员工不能匹配的情况，通过与社保、税务、市场监管、信用等多方数据源进行交叉比对，利用数据映射等方法，及时完成了数据匹配修复工作。在此基础上，持续推进涉企公共数据整合和共享利用。一方面重新架构并建立以法人社会信用代码为唯一标识代码、贯穿法人全生命周期的全市法人综合数据库，以数据协同促进服务流程优化、业务协同；另一方面，建立数据质量责任制，严格落实源数据质量控制责任，以确保源头数据的准确性。

（三）创新驱动，建立“即时达”财政资金支付新模式

为实现企业员工补贴一键兑付，增强企业和员工收获补贴的体验感和获得感，“亲清在线”数字平台采取了与支付宝合作的方式，由各县（市、区）政策部门开设支付宝对公账户，并通过支付宝代发补贴。但在“亲清在线”数字平台上线后，中国人民银行杭州中心支行在监管中提出，该支付模式不符合国库集中支付管理的现行制度，要求平台优化改进支付服务方案。

问题就是方向。为确保平台平稳运行，实现政策兑付资金在线完成即时支付，“亲清在线”工作专班会同中国人民银行杭州中心支行和市财政局，研究形成了“银行代理”在线支付方案，即由各县（市、区）指定一家预算单位通过银行设立中转专户，银行接到亲清平台的在线兑付指令和兑付对象账号信息后，以垫资方式向企业或个人直接进行拨款，以日为周期，每日定时由国库集中支付代理银行与中转专户就当日兑付金额进行清算。这样的资金兑付办法在全国开创了财政政策资金兑付机制的新模式，既实现了即时达的兑付体验，又符合财政的资金管控要求。

（四）智慧监管，健全信用承诺的闭环管理

“亲清在线”数字平台政策兑付功能自上线以来，充分运用数据协同和信用承诺，实现了政策资金的实时一键直达。但也存在极个别企业未能很好地履行企业主体责任，在实施过程中存在审核不严，甚至违反信用承诺，为不符合条件的员工提供获取补贴的不正当渠道等问题。这些问题和挑战，虽然对系统推进平台建设提出了考验，但同时也倒逼“亲清在线”工作专班尽快建立健全企业信用闭环管理、加强事中事后监管等制度机制，为平台运行提供安全保障。

从技术层面来看，以城市大脑的中枢系统为依托，“亲清在线”

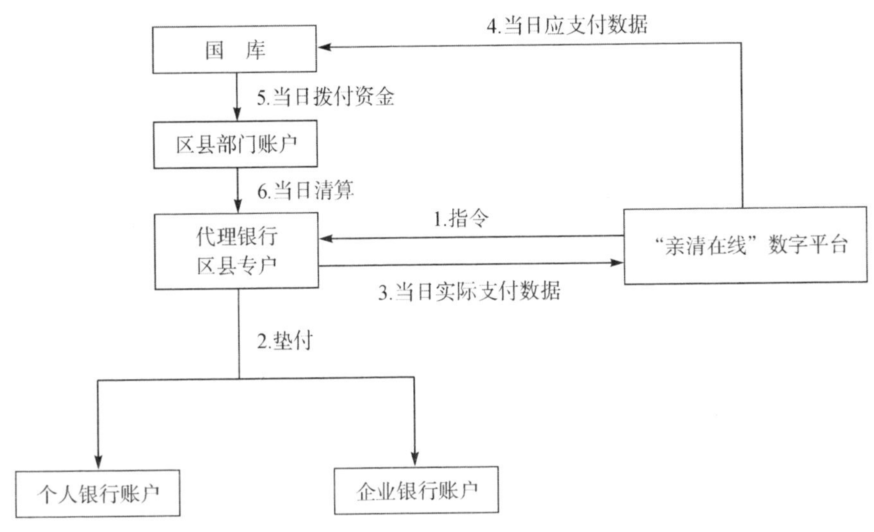

"即时达"的财政资金支付模式

数字平台构建了轻量级、一体化的技术支撑体系，包括公共支付、公共信用、电子证照等通用组件，为各级各部门开发服务应用提供了支撑，还着重强化了网络安全、风险防控、应急处置、在线审计等安全组件，为平台平稳建设提供了坚实的支持。

从管理层面来看，"亲清在线"数字平台依托信用体系的柔性管理机制，以更智慧的监管促进更便捷的服务。充分运用信用承诺和信用奖惩等手段，通过打通杭州市公共信用信息平台，全面融合完善企业公共信用记录和评价，并首次在政策兑付领域建立起基于信用分类的事中事后"双随机"抽查机制，实现了"事前信用可诺、事中风险可控、事后信用可查、失信联合惩戒"的企业信用线上管理完整闭环。在服务过程中，推动企业珍视诚信、敬畏诚信，营造政企诚信互动的交流环境。

三、经验启示

城市会思考，治理更高效。2020 年 3 月 31 日，习近平总书记在考察杭州城市大脑运营指挥中心时指出，运用大数据、云计算、区块链、人工智能等前沿技术推动城市管理手段、管理模式、管理理念创新，从数字化到智能化再到智慧化，让城市更聪明一些、更智慧一些，是推动城市治理体系和治理能力现代化的必由之路。从 2016 年开始，杭州市就已率先谋划建设城市大脑，探索运用数字化手段治理城市的新路径。从“数字治堵”到“数字治城”，再到“数字治疫”，城市大脑让“城市会思考、生活更美好”逐渐成了现实。而“亲清在线”数字平台作为杭州运用数字化手段赋能城市治理的新实践，为加快智慧城市建设、推动城市治理体系和城市治理能力现代化提供了鲜活样板，具有较强的理论价值和实践意义。

（一）“亲清在线”数字平台可亲可信可用，企业的获得感不断增强

“网上申请、简单快捷，关键还秒到账，非常感谢政府”，“真的为杭州政府的效率和温情点赞”，“系统能自动校对，非常智能，效率非常高”……自“亲清在线”数字平台上线以来，高效便捷的兑付体验获得了企业和员工的纷纷点赞。数据显示，截至 6 月 30 日，“亲清在线”数字平台已上线“补贴商贸服务企业”“企业员工租房补贴”“解决双职工家庭看护难”等 150 项惠企政策，兑付资金 18.5 亿元，惠及企业 16 万家、员工 67.3 万人。

企业最需要解决什么、群众最盼什么，就要谋划、推出什么。疫情防控期间，杭州市委、市政府打造“亲清在线”数字平台的目的，就是要在最少打扰企业和员工的前提下，让惠企政策得以直接、精准地落实。“亲清在线”数字平台以“两端一平台”为整体架构。其中，

"企业端"向所有企业开放链接，企业只需通过杭州市"亲清在线"数字平台网站或手机端扫码，使用浙江政务服务网法人账号、法人数字证书账号、国家政务服务平台账号、营业执照编号中的任一账号，即可登录，"一站式"享受政府提供的惠企服务；"政府端"以统分结合模式，在一个主系统下设置多个由县（市、区）、市级经济部门组成的分系统，通过城市大脑中枢实现业务协同、数据协同。

从实际来看，"亲清在线"数字平台是"最多跑一次"改革在政策兑现领域的生动实践，初步实现了企业和员工享受政策"一次不用跑"，在键盘上"最多按一回"。通过该平台，企业无须知道某项具体政策应该向哪个政府部门申请、政府部门内部什么流程，对企业而言就是"一个窗口""一个平台"，政府与企业建立起了端对端的联系。

（二）减少层层不必要的审核，切实为基层松绑减负

"亲清在线"数字平台在更好服务企业的同时，也给政府部门的各项工作带来了很多根本性的改变。

"亲清在线"数字平台之所以能做到政府零审批，关键在于业务流程再造，而这也有赖于后台数据协同。与传统的"企业申报、政府审批、层层拨付"业务流程相比，"亲清在线"数字平台从顶层设计开始，就坚持在线化、大数据思维，凡能通过数据关联、数据比对、数据审核获得信息的，就不再需要企业和个人重复提供，更不需要政府部门再层层审核材料；而只要符合前置条件，即可低门槛甚至零门槛享受，可以大大减少基层工作量。

同时，针对可能出现的企业弄虚作假行为，平台完全可以利用数字技术，让所有的网上活动全部实现可溯源，并结合承诺制和信用体系建设，建立与违规行为对称的惩戒机制，形成政策落实的无缝隙闭环管理。

（三）政策兑付零干预可追溯，扎牢不能腐的“篱笆”

长期以来，惠企政策由于在落地环节赋予行政部门一定的自由裁量权，因而容易演变成行政审批，并导致权力寻租型的变相许可行为。“亲清在线”数字平台客观上推动了政策向公平覆盖、普遍受惠转变，切实筑牢廉政底线。一方面，针对惠企政策兑付过程，可以实现零干预。依托城市大脑和税务、市场监管、人社、房管、电力等部门数据库，企业和员工基础数据直接从各业务部门调取，并由平台在线比对审核，避免了人工干预，有效消除了廉政风险。另一方面，政策兑付路径可追溯。借助大数据和云计算技术，企业和员工享受政策情况实现全程留痕，资金在线兑付情况实时可控，每一笔资金流向、路径都可在线追溯，确保资金安全。

浙江大学公共管理学院教授李金珊对此表示：“以往政策的执行有很多环节，会牵涉许多部门，执行成本很高。‘亲清在线’数字平台上的政策可以直达目标群体，既能降低执行成本，还能避免很多政策执行过程中的寻租问题。”

（四）坚持数字化转型，是一次刀刃向内的政府自我革命

与以往的电子政务只是将线下流程搬到线上办理的模式不同，“亲清在线”数字平台通过对惠企政策进行模块流程梳理、技术开发和服务支持等，全力打造政府服务更加便捷高效、阳光透明的平台，着力实现五大转变：一是政企交流从“上门收集”转变为“在线呼应”；二是政务服务从“坐店等客”转变为“互动平等”；三是政策制定从“大水漫灌”转变为“精准滴灌”；四是政策兑现从“层层拨付”转变为“瞬间兑付”；五是政策效果从“绩效后评”转变为“实时可测”。通过这五大转变，为企业构建了高频使用、高效直达的服务闭环，推动杭州政务服务实现跨越式升级。

按照“清上加亲、在线互动”的理念，杭州市坚持高标准、高起点打造“亲清在线”数字平台。通过流程再造、数据协同、在线互动，将努力实现政府服务更主动、更精准、更即时、更便捷的目标，努力让“亲清在线”数字平台成为企业家“爱不释手、高频使用”的政商服务主入口，为杭州构建数字治理“第一城”打下坚实基础。

值得关注的是，越来越多更具突破性、创新性的服务功能将在“亲清在线”数字平台逐一上线。如“在线许可”板块，以“一键审批”为导向，按照全程在线、流程再造、数据协同的理念，推进在线许可高频事项减事项、减环节、减材料、减时间、减费用，全力打造“线上行政服务中心”，首批已上线83个政务服务事项。其中，由市发展改革委重点推进的“工业项目全流程审批”，从企业视角出发，以流程再造为着力点，打造线上审批全流程智能化引导模式，将原来全流程审批所需的10个工作日，压减到9.5个小时，减少企业填报材料和数据80%以上。“诉求直达”板块为企业提供“诉求一键直达、政府多策纾困”服务，首批已推出“我要招工”“我要租房”等主题式企业诉求反映渠道，支撑政府部门基于企业诉求提供政策的精准供给和资源的在线配给。“互动交流”板块为企业提供“一窗对话、限时办理”服务，全市各级部门已落实千余名“亲清D小二”提供线上实时响应服务。“绩效评价”板块，建立以企业评价为核心的政策与服务评价方法，对各项政策的申领成功率、规模兑付率、金额兑付率、异议处理率等指标进行实时在线监测，建立“多维量化、实时可测”的数字化评价机制。

到2020年底，“亲清在线”数字平台将大幅提升端到端线上服务事项和政策比例，实现惠企服务市域全覆盖。随着“政策在线兑付”“政企在线交流”“许可在线实现”“诉求在线直达”“效果在线评估”等各项功能逐步完善、服务应用不断叠加、政企互动更加频繁，该平台将逐步成为构建杭州市亲清新型政商关系的新平台、政府数字化改革的新抓手、诚信社会建设的新机制、“最多跑一次”改革的又一次新探索。

【思考题】

1. “亲清在线”数字平台与以往的数字化应用平台有什么不同?还能在该平台上推出哪些惠企利民的重要板块?

2. 疫情防控过程中，杭州按下了智慧城市建设“快进键”，如何看待未来数字化技术在生产生活、社会治理中的重要作用?

3. 杭州全力打造“亲清在线”数字平台，从哪些方面可以体现出以人民为中心的发展思想?

打造“复工联盟”助力中小企业渡难关稳增长

——宁波市北仑区的有益探索

【摘要】中小企业在国民经济增长、财政增收、吸纳就业和维护社会稳定方面发挥着重要作用，而中小企业的发展，离不开政府的大力支持和帮助。如何通过政府部门、社区、中小企业和社会各界力量的积极互动，进一步架设服务中小企业的桥梁，提升政府服务的水平，提高企业服务满意度，优化营商环境，营造政社企多赢的局面，是政府一直致力于探索和实践的重要内容。

2020年初，来势汹汹的新冠肺炎疫情给企业尤其是中小企业带来了非常明显的冲击。为尽快组织企业复工复产，扭转经济发展的不利局面，宁波市北仑区进行了一系列有益的探索。3月29日，习近平总书记到浙江考察，第一站就选择了北仑，并对当地做法予以肯定。面对疫情冲击和中小企业存在的矛盾困难，北仑依托现有的工业社区作为“总开关”，成立“复工联盟”，通过党建引领，统筹协调推动优质资源下沉，在快速找到解答难题新题的方法的同时，也加速推动了上级政策的到企落地，打通了助企服务“最后一公里”，做到了全方位立体式为中小企业排忧解难。这种新服务模式的探索，对中小企业高度集中、外向型经济相对发达的北仑而言，无疑具有较强的现实意义。

【关键词】工业社区　“复工联盟”　中小企业

过去30多年中，宁波北仑凭借巨大的临港优势、开放优势，为中小企业的发展壮大注入了强劲动能。过去10年内，北仑规上工业总产值从2009年的1217.3亿元增长到2019年的3211.4亿元，年均增长10.2%。当今一批产值超100亿元的龙头企业，比如海天、申洲、继峰等，都是在北仑本土从中小企业发展而来的。北仑有不少“小而精”“小而美”的企业，全区各类“单项冠军”“隐形冠军”“小巨人”等企业达37家，数量居于宁波市前列。

中小企业是经济的“毛细血管”。北仑工业中小企业总数达6867家，占全区工业企业总数的90.8%，其中，属于“246”产业企业的（宁波“246”现代产业集群发展规划，包括2个“万亿级”产业、4个“五千亿级”产业、6个“千亿级”产业）6178家，占全部中小企业总数的89.9%。中小企业在产值、外贸、固定资产投资、纳税等指标上占据重要分量，贡献了近50%的税收、60%的地区生产总值、70%的技术创新和80%的就业，在增加就业、促进经济增长、推动科技创新与社会和谐稳定等方面具有不可替代的作用。此外，北仑中小企业总体上还具有质量效益优、集群优势大、增长动能足等特点。

然而，2020年初突如其来的新冠肺炎疫情，给当地的经济社会发展尤其是中小企业的经营甚至生存带来了严峻的考验，也给政府和社会组织如何更好地发挥作用、服务好中小企业带来了难题。

一、背景情况

（一）中小企业“化危为机”面临大挑战

灵活度高，但易受宏观形势、市场环境影响，抗打击和抵御风险能力弱，是中小企业与生俱来的特性。在北仑，由于从事制造业和外贸业的中小企业占比相对较高，疫情的到来给几乎所有生产企业按下了紧急“暂停键”，使它们受到了巨大的冲击。

第一，生产订单遭遇“大滑降”。北仑作为外贸大区，经济外向度高达 166%，其中出口依存度达 73%，此次疫情对北仑外贸产生了深远影响，尤其是中小企业遭遇订单断崖式下滑。主要表现为：企业在手订单金额下降，在手订单金额同比下降的企业比例为 51.44%，较 2019 年扩大了 21.6 个百分点，近1/3的企业在手订单下降 30%以上。订单延期取消情况严重，2/3的企业出口订单被不同程度取消，部分企业订单全部被取消，80%的企业存在订单被延期情况。新签订单大幅度下降，第一季度 76%的企业新签订单下降，第二季度 84%的企业新签订单下降，新签订单同比下降 30%以上。订单景气指数和企业信心指数大幅下滑，93.27%的企业对出口前景持一般或不乐观态度，两个指数都出现近三年来最低值。

第二，用工引才陷入“进退维谷”。复工复产初期，“抢人”成为中小企业的首要任务。除了企业想方设法帮助员工尽快返岗，北仑区政府部门更是通过包高铁、大巴等方式，从各省市接回、招聘人员约 1.5 万名，“招工难”问题似乎迎刃而解了。但是人抢到后，随着国际疫情暴发，部分企业出现停工停产的状况，用工需求急剧减少，人员就业压力增大。如信泰机械、拓普集团、侨泰兴纺织等企业员工总计约 2000 人，50%以上出现停产情况，员工实行休假制，部分小企业甚

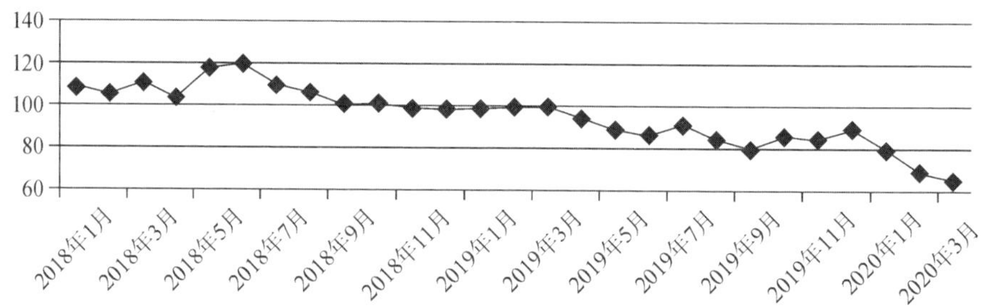

2018 年 1 月至 2020 年 3 月北仑区外贸企业出口订单景气指数走势图

至已全部停工。若疫情不能在短时间内结束，则员工失业风险、不稳定因素会逐渐显现。对不少中小企业家来说，一方面想要裁减人员，担心员工待岗成本可能会拖垮企业；另一方面又必须留住人员，以备疫情结束后之需，这是一个非常艰难的抉择。

第三，现金流面临“生死困境”。对中小企业而言，没有利润是痛苦的，但没有现金流是致命的。疫情防控前期，不少中小企业为了抢订单、赶订单而囤积原材料，占用了大量资金，后期因为订单取消，库存量大又进一步加大了资金占用，使得中小企业资金需求普遍更加紧张。特别是外贸流通企业如德傲塑胶、世海通国贸、良生进出口等，因属于轻资产企业，故缺少抵押物，不符合一般性银行融资产品要求，在订单几乎完全被取消的情况下，资金回笼十分困难。虽然全区金融系统积极开展战疫行动，但总体融资需求太大，不少中小企业客户之前和金融机构没有进行过对公信贷业务方面的合作，各类资信材料缺乏或者不规范，疫情防控期间又面临时间紧、人员少等困难，临时补救也来不及。

第四，物流运输遭受“肠梗阻”。全球疫情大暴发以后，我国企业普遍面临着航班船班减少、管控措施趋严、物流效率下降、物流成本飙升等问题，物流严重不畅。对全区 267 家企业（其中 3/4 为中小企业）调研后发现，存在物流不畅及清关不畅的企业比例为 39.1%，如康大进出口公司客户提出货物必须准时送达，经多次协商货物由海运改为空运，额外增加空运费100多万元，企业毫无利润可言；一舟贸易主要向韩国出口海产品，船公司船员到韩国和回国后都要隔离14天，导致运输效率大大降低，3月出口同比下降76%。亿泰、名亿德当时出口基本通过空运，由于航线减少，空运费较疫情前涨了3～5倍。

（二）工业社区深化服务遇到“新瓶颈”

“工业社区”是最具北仑特色的一项创举。为适应驻区企业属地化管理和服务的需要，2007年，北仑依托大港工业城，设立了全国首个不设居委会的纯工业型社区“大港工业社区”，为辖区600多家企业提供全方位服务。在大港成功的基础上，北仑又相继设立了11个工业社区，直接服务中小制造业企业近5000家，约占全区同类企业的80%，服务职工约28万人，各工业社区多年来全心全意服务企业，成效卓著，深受园区内企业的好评，也在全国产生了广泛影响。然而，受疫情影响，这种以往务实高效的贴身服务模式也遭到了严峻挑战。

第一，供需信息获取不对称，踩不准点子。究竟需要停工到什么时候，何时复工？复工对企业有哪些要求？政府层面有哪些政策或制度规定？未到岗员工中有多少人还在重点疫区？多少企业急需复工？多少企业符合复工条件？企业用工需求情况如何？作为政府和企业的中间平台，受限于处处封闭隔离的大环境，面对这些上下都关心的问题，社工们一时间有些茫然无措，很难给予明确答复，对于如何“点对点”帮助企业，过往得心应手的做法不灵了，工作“踩不准点子”。

第二，服务保障任务超负荷，挑不动担子。一方面，社区工作力量与工作量比例悬殊。疫情防控期间，工业社区工作量呈爆炸式增长，社区工作人员每天不分昼夜扫楼清零、走访辖区企业，布置防控工作，日均接打电话可达上万个，社工疲惫不堪。另一方面，社区工作人员能力素质与企业服务需求不完全匹配。据统计，12 个工业社区共有社工 92 名，大学以上学历占 70%，与企业经营管理相关的专业仅占 28%，社工队伍知识能力不够专业，无法满足生产经营、安全管理、文化体育等方方面面的需求，在一定程度上制约了社区的服务保障能力。

第三，资源整合能力较为有限，搭不起台子。作为承上启下的“总枢纽”和“总开关”，这种由工业社区来汇集、整合、配置各类资源的模式，在平时运转起来非常有效。然而，在疫情的特殊背景下，就显得力不从心了。疫情暴发后不久，北仑区委、区政府下派大量机关工作人员，协调大量社会组织人员下沉到社区协助工作。面对分批而来的大量志愿者，如何有效合理地进行分配是一道难题，社区打了一段时期乱仗；此外，对于协调推进银企对接加强金融支持，企企对接进行员工互助，商企对接消化库存等诸多问题，社区工作人员很多时候只是将问题记下来，收集归纳好，再将问题上交，基本难以做到直接提供解法、统筹调配各类资源。

（三）政府部门推动复工复产要解“奥数题”

复工复产，不是简单的加减法题，对于中小企业集中的北仑来说，必须费力解开三道错综复杂的奥数题。

第一，如何推动上下游联动，贯通产业链？当今世界，企业早已不是单一的存在。对于产业链特色鲜明的北仑，仅汽车及零配件产业，一家整车厂就有几百上千家企业为之配套，在区内就有近百家汽配企业为之服务。疫情本身的复杂多变，全球经济环境的低迷，行业市场的萎缩或者消减，这些不利因素集中袭来，对于产业链上的中小企业来说，受到的冲击就是几何倍数级的。如果说早期的复工复产主要是解决同一企业内部“生产经营链”的横向打通问题，那么后期的复工复产则主要是解决不同企业组成的“产业链”的纵向贯通问题，这个外部性问题，光靠企业自身是很难突破的。

第二，如何保障全要素供给，补齐要素链？麻雀虽小，五脏俱全，哪怕是一家规模再小的企业，要重新启动生产经营，也要具备所有开工条件。资本、人力、科技、信息……凡是生产经营所需的要素资源，缺一不可。在复工复产初期，北仑的中小企业，几乎每一家都要面临这样的问题。对于点多面广的中小企业来说，依靠政府保障全要素供给，本就不太现实。按照过去的模式，政府部门往往在人力物力精力有限的条件下，采取“抓大放小”的方法，对于大型企业实施“一对一”保障，以保住经济增长的基本盘。虽然政府对中小企业日益重视，扶持力度不断加大，但本就体量不大的中小企业在要素获取上还是较难分到一杯羹的。

第三，如何强化全方位服务，延伸支撑链？中小企业面临诸多困境，政府和社会自然不能置之度外。复工复产，各个职能部门如何协调配合？一线服务，机关下沉人员怎么统一调配？降费减负等惠企政策该如何制定？社会各界的支援力量该怎么利用？与此同时，中介等市场化的第三方服务主体培育程度不够，尤其在法律服务、通用和专用技术服务、知识产权保护服务等领域，存在着高端服务、体系化服务不够完善等问题；一些行业协会等组织，可能还处于松散阶段，发挥效能仍需要有机整合。疫情下企业要摆脱困境，毫无疑问，政府是最重要的支撑者和领路人。

二、创新举措

（一）基础：工业社区，小平台继续担当大作为

工业社区创立十几年间，曾经创造出很多令辖区企业交口称赞的服务“奇迹”。从党建指导到日常走访，从安全生产到政策梳理，从

相亲活动到企业精品线路打造，可以说，从生产到生活，从产业到服务，社工就像一个个贴身服务的企业管家，无所不应、无所不包。随着大港社区“小马拉大车”经验被《人民日报》报道，工业社区已经成为北仑在全国的亮丽品牌和名片。

疫情暴发后，以提供“保姆式”服务著称的工业社区一度陷入忙乱无序的“疲劳战”，但“轻便灵巧”的工业社区很快就适应了形势，工作也步入正轨，续写着“小马拉大车”的新篇章。在北仑疫情防控、复工复产过程中，党委牵头、致力于服务企业“最后一公里”的工业社区，始终战斗在第一线，发挥着不可替代的作用。对北仑在全国率先出台的“帮扶中小企业共渡难关 21 条”，12 个工业社区在第一时间印制成册，挨家挨户发放并讲解。区政府下达的员工返岗补助、疫情防控补助、展位补助，各工业社区第一时间通知企业和员工，并帮助统一收集信息和证明，同时代为领取。机关党员干部下一线支援疫情防控，工业社区根据下派人员的专业领域和所属部门做好人员分工和任务分配……小小的工业社区平台，在疫情之下，更加凸显出承上启下的运作核心作用。

渡头董社区是一个村企混合、以小微企业为主的工业社区。受疫情影响，村民种植的蔬菜一时难以销售出去，损失严重；同时，辖区企业职工下班去菜场买菜不仅路途遥远，还存在一定风险，社区积极为企业和农户搭建“云菜场”，社区书记化身“卖菜博主”，在社区大厅辟出一席“菜摊”，为双方打造供需“云平台”，实现无接触购销，既帮助社区菜农解决了卖菜难的问题，又让企业职工吃上了放心的新鲜蔬菜。

助力中小企业复工复产，各工业社区奇招频出、成果斐然，与此同时，工业社区也清晰地认识到，帮扶企业，光靠自身力量远远不够，必须探索创新思路举措。一个依托工业社区平台，打造汇集全区力量的“复工联盟”逐渐浮出水面，并很快成为北仑推动中小企业复工复产的最强驱动力。

（二）发展：“复工联盟”，党建引领下的助企倍增器

中小企业要焕发勃勃生机，需要各方力量有机整合、联合发力。北仑首创的“复工联盟”应时应势而生，为今后助力中小企业发展提供了思路和经验。

与一般联盟不同，“复工联盟”是以党建为引领，以工业社区为平台，实施区、街道、社区、企业之间四级整体联动，由工业社区对接政府资源、撬动企业自身资源、最大化引入社会资源，推动各方资源在工业社区平台汇流，充分释放各领域各单位功能“外溢”效应，形成“聚合”态势，为工业社区企业复工复产赋能增效，以促进中小企业发展为主要目标的开放式服务型组织形式。

在此基础上，“复工联盟”基本形成排摸发现问题、多层次解决问题、评价应用结果这一整套闭环运行机制。其一，工业社区精准排摸问题。工业社区织密企业问题灵敏发觉、精准排摸的组织网络，借力企业需求分析模型，摸准掐实企业反映最强烈、需求最急迫的问题，为企业提供精准靶向。其二，企业遇到问题，社区层面能解决的社区自己解决；社区解决不了的，根据问题类型，流转至锋领企服联盟、产业联盟、校地联盟等多方力量协同解决。再解决不了，以专报形式提交街道，甚至区委、区政府。以社区为平台，建立问题发现、流转、跟踪、落实的解决链。其三，把服务企业成效、企业满意度测评结果作为工业社区党组织星级评定和业绩考核的重要依据，把机关部门服务企业成效作为民主评议机关及机关党组织星级评定的重要依据，把机关干部在企服一线的表现作为考察评价干部的重要依据。

“复工联盟”的服务框架已经基本形成。从纵向而言，是由“区委、区政府复工指导组—街道复工指导组—工业社区—企业”等四级组成的双向作用、整体联动基本架构；从横向而言，是由锋领企服联

盟、产业联盟、要素联盟等多个功能性联盟组成的联合聚力、精准发力的平行架构。其中，锋领企服联盟是主导，产业联盟是基础，其他联盟作为重要支撑，共同聚成一个通过党建组织的力量，整合各部门资源，用最快的速度、最便捷的方法帮助企业解决问题的开放式助企服务组织。

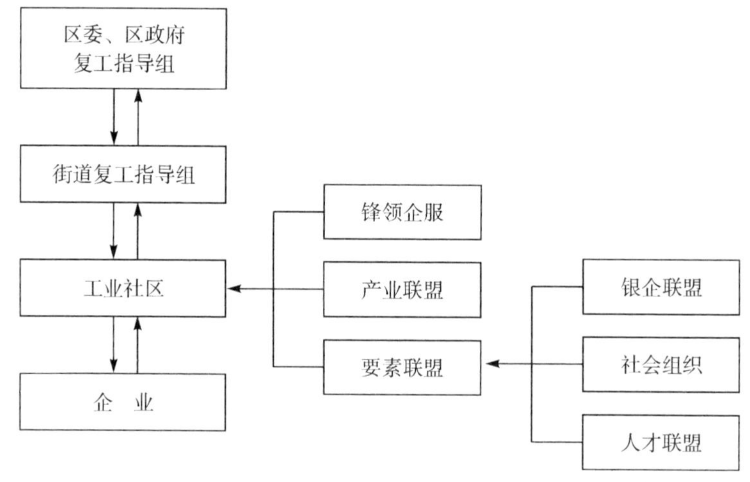

宁波市北仑区“复工联盟”组织架构图

（三）壮大：最强天团，奏响复工复产春之交响乐

从成立之初功能和定位都比较简单的企业复工顾问团，到汇聚多个职能联盟、兵强马壮的组合型天团，“复工联盟”不断发展壮大之时，发挥的作用也越来越大。

第一，下沉部门资源，组建“锋领企服”联盟。面对举步维艰的中小企业，2 月下旬，北仑区委决定，由组织部门牵头，全盘考虑职能部门的职责和资源，整合发改、人社、经信、财政等涉及小微企业服务和审批的 25 个区级部门的力量，成立了 8 支锋领企服小分队，各分队既能独立行动，又可以互相支援配合，形成一个凝聚着权威信息资源和丰富政府公共资源的锋领企服联盟，下沉到工业社区，与社工一道为园区的中小企业服务。

这个联盟的各分队一到基层，就给各个园区的疫情防控和复工复产带来了不一样的惊喜。其中，各类工作清单最具特色。返岗员工服务清单，将与疫情重点地区有关的300余名职工，分成居家（企）隔离、新增返甬和计划返甬三类，为其点对点提供动态监管服务；疫情防控清单，将企业生活区和生产区防疫要点细分为2大项16小项，从新增人员登记、垃圾单独清运、厂区全面消毒、全员体温监测、用餐分批分桌等方面分类施策；优惠政策清单，将该区出台的21条扶持政策及操作细则分门别类制成卡片，逐家发放给企业；部门职责清单，将与疫情防控和复工复产有关的职能部门和工作职责、联系方式印发成册，方便企业查询和联系。

经过不断探索，北仑有效建立了干部主动下沉社区与企业随叫随到相结合的服务模式，形成了“企业呼叫、园区吹哨、部门报到”联动机制。锋领企服联盟既能主动服务，为企业解决共性问题，也能因企施策，解决个性化问题，并逐步形成了企业反映问题、小分队收集并反映问题、服务联盟及时解答回应并解决问题的良性循环，这样一来，企业和政府部门之间的渠道就完全打通，实现了无缝对接。

第二，激活园区资源，组建产业联盟。北仑以工业社区为平台，立足于产业集聚、企业集中、要素集约的区域特点，搭建区域资源统筹调配平台“产业联盟”，推行“员工共享”“空间共享”“物流共享”等“共享系列计划”，推动各类生产经营要素在不同区域、不同行业企业间跨界流动，做到一次性同步复工、一条龙全链服务。

统筹物资调配。为了充分发挥已有资源的整体效用，北仑依托产业联盟推出“供应链超市”，汇聚各个园区的资源和需求。一方面，主动对接园区内与防疫物资紧密相关的外贸、医疗企业等供应商，另一方面以党员志愿者为主体建立服务队，提供项目发布、需求收集、捐赠登记、限时接单、集中采购、快递派送等一条龙服务，对防控物资进行高效配置，既帮助企业减少采购成本，又助力中小企业顺利复工。

协调员工配置。为合理配置人力资源，横杨社区依托“产业联盟”组建“员工周转池”，将各企业赋闲人员信息汇总在一起，加以分门别类，并向他们及时推送企业用工需求，建立求职清单、用工需求清单，形成双向对接。疫情发生以来，累计发动1000余人次，奔赴多家企业一线车间开展作业，缓解了企业的用工难题。

推进链式复工。在灵峰社区，党委及时把模具、汽配两个平时的“产业联盟”转变为战时的“复工联盟”，推动旭升、拓普、华朔等龙头企业与产业链配套企业防疫同推、员工同用、资源同享，推动上下游企业在材料供应、货运物流、产品销售等生产经营环节中链式协同、抱团发展。在“产业联盟”的支撑下，复工10天后，旭升公司95％的供应链企业复工，华朔公司11家配套企业全部打通，带动园区内外102家小微企业复工，园区复产率高达96％。

第三，引入外部资源，组建要素联盟。“复工联盟”在运行过程中，随着形势发展，各职能联盟也不断加入，形成了助力中小企业复工复产的强大合力。

组建银企联盟。在不干预市场经营行为的前提下，引导区内的金融机构与各园区企业主动对接，并视具体情况签订合作意向。在复工联盟牵线搭桥下，大碶高档模具园区企业臻至模具与中国银行成功合作，获得了1亿元的银行贷款，利率只有3.6％。这种将金融机构和企业需求进行对接，建立银企联盟，实行信息共享机制，为广大中小企业发展带去源源不断的资金活水的做法，同样也是“复工联盟”的题中之意。

组建社会组织联盟。北仑共发动86个驻区共建单位和工、青、妇等群团组织力量，共同参与企业服务，同时，还大力孵化专业型、公益型、文体型的社会组织300余个，参与技工培训、金融服务、防疫检查、员工关爱等服务活动，使社会组织成为促进复工复产的助推器。

组建人才联盟。北仑人才机构主动出击，多方协调，聚力企业和人才培养培育机构共同形成“人才联盟”。短短一个多月时间，就成立了宁波高端装备海外工程师协同创新中心，联系对接了200多位海内外高层次人才专家，建成了工程师“蓄水池”。已实现智能制造、高端模具、新材料等领域首批25个攻坚项目的“云签约”。埃利特机械模具有限公司在人才联盟支持下，成功引进海外顶尖专业人才，该企业数字化改造项目在5月顺利实施，预计提高生产效率25%以上，降低生产成本15%—20%。

三、经验启示

通过以工业社区为依托的“复工联盟”的良性运转，北仑在积极应对疫情、全力推动中小企业复工复产等方面取得了明显的成效。为了服务点多面广的中小企业，“复工联盟”充分发挥“在企业身边、最了解企业”的优势，先后经受住了留守职工防疫、企业复工复产、外来员工返岗和企业产能恢复四重考验，全区6867家中小企业，在短时间内，复工率就达到了95.97%，3月以来产能恢复连续达到95%以上，对全区稳增长稳就业起到了极大的推动作用。这一生动实践，为创新和完善社会治理体系，提升基层社会治理能力提供了诸多启示。

（一）优化政府服务必须力量下沉，做到“贴身贴心”

长期以来，各地政府在为企业提供服务时，几乎都不可避免地存在“重大轻小”的问题，与中小企业不“贴身”、不“贴心”的现象普遍存在。北仑以此次防控疫情和助企复工复产为契机，定位破除痼疾，不断优化和提升政府服务水平：一是推动多种力量下沉到一线，与中小企业“贴身”共同战斗。二是安排下沉人员深入企业开展“贴心”调研，全面精准了解企业在复工复产中存在的实际困难，为区委、区政府决策提供准确信息和针对性建议。在全国“放管服”一体化改革的大背景下，基层政府的服务也必须随之下沉，这样才能真正为微观领域的经济主体提供“贴身贴心”的精准服务。

（二）提升治理效能必须整合资源、综合施策

面对疫情，几乎所有的中小企业在复工复产中面临的矛盾困难都是复合型的，无法从单一层面顺利解决。北仑依托已有成熟的工业社区平台，将行政资源、政策资源、产业资源、社会资源等各类资源进行有效整合、综合施策，成为助力中小企业复工复产中的一枝独秀，得到了区内中小企业的一致肯定。从完善治理体系和提升基层社会治理效能的角度来看，注重系统性制度设计和整体性协调运作，也是未来基层社会治理改革的主要方向。

（三）应对重大危机必须灵活应变、善于创新

应对前所未有的重大危机时，必须打破常规思维，与时俱进筹谋应对之措。北仑审时度势，灵活应变，大胆进行了探索和创新：一是开创性地将“工业社区”作为推动中小企业复工复产的“总开关”，让小平台不仅成为政府和企业双向沟通的纽带，也成为各类资源、各方人力的集结点。由党委、政府主导的疫情防控和中小企业复工复产行动，通过这个微型“总开关”展开大运作，实现了“小马拉大车”的良好效应。二是开创性地推动了复工复产各职能联盟的建立和运作，其中“产业联盟”具有一定的代表性，这种以龙头企业为核心，推动产业链整体一致运作助力复工复产的模式，是一种大胆的尝试，也是北仑智慧的充分体现。

（四）延续扩大创新成果必须建章立制、规范运行

面对严峻形势，北仑在推行标准服务、制定《工业社区服务标准清单》、建立统一平台、建立需求排摸机制和考核机制等方面不断深化和创新，取得了明显成效。但有些做法也存在着临时性和不确定性的问题，尤其是对于“锋领企服联盟”这一卓有成效的组织形式，如何建立完善常态化实施机制，更加突出服务的实效性和精准性；机关下派人员能否长期下沉支援基层、下沉人员应该履行哪些职责；工业社区服务企业的责任边界如何划分，等等，都有待于通过建章立制来加以明确，以确保现行的探索和创新能够规范有序地运行。

习近平总书记在北仑考察时强调：我国的中小企业有灵气、有活力，善于迎难而上、自强不息，在党和政府以及社会各方面的支持下，一定能够渡过难关，迎来更好的发展。这体现了他对中小企业生存、发展的高度关注，更为北仑的中小企业发展注入了强大的活力。

应对疫情，北仑的复工复产交出了令人满意的答卷。但是，这场艰苦的斗争也留给我们很多必须解决的课题。面对新时代新形势，优化和提升政府公共服务的方向和路径还有哪些？如何更加有效地提升基层社会治理的治理效能？在重大公共危机面前基层政府该如何从容地应对？这些问题，仍有待于我们进一步思考和探索。对于中小企业来说，本就处在转型升级的阵痛之中，疫情是直接加速其转型还是促使其休克，都需要放在历史进程中去思考。对于疫情中中小企业面临的困境，我们要深入分析，全面权衡，准确识变、科学应变、主动求变，善于从眼前的危机、困难中捕捉并创造机遇，让每一家中小企业都能在改革中找到获得感，在风云激荡中感受到温暖并找到信心。

【思考题】

1. 从推进治理体系和治理能力现代化的角度来看，北仑依托工业社区促进“复工联盟”实践的意义和价值何在?

2. 结合北仑案例分析，新时代优化和提升政府公共服务的方向和路径还有哪些?

番茄从“滞销”到“畅销”的转变

——疫情防控下苍南促进农民增收的实践与启示

【摘要】2020年2月23日，习近平总书记在统筹推进新冠肺炎疫情防控和经济社会发展工作部署会议上提出，要落实分区分级精准复工复产，疫情低风险地区要尽快将防控策略调整到外防输入上来，全面恢复生产生活秩序。要打通人流、物流堵点，放开货运物流限制，确保员工回得来、原料供得上、产品出得去。要组织好产销对接，抓紧解决好贫困地区农畜产品销售难题。要不失时机抓好春季农业生产，组织好农资生产、流通、供应，一些不合理限制要取消，确保农业生产不误农时。

苍南是人口大县，也是农业大县。尤其在龙港撤镇设市后，苍南农业在经济社会发展中的地位更加突出。新冠肺炎疫情发生以来，苍南县把疫情防控作为检验县域治理能力的一场大考，坚决贯彻落实中央、省、市工作部署和要求，举全县之力以最实最严举措打好疫情防控战争，疫情防控率先突围。此后，苍南县根据本地实际，统筹推进疫情防控和经济社会发展，并把促进农业增产和农民增收放在突出位置。针对农业主导产业——番茄种植业在疫情中面临的采摘难、运输难、销售难的三大难题，苍南县政府及相关部门联合行动、精准施策，通过适度放宽工人流动、开辟运输“绿色通道”、推进统购统销等举措，打通了人流和物流堵点，实现了番茄从“滞销”到“畅销”的转变，实现了番茄种植业户丰产增收。苍南县这一做法得到省委常委、温州市委书记陈伟俊和省、市有关领导的高度肯定，得到广大番茄种植户和销售运输人员的普遍好评。

【关键词】疫情防控　番茄销售　农民增收

很多人知道苍南的四季柚、紫菜，但未必知道苍南的番茄。苍南是全国番茄重点产区之一，也是目前全国最大的设施（大棚栽培）番茄产区，在省内乃至全国番茄供应中占有非常重要的地位。截至2019年底，全县番茄种植面积3.2万亩，种植户2000多户，总产量15万吨，总产值7.5亿元，经济效益显著。苍南的番茄产区主要分布在灵溪、藻溪、马站、沿浦等乡镇。最大的灵溪镇种植面积达1.2万亩，有150个番茄临时收购大棚，涉及种植户1000多户，本地番茄交易规模超过4亿元。

苍南的番茄种植始于20世纪90年代初，当时农户以种植露天番茄为主，主要在县城灵溪镇周边市场销售。由于种植番茄比种植水稻等粮食作物增收效益明显，加上政策鼓励农民发展多种经营，县城周边的原渎浦乡平水、郭家车、下汇周等村的农户开始种植番茄，面积在500亩左右。从2000年开始，苍南的设施番茄得到了快速发展，并逐步取代了露天种植方式。

经过多年的发展，苍南的番茄种植逐渐成为全县农业主导产业。早在2013年，苍南的番茄种植面积就已占温州市番茄种植面积的半壁江山，种植规模居全省县区首位。番茄产业的不断升级也产生了综合效应，不仅吸引大量在外务工农民返乡从事番茄产业相关工作，还培养了一批新型职业农民，培育壮大了20多家农业企业，带动农产品加工、储运、销售、服务等一条龙产业发展。如今，苍南番茄产业已经成为苍南农业的一张名片，也是浙江设施蔬菜的重要窗口。

一、新冠肺炎疫情下的番茄“滞销”困局

每年2—5月是苍南番茄集中上市时间，农户都盼着卖个好价钱。尤其是农历正月前后上市的番茄，约占全年产量的60%。曾瑞温是灵溪镇塔里村的番茄种植户，他和妻子种植番茄十几年，目前经营着30亩的番茄地。他说：“算上种苗以及肥料，还有请工人的费用，每斤番茄卖到1.3元，我们才能刚刚回本。”

一旦番茄收购价格低于成本价，农户将会亏本。加上番茄的保鲜期只有一个星期，如果无法早些将番茄外销出去，则会造成浪费。

“你这个医疗本上没有盖章，没有医生联系电话，你身份证也没带，又没有通行证，我们真的是不能给你进。”2月10日下午，灵溪镇运管所所长林新亮正在苍南高速入口处劝返一位从福州来苍南运输番茄的湖北籍司机。

疫情防控下，苍南的番茄产业又一次面临着“滞销”困局。

第一，采摘难。疫情期间正值大棚番茄的采摘季，苍南有9万余吨的番茄等待采摘上市。往年多数装果、挑果工人都是从山东等地来的，疫情期间，人员限制流动，外来工人减少，而本地工人又受限于本村流动，用工缺口巨大，使番茄种植户面临巨大经济损失，影响了基础民生的有效供给保障。如苍南县马站镇中小姑村一董姓种植大户，共种植了30亩番茄。番茄成熟后，他便聘请了十来名采果工人。疫情暴发后，由于人口流动受到限制，帮工人数骤减至3人。此时，该种植大户大棚内有25万斤番茄还未采摘。

第二，运输难。疫情期间全国各地均加强了交通管制，导致贩运

番茄的车辆进出两难。一方面，运货司机考虑到疫情影响，运输意愿不强，运货车辆少。根据产量预计，2020 年 2 月至 3 月，苍南番茄运输共需要 5000 辆次，运输市场求大于供，运输成本明显提高（平时从苍南到上海、江苏 5000 元，疫情期间需要 7000～7500 元）。另一方面，乡村路段采取进出管制，部分高速公路闸口关闭，影响了运输车辆的通行。叶高选是苍南本地的一位番茄采购商，疫情管控前，每天都要向全国各地发送番茄 20 多吨，但受疫情影响，他的运输车辆频频受阻。罗财荣长期运输番茄往返于苍南、湖南两地，疫情暴发后，他的运输生意中断了。

第三，销售难。苍南番茄产业以合作社、个体种植户为主，面积形成一定规模的合作社较少，而采购商更愿意大量收购统一规格的番茄统一运输，往往需要与多家散户或合作社联系。再加上疫情暴发初期，由于温州疫情较重，嘉兴、义乌、福州等省内外市场禁售温州产品，给苍南番茄销售带来直接影响。

以上种种原因叠加，导致全县番茄的收购量和收购价格双双下跌。番茄采摘最早的马站镇，刚开始价格在 3.5～4 元之间，比往年高出不少。但从 1 月 30 日开始，苍南市场番茄价格开始直线下滑，统货收购价降至每斤 1～1.3 元，种植户面临血本无归的风险。收购和销售也相继成为大难题。以番茄收购商章国环为例，以往马站番茄开始采摘的时候，他就在那里收购，每次收购都在 10 万斤以上。但疫情管控实施以后，销量降了一半。

二、破局三法：改革实践举措

温州市和苍南县认真贯彻习近平总书记关于统筹推进疫情防控和经济社会发展的重要指示精神，坚持一手抓疫情防控不放松，一手抓复工复产不放松，突出以人民为中心的发展思想，关键时刻通过政府有效作为和干部科学担当，较好实现了疫情防控与复工复产“两战赢”。

为千方百计保障农业生产和销售，确保控疫情和保生产“两手抓、两手硬”，苍南县政府及农业、交通、公安、防控办等部门联合行动、精准施策、对症下药，通过“三管齐下”有效破解番茄产业“三难”问题，最大限度降低疫情对番茄这一农业主导产业的影响。2020 年全县番茄产量达 18.5 万吨，比 2019 年增加 3.5 万吨。产值达 9.3 亿元，比 2019 年增收 1.8 亿元，种植户户均增收 9 万余元。

（一）实行“6＋3”管理模式，既放宽番茄产供销人员有序流动同时又加强健康管理

番茄销售、复业，离不开采摘这一大前提。苍南想农民之所想、急农民之所急、惠农民之所惠，允许从事番茄生产的工人在县内疫情较轻的区域流通，确保摘、挑、装、搬各个环节不脱节，装好一车番茄的时间从 24 小时缩短到 3 个小时。同时加强对用工人员的健康管理，对用工人员近期活动轨迹、每日体温等进行登记，要求工作期间全程戴口罩，确保防疫、生产兼顾。

灵江片区是灵溪镇下属几个片区番茄产销的集散地，种植面积约 8000 亩，种植户 800 多户，有 99 个临时收购大棚。在疫情之下，当地没有将交易市场直接关闭，而是将番茄交易和疫情防控工作同步推进。在市场出入口处设置卡点，来往采购商和种植户都需登记并测量体温。在市场内部，几十个临时搭起的帐篷内堆满了饱满圆润的番茄，工人们正在忙碌地分拣和装箱，由党员和志愿者组成的队伍在来回巡逻。不论是种植户、工人还是客商，都佩戴口罩、不随意走动，每个人都有很强的自我防护意识。“比起外地，我们这儿的番茄交易算‘热闹’了。”灵江片区相关负责人说。

这一切得益于苍南县推出的番茄临时集散点“6＋3”管理模式。

“6”就是收购管理点“六个一律”：健康红码者和来自重点疫区且无解除隔离证明人员一律禁止进棚工作；棚内所有工作人员一律佩戴口罩；所有工作人员一律每天测量2次体温，并做登记备案；收购大棚及运输车辆一律每天消毒，并做好消毒登记；装箱人员间距一律不少于2米，一个大棚内的工作人员一律不超过15人；大棚管理一律实行经营三包。“3”就是三个举措：组建一支专职管理队伍，由县派干部、镇派干部、驻村干部、村社党员干部、社会组织志愿者等组成，开展全天候巡逻、卡点检查等工作；成立一个临时管理处，由县农业局、县交通运输管理局、灵溪镇农办及灵江片区工作人员组成，主要负责监督收购商“六个一律”执行情况；制定红黄绿“三色通行卡”制度。据马站镇党委书记朱成专介绍，他们结合自身实际，推出“三色通行卡”制度，牢牢地将“两战”主动权握在手中。绿卡，指在辖区内持续停留超过14天，体温正常且健康码为绿色，或在辖区内已解除医学观察后满7天且健康码为绿色的人员；黄卡，指健康码为绿色，临时需进入辖区且来自非重点疫区的人员，或在辖区内解除医学观察后满7天的人员；红卡，指健康码为黄色、红色，或来自重点疫区进入辖区的，或不服从政府疫情防控措施的人员。自2月21日“三色通行卡”全面推广以来，两天时间共发放6万余张，佩卡上街上路的人们已然成为一道亮丽的“风景线”。

在此基础上，灵江片区制定了“民情地图＋卡点＋巡逻队伍”的精密型智控防疫措施，巡逻队5人一组，每日4次开展全域巡逻。同时，建立了“党组织＋党员＋楼长”的精细化网格管理队伍，充分调动楼栋长、志愿者等社会力量，按照“村不漏户（企）、户（企）不漏人、人不漏码”的要求，发动片区居民楼以及番茄收购点的外来人员通过“安e居”小程序以自报或他报形式录入人员身份信息、来苍时间、体温、症状监测、健康码等动态信息，实现外来人员应录尽录，并由后台进行数据汇总。通过这些措施，把番茄产业流动人员疫情防控和复工复产牢牢控制在手中。

（二）开辟“绿色通道”，实行公安、交通、疫控“一站式”办理通行服务

农时不等人，逾时难补。在落实省市“绿色通道”制度的基础上，从2月8日开始，苍南在灵溪、马站等番茄主产区设立了两个临时一站式办理服务窗口，县农业农村局、交通局、交警大队、疾控中心等相关部门通力协作，简化流程，第一时间、第一速度对申请通行证车辆开展统一审核，即时办理，每张通行证上记录了车辆车牌号、驾驶员姓名、手机号等信息，确保一人一车一证，信息明晰可查。10天内共发放512张番茄专用车辆通行证。从2月18日起，车辆通行证办理借助“浙里办”和“温州交警”微信公众号等平台，全面转为线上办理。

灵溪镇灵江片区和美村是苍南番茄集中收购点之一，在该村党群服务中心办证现场，前来办理疫情防控民生物资类专用通行证的番茄采购商及番茄运输车辆驾驶员络绎不绝。

“如果按照原来的办证流程，就要到所在乡镇去申报，然后前往交通、交警、疾控中心等部门。现在是几个部门都在一起办公，一般情况下三个小时以内，现场就可以拿到专用运输通行证。”县农业农村局副局长苏加前说。值得一提的是，为防控疫情需要，每张通行证都有一定时间期限，到期后需重新办理，因此办证工作会一直持续到疫情结束。

“苍南这次结合各种因素采取办证通行的办法，方便了农户、经销商和我们司机。”长途货运司机龚攀峰来自四川，他运了一车共18吨番茄，准备从马站出发前往广州的江南蔬菜市场。在经过高速口时，县公路管理局工作人员章国安接过龚攀峰司机递过来的车辆通行证，将有关信息核对录入平台后，示意交警放行该车。他和同事们正

竭力缩短检验时间，保障群众生产生活物资运输车辆优先、快速通行。

苍南运用“最多跑一次”改革的理念，开辟了“绿色通道”，运用公安机关“数据大脑”等数字技术，准确识别外来司机、经销商和采摘人员的行为轨迹，有效解决了疫情管控下的番茄运输难和疫情防控难的“双重难题”，打通了产销两地之间的人流和物流“双重堵点”，为实现番茄畅销和农民增收奠定了基础。据不完全统计，“绿色通道”开辟后，苍南平均每天向全国各地发送番茄 200 多车，是疫情初期的 10 倍。

（三）实行“化零为整”统购统销，让番茄不愁销不愁卖，行情看好

为了改变以往番茄销售“一盘散沙、各自为战”的局面，苍南县采取“化零为整”的做法，通过“统购统销”帮助番茄种植户在疫情期间打开销路。“统购统销”，就是在全县设立 210 个番茄代收点，引导各番茄种植户将采摘的番茄统一集中到代收点，并由番茄收购商在代收点统一收购、统一销售，确保番茄生产和供给不断档、不脱销。代收点设立以来，每日共有 3000 吨左右番茄销往全国 22 个省市，番茄价格逐步回暖，收购价从低迷时期的每斤 1～1.3 元，回升到每斤 2.7～3.5 元。同时，在条件允许的农贸市场，设立自产自销区，拓宽番茄销售渠道。

在灵溪镇灵江片区，南来北往的收购商们纷至沓来，运输番茄的货车一辆接着一辆，每个人的脸上都洋溢着丰收的喜悦。来自山东的收购商李绍群连续多日在灵溪镇灵江片区一番茄集中收购点内挑选番茄。“我一天运走 20 吨左右，到现在已经运走 600 多吨了。今年的品质可以的。”李绍群兴奋地表示。

在灵江片区江苏村一番茄种植点，种植户黄美钏正在挑拣刚从大

棚内采摘出来的番茄，准备拉到灵江的番茄集中收购点销售。2020 年是他种植番茄的第 7 年，一共种了 13 亩。“亩产还是在 1.2 万斤到 1.3 万斤，每天早上 6 点半到晚上 6 点半我们会在田里采摘。目前，已经采摘到第四茬，可以采摘到 4 月底。”黄美钏笑着说，按照现在的收购价格，2020 年每亩能比 2019 年多赚两三千块钱。

在灵江片区，有 100 多个集中收购点，每个点平均每天能拉走一车，也就是近 20 吨番茄。一天下来，成交量达到了 2000 多吨，也忙坏了装箱的工人们。“早上是 6 点左右就起来装，装到晚上 10 点左右。赶车的话一天要装一百多件，不赶车的话装八九十件。”装箱工人周鑫洋说。

在马站镇中小姑村，党总支书记董如滔忙得连轴转，每天都要联系种植大户，了解每天采摘上市的番茄数量。“现在疫情影响已经过去，行情又旺起来了，采摘量、车辆、收购商每天都在发生变化。”董如滔说。马站镇的大棚番茄种植面积约 8000 亩，其中，中小姑村有 200 多户村民种植大棚番茄，合计种植面积约 3000 亩，是马站镇大棚番茄的主产村。

沿浦镇也是苍南番茄一大产区，全镇约有 370 户家庭从事番茄种植，种植面积 3950 多亩，2020 年平均亩产约 6200 公斤，吸引了山东、广东和上海等地的商贩前来收购。当前的市场收购均价在 2.8 元/斤，全镇日均销售量约 46 车，每车载重 19～28 吨不等，有力保障了广大种植户尤其是种植大户的经济收益。

三、经验启示

此次新冠肺炎疫情防控，苍南县作为户籍人口近百万的人口大县，全县确诊病例只有 9 例，其中，7 例为外地输入，2 例为本地感染，形势平稳。苍南县委、县政府统筹抓好疫情防控和经济社会发展，果断采取有效措施打通番茄产业产、供、销的堵点和难点，番茄总产量和总产值不仅没有下降，还较2019年增长20%以上，广大种植户实现了丰产增收。苍南县在疫情防控下促进农民增收的实践为我们提供了一些有益启示。

（一）必须始终坚持以民为本，把人民利益作为一切工作的出发点和落脚点

疫情影响下，农产品销路与农民务工出路这“两路”受阻，给实现农业增产和农民增收带来巨大挑战。尤其疫情期间正值番茄的上市季，番茄种植户面临着巨大经济损失。作为苍南农业的主导产业之一，番茄产业能否顺利突围，不仅关系着经济社会发展大局，更关系到广大种植户的切身利益。苍南县坚持防控疫情与复产保供“两手抓”“两不误”，把促进农业增产和农民增收摆在突出位置，以番茄产业为“突破口”，积极做好各类农产品产销对接、流通运输保障和技术指导服务等工作，尽最大努力减少疫情给农民收入带来的影响。截至3月底，全县123家农业龙头企业、2739家农业专业合作社、326家家庭农场和2000多家蔬菜种植大户等基本恢复了生产。4月30日至5月31日，苍南还开展了为期一个月的百场直播购活动，县长、乡镇长、村主任走进微信直播间，助力苍南农特产品销售。实践证明，农业、农村、农民问题是关系国计民生的根本性问题，无论形势出现何种变化，都必须把解决好“三农”问题作为全党工作的重中之重，必须紧紧抓住发展这个第一要务不动摇。

（二）必须充分发挥组织优势，让广大党员干部在重大事件中展现担当作为

疫情影响下，苍南的番茄能够逆势增产增收，与广大党员干部的担当作为是分不开的。担当作为首先体现在果断决策上。苍南县作为

户籍人口近百万的人口大县，疫情防控的压力不可谓不大。但为了破解番茄产业的困局，挽回群众的经济损失，苍南在做好疫情防控的同时，第一时间作出了适度放宽工人流动、开辟运输“绿色通道”、推进统购统销等决策，成效显著。可以看出，有关决策者在重大事件面前没有畏首畏尾，而是敢于担当，不计个人得失，把大局和群众利益放在了第一位。其次体现在干部的战斗力和执行力上。在番茄产区的各个卡点、大棚收购点、通行证办理窗口、高速路口，都有苍南党员干部的身影。他们中有县派干部、镇派干部、驻村干部、党员村干部等，在党委的号召下，他们义无反顾地奔赴一线。苍南累计发动了4.4万多人参与卡点值守、体温测量、人员管控、日常巡逻等工作。选派了1407名党员领导干部担任助企服务员，并开展比企业防控措施、比企业复工复产指数、比企业满意度“三比”竞赛活动。最后还体现在部门的协作上。番茄运输车辆通行证的办理，涉及农业农村、交通、疾控中心和乡镇等多个部门。为了缩短办理时间，苍南有关部门通力协作，整合人员力量到番茄主产区设立一站式办理服务窗口，实现了办证“最多跑一次”。实践充分证明，急难险重的任务最能检验干部，艰难困苦的环境最能锤炼干部。大事要事和重大任务攻坚一线是考察识别干部的重要窗口。

（三）必须大力强化信息支撑，以精密智控提升基层治理能力和水平

苍南人口较多，人口流动较为频繁，给疫情防控带来一定困难。尤其是番茄产业的外来人员较多，采购商、采果工人、司机等大多来自外省。苍南以精密智控强化番茄产业人员的健康管理，办理的每一张番茄运输通行证都记录了车辆车牌号、驾驶员姓名、手机号等信息，确保一人一车一证，信息明晰可查。在人员排查方面，苍南因地制宜开发了“安e居”小程序，通过“线下主动排+线上自主报”，做

到排查对象身份信息、手机号码、家庭住所“三统一”，确保外来人员全部查清、全部落地、全部录入。苍南还将基层社会治理与疫情防控相结合，以智能化、精准化、精细化为导向，构建了“疫情图＋健康码＋智控机制”的防控体系，实现“大门”“小门”“家门”联防联控。依托“智慧治理”平台，苍南县对 9 个确诊病例的密切接触者进行了深度追踪，梳理出密切接触人员 631 人，第一时间“找全人、找对人”，避免了内部扩散风险。实践充分证明，运用大数据、云计算、区块链、人工智能等信息技术推进管理手段、管理模式、管理理念创新，是推动基层治理体系和治理能力现代化的必由之路。

【思考题】

1. 如何理解习近平总书记关于坚持以人民为中心的发展思想？如何联系实际，将其贯彻落实到工作全过程？

2. 疫情防控下，苍南番茄从滞销到畅销，种植户实现丰产增收，这一过程是如何体现政府作为和干部担当的？

3. 结合苍南以精密智控强化对番茄产业人员的健康管理，如何认识政府对人工智能、大数据等数字技术的运用在应急管理中的重要作用？

在长三角一体化建设中实现跨区域联防联控

【摘要】 新冠肺炎疫情暴发之后，实现跨区域联防联控，成为战疫的重要内容。长三角生态绿色一体化发展示范区建设作为推动长三角一体化国家战略的重要组成部分，率先探索了跨区域的协同合作。长三角生态绿色一体化发展示范区执委会会同青浦、吴江、嘉善深入研究，建立了 6 项联防联控机制来保驾示范区战疫工作：一是信息动态互通互鉴机制；二是人员流动互认互通机制；三是共保物资运输车辆通行机制；四是交界点临近卡口合检机制；五是应急物资互帮互济机制；六是社会治安联合管理机制。示范区在抗击疫情过程中的一系列创新举措及成效，既是对一体化建设成果的检验，也是实现跨区域抗疫的重要经验。

【关键词】 跨区域　联防联控　长三角一体化示范区

一、背景情况

从 2019 年 12 月起，武汉陆续出现不明原因引发的肺炎病例，后经专家组研判，确定引发该肺炎的病毒为新型冠状病毒。2020 年 1 月

20日，习近平总书记就新型冠状病毒肺炎疫情作出重要指示，要求各级党委、政府及有关部门要把人民群众生命安全和身体健康放在第一位，制定周密方案，组织各方力量开展防控，采取切实有效措施，坚决遏制疫情蔓延势头……坚决维护社会大局稳定，确保人民群众度过一个安定祥和的新春佳节。同日，中国工程院院士钟南山指出新冠肺炎存在人传人现象。鉴于疫情发展态势，浙江省、江苏省和上海市分别成立疫情防控领导小组，并先后于2020年1月23日、24日启动重大公共突发卫生事件一级响应，由此拉开了长三角地区疫情防控的阻击战。

长三角地区交通发达，人员、物资流动频繁，疫情发生时又正值新春佳节，进一步加大了该区域的防控风险。与此相对照，我国的疫情防控工作主要是在党政力量层层推动和组织下开展的，因此具有明显的行政分割的特点。这就造成了长三角区域防控具有特殊性和困难性。

2019年，国家为推动长三角地区协同发展，整合、激发其成为地区乃至全国的增长引擎，将长三角一体化发展上升为国家战略，并制定了相应规划，搭建了相应组织，分步推进落实。其中，长三角生态绿色一体化发展示范区建设作为这一战略的重要组成部分，承担了率先探索区域间协同合作的任务。此次疫情防控，既向这一区域开展联防联控提出了要求，也为推动试点建设提供了契机。嘉兴是接轨上海的“桥头堡”和“门户”，是长三角一体化核心区的重要组成部分，其中，嘉善县、平湖市与上海接壤，嘉善县更是实施长三角生态绿色一体化发展示范区建设的主阵地，成为观察长三角联防联控的重要窗口。

（一）事件发生的主要经过

自疫情防控工作开展以来，嘉善县、平湖市在扎实做好各地区疫情防控各项工作、全力推动企业复工复产的同时，借助长三角一体化优势，与上海、江苏进行了深入对接，探索实行了数据信息联享、交通卡口联防、生活物资联保、防疫宣传联动、应急机制联建等一系列措施，切实守牢浙江“北大门”，筑牢省际边界防护网。

早在 2020 年 1 月底，示范区内的主要道路卡口就实现了“站点合并，一站两检”，这既有利于做好疫情防控，又避免了因行政区划造成的重复设卡检测问题。2020 年 2 月 1 日起，由长三角生态绿色一体化发展示范区执委会牵头，青浦、吴江、嘉善三地就疫情防控合作进行联络沟通；2 月 7 日，中央政治局委员、上海市委书记李强主持召开长三角三省一市主要领导视频会议，明确了 7 项长三角疫情联防联控机制；2 月 13 日，一体化示范区执委会和青浦、吴江、嘉善进行共同商议，联合印发《关于建立长三角生态绿色一体化发展示范区疫情联防联控工作机制的通知》；2 月 18 日，执委会与三地相关部门再次召开协调会，细化方案，共同推动实施。自此，示范区率先探索了通行凭证跨省互认机制，嘉善县与上海青浦区、苏州吴江区三地往来人员、车辆通行证实现互认。示范区内的一系列探索和做法，对示范区外的防控工作产生了积极影响，发挥了很好的示范作用。

（二）面临的主要问题

疫情发生以来，一体化示范区面临的防控压力尤为突出，其中主要的问题表现为三个方面。

第一，交通防控任务重。从区域特点上看，示范区地处两省一市交界处，门户特征和枢纽特征非常明显，承担的不仅仅是两区一县内部人员流动的管理任务，还有沪苏浙大通道人员车辆流动的管理任务。以嘉善陶庄镇平黎公路检查站为例，疫情发生后，每日进入的车辆均在 1000 辆以上，检查任务繁重。而在疫情得到总体控制后，恢复社会生产和生活秩序所带来的交通防控任务进一步加重，以 318 国道芦墟公安检查站为例，2 月 9 日出沪车辆有 539 辆，至 2 月 20 日已经达到 993 辆，仅 10 天左右，车流量几乎增长一倍。

第二，人口流动管控难。示范区内人口众多，常住人口 310 万，建设用地上的人口密度为 4200 人/平方公里。长三角地区外来务工人员多、流动性大，嘉善与吴江、青浦、金山等地的乡间小路密布，给人员管控、基础排摸等工作带来较大难度。而且，由于部分人员居住地与工作地不在同一行政区域内，每天的上下班通勤要耗费大量检测时间，既影响企业生产，又增加了很多不必要的检测任务，嘉善曾有企业一度出现排队几百米等待上下班的情况。

第三，物资运输手续多。疫情发生初期，各地对物资运输车辆排查严格，一些手续不全、没有备案的车辆下不了高速，只能返回。长三角地区物资运输量大，一些车辆虽有当地的通行资格，但各省的手续、要求都不尽相同，一旦跨省就不被认可，导致一些重要物资要大费周折才能转运成功。

二、主要做法

新冠肺炎疫情形成以来，实现跨区域联防联控，成为战疫的重要内容。长三角生态绿色一体化发展示范区积极发挥作为试点区域的先行先试优势，率先探索了跨区域的联防联控工作，并取得了显著成效。

（一）主要思路

面对疫情防控的艰巨任务，示范区利用自身优势，寻求联防联控的对策思路。

第一，积极依托示范区协调组织体系。按照《长三角生态绿色一体化发展示范区总体方案》的要求，示范区在长三角一体化发展领导小组领导下，于 2019 年 11 月成立了两省一市一体化示范区理事会和执行委员会，负责示范区内发展规划、制度创新、改革事项、重大项目、支持政策等的决策和具体实施。这为在该区域内开展疫情联防联控提供了重要的组织领导基础。一体化示范区积极依托这一协调组织体系，发挥其在组织推动区域内人员合作、资源互济共享、信息共认、治理联管等方面的作用。

第二，重点解决跨区域防控中的突出问题。此次疫情发展迅速、情况复杂，要在不改变行政区划的情况下全面统筹示范区内的疫情防控工作有很大难度，尤其是示范区设立时间较短，许多方面还处于探索阶段。因此，示范区并没有从体制上着手来彻底解决区域联防联控问题，而是针对具体的问题，探索从机制上加以解决，在保障人民生命安全的同时，最大限度维持区域内生产生活秩序的正常开展。

第三，坚持在动态调整中保持联防联控的机动性。由于疫情形势处于不断变化中，这就要求防控工作要具有较强灵活性，能根据疫情的实时变化而做出相应的调整。然而，不同地区的防控工作是在所属辖区自上而下的工作部署中进行的。因此，为了在跨区域形成持久的联动工作局面，示范区坚持区域内建立动态联防联控的工作思路，从而保障区域内的协同防控具有持久性和延续性。

（二）办法举措

为共同做好疫情防控工作，长三角各省市都在努力寻求沟通与合作。其中，长三角生态绿色一体化发展示范区在执委会的组织下，会同青浦、吴江、嘉善开展了多次深入研究，并形成了《关于建立长三角生态绿色一体化发展示范区疫情联防联控工作机制的通知》等指导意见。在各方努力下，实现了信息动态互通互鉴、人员流动互认互通、共保物资运输车辆通行、合并交界点临近卡口、应急物资互帮互济、社会治安联合管理。

第一，建立健全信息动态互通互鉴机制。为了提高各地信息利用率，两区一县加强了信息实时共享程度，加强防控人员排查登记信息、活动轨迹信息的及时推送、交换和比对，加强疫情防控重要举措出台的通报，并实行分类分级联防联控，联合开展疫情研判和风险评估。

嘉善县依托疫情防控App分析系统，全面梳理排查本地重点人员信息，与上海金山、青浦和江苏吴江等周边毗邻地区共享共用，并深入开展大数据研判。截至7月初，累计分析研判数据28.5万余条。充分运用数据共享机制，三省一市统一梳理下发多批以铁路、民航方式来嘉善的湖北籍人员数据信息，汇总交换各自辖区排摸出的重点人员信息，协同开展交通卡口监测和电话劝返工作。

第二，建立健全人员流动互认互通机制。为保障跨区域人员流动，避免重复检测和重复隔离，示范区探索实行两区一县务工人员、本地人员“一人一证”制度，凭一地上岗证或相关通行证可免身份验证，经体温测量通过后，可跨区域自由通行。在毗邻交界道路管控中，共同协商方案，共同实施管控，共同做好宣传。

位于省际边界的嘉善县陶庄镇翔胜村和吴江区黎里镇史北村第一时间封闭了两村往来通道，拉起疫情防控“战线”。但随着生产生活日渐恢复，诸多不便纷纷显现。以家住翔胜村的个体经营户沈某某为例，他在史北村经营废钢铁生意，平常每天至少在嘉善和吴江之间往来四次。封路封道后，他的生产经营受到很大影响。像他这种情况的人员还有很多。为此，按照示范区执委会的指示意见，翔胜村与史北村充分沟通，协商以两村村民的身份证作为省际卡点上的“通关钥匙”，为两村村民必要的生产生活提供便利。

在陶庄镇机关食堂工作的袁某，家住黎里镇，每天他都需要往来陶庄、黎里两地。疫情暴发后，省际边界卡点的严格管控让他的出行十分不便。为了不影响镇村防疫工作，也为了给袁某和像他这种情况的人员出行提供便利，按照示范区管理的统一意见，陶庄镇政府与黎里镇政府进行充分沟通，制作了一批“临时通行证”，为往来两地工作的人员提供证明，使防疫、复工两不误。

第三，建立健全共保物资运输车辆通行机制。为了保障各类物资的通行运输，示范区建立了跨区域物资运输放行制度，完善跨省运输绿色通道机制，切实保障疫情防控必需、城市运行保障必需、群众生活必需、重要企业必需等物资运输车辆通行。

三地设立应急物资和重要生产生活物资运输保障专线电话，全天候 24 小时接受咨询求助，及时协调和解决驾驶人员遇到的各种难题。在绝大部分卫生检疫站点专用通道，有针对性地保障应急运输、民生物资运输车辆的优先通行。为进一步优化城市货车通行管理，允许持有“疫情防控应急物资及人员运输车辆通行证”的车辆直接进城，适当放宽其他货车城市通行条件，减少限行区域、缩短限行时间，延长有效期限，切实保障这些物资能够在区域内转运和配送。

第四，建立健全临近交界点卡口合检机制。为避免因行政区划造成重复设卡检测，节省人力、物力等资源，示范区两区一县跨区域通道交界点临近的卡点合并设于交界处，由相邻的区（县）各派人员联合办公，进行卡点疫情检测工作。

在疫情防控行动中，吴江和嘉善两地经协商后，将吴江汾湖境内的苏同黎公路卡口合并至嘉善陶庄卡口，建立了两地一站式查控关口，对两地工作人员、交警、医生和志愿者进行统筹，实行统一调配，使两地查控工作无缝衔接，检查信息直接共享，避免了因行政区划造成的重复设卡检测问题，大大提升了工作效率。

第五，建立健全应急物资互帮互济机制。针对疫情期间防疫物资紧缺的严峻形势，积极开展长三角跨区域合作，共同解决生活物资供应难题。同时，加强跨区域内重要医疗防疫物资、生产性物资、保障性物资、生活必需品的生产能力、库存的信息互通。

在疫情防控中，三地对物资进行了积极有效的相互补给。嘉善主动加强市场新鲜蔬菜、加工蔬菜、水产品等农副产品供给，全力为上海等周边地区提供新鲜优质农产品。比如，防疫工作开始后，将上海农工商超市作为保障生活物资供应定点单位之一，保障农产品供应。积极动员杨庙雪菜、宏联食品等 20 余家农产品加工企业提早复工生产，加大出货量。对定点供应上海地区的 5 万亩农产品生产基地，强化农产品质量安全监测，确保为上海稳定供应优质农产品，每日供应量约 750 吨。

第六，建立健全社会治安联合管理机制。强化市场联合监管、公安执法联动，依法严惩利用疫情哄抬物价、非法收售珍贵濒危野生动物、造谣滋事、妨害公务等扰乱社会秩序和稳定的违法行为，切实保障疫情防控工作的顺利进行，坚持快审严判并及时通报曝光。对情节严重的企业和个人，依法列入失信黑名单。

嘉善县把村（社区）作为疫情联防联控的第一线，发挥“网格连心，组团服务”作用，织密基层村（社区）网格，细化建立 10094 个微网格，依托县级部门、四方红色联盟等各方资源，发动 10134 名党员担任微网格长，充实网格力量。完善落实“五级双联”机制，即城市和农村分别构建“街道—社区—网格—小区—微网格（楼道）”“镇（街道）—村—网格—村民小组—微网格（党员中心户）”五级防控体系，切实做到“城市一长联一楼，农村一长联十户”。同时发布“共同战疫，守卫家园”12 项措施，党员带头、群众参与，齐心协力抗击疫情。累计有 1494 名在职党员参与社区疫情防控志愿服务，506 名党团员教师分时段在小区出入口值守。全面启用红、黄、绿三色嘉兴健康码，嘉善全县各镇（街道）居民小区（村）的出入登记点，均可凭“健康码＋体温测量”快速通行。全面推广使用智安小区疫情防控系统，打造“精密智控社区版”，通过升级智安小区数据采集终端，改人脸识别为身份验证，重新精准掌握小区人、户、房基础数据和人流动态，有效提高了防控的精准度。

（三）主要成效

经过三地的共同努力，长三角地区的跨区域疫情防控取得了显著成效。建立健全了省际防疫检查点联防联控机制，全力做好省际检查点、铁路站点、高速卡口等检查工作，实施“标准化”管控，全面落实标准化管控措施，仅嘉善就累计投入检查人员 11732 人次，检查车辆 22.98 万辆，发放 7000 余张长三角通用通行证，累计排查出湖北等疫情重点区域相关人员 1509 人，劝返 634 人，集中医学观察 199 人，因发热转运定点医院 4 人。通过这些努力，不仅很好地控制了疫情在这一区域的扩散，保障了人民的生命安全，同时也较好地维持了区域内的生产生活秩序。

三、经验启示

在人们的生产生活交往日益频繁、联系日益紧密的当前，疫情防控面临着更多新的挑战。总体上看，应对此类传染病的最有效的方式依然是化整为零，限制人员流动和人际接触。这种方法虽然效果较好，但在长期实施过程中会面临恢复生产生活秩序等现实需要，这便向我们提出了疫情防控中如何恰当、有效把握好调控力度的问题。在行政区域内，地方党政力量可以依靠自身力量对本辖区内的防控工作做出统一部署、灵活应对，但是在跨区域范围，要有效实现疫情的联防联控就变得相当棘手。正是在这一背景下，长三角生态绿色一体化示范区的探索、实践就具有特殊的意义和价值。

（一）建立合作组织，解决联防联控中协作平台缺乏问题

鉴于此次疫情防控形势的严峻性，客观上需要依托一个强有力的

组织进行部署、组织和实施。只有掌握公权力、具有最大动员能力的党政部门才能担负起这一职责。因此，疫情发生后，从中央到地方通过层层落实，采取了快速应对措施。但这种应对只限于行政区划内，对于跨区域的协同防控就显得相对滞后与机械。因此，长三角生态绿色一体化示范区内的联防联控首先由这一区域内已成立的理事会和执委会牵头和推动。理事会和执委会原本就是由三地（上海青浦、江苏吴江和浙江嘉善）党政组织联合成立，代表了三地在推动区域一体化建设中的共同意见。这为开展区域内的联防联控提供了组织沟通平台，从而有利于各地之间解决突出问题、达成一致意见、采取统一行动。对于许多其他未建立类似组织的区域而言，跨区域的疫情防控将有赖于地区之间能否及时建立起沟通协作途径，比如示范区外的上海市金山区和浙江省平湖市就两地之间的人员和车辆互认、卡点的合并联检等进行沟通和合作，但这种合作与示范区内有组织的合作相比，在正式性和广泛性上存在一定差距。

（二）抓好地方防控，解决联防联控中合作基础不牢的问题

跨区域联防联控的基本逻辑在于，各地在充分管控好各自辖区内疫情的情况下，充分共享成果，使得生产生活不受区域切割的影响，进而对辖区内资源进行优化配置，提高防控效率。因此，这个过程是一个不同地区之间相互承认彼此风险控制能力和控制水平的过程。而各地防控疫情的具体做法以及成效是衡量地方风险控制能力和水平的重要标准。

总体上看，长三角地区的社会治理总体水平比较接近，拥有开展联防联控的基础。疫情发生后，各地几乎同时启动重大公共突发卫生事件一级响应，各地的防控强度和力度也维持在较高水平，比如示范区内的嘉善县从街道往下就建立了五个层级的防控网络，并且较早启用了健康码、人脸识别等信息化管理手段，而这些方式也基本在上

海、江苏先后启用。在严密的防控措施下，三地都实现了底数清、基础明、防控体系健全，使得疫情得到了较好控制，为三地之间进行合作提供了基础。

（三）针对突出问题，解决联防联控中目标指向不清晰的问题

新冠肺炎疫情作为突发公共卫生事件，受病毒的传染性、变异性、伤害性等多种因素的影响，具有较多的变动性和不确定性。因此，在最大限度保障人民生命安全和最大限度维持生产生活秩序的目标指引下，能快速、灵活、有效应对出现的各类突出问题，成为疫情防控的重点。对此，示范区执委会会同青浦、吴江和嘉善进行研究，最终聚焦人员流动、车辆通行和物资保障三个重点，并实现在不同行政区划间信息共享、标准互认、检查不重、资源互济等。

当然，面对这场罕见的疫情，示范区所采用的以解决突出问题为联防联控重点的做法，虽然在短时间内取得了较好效果，但也暴露出我国应对公共卫生事件经验不足，以及在跨区域合作中尚缺乏相关应急体系建设等问题。

（四）明确操作方式，解决联防联控中现实目标难落实问题

尽管示范区在分析研究疫情防控形势时找到了跨区域防控中的重点问题，但是要真正应对和解决这些问题，核心还在于建立起明确、可操作的防控措施。对此，示范区以下发文件的形式，将三地之间进行联防联控的具体内容确定为六项机制，并对其中共享的信息内容、互认信息的方式、检查点的设置、互济资源的要求和形式做了明确说明，这为各地、各部门开展对接、合作提供了指引。

【思考题】

1. 本案例对跨区域联防联控中出现的问题作了分析，但未涉及深层次原因。谈谈导致这些问题产生的深层次原因是什么。

2. 总体上看，疫情防控中的跨区域联防联控具有特殊性和临时性。因此，案例中所提到的做法和经验，是否可以长效化？如果可以，如何实现长效化？

机关干部化身驻企服务员
助力企业防疫生产两不误

——嘉兴市建立机关干部驻企服务机制的做法及经验启示

【摘要】习近平总书记强调，要加强经济运行调度，尽可能降低疫情对经济的影响，努力完成今年经济社会发展各项目标任务。疫情期间，我国实行了严格的隔离措施，数万名医务人员“逆行”驰援武汉，数以千万计的党员干部开展信息排摸、看护重点人群、服务复工企业……在重点村社、交通卡口、集中隔离点、企业车间等，都有他们忙碌的身影，体现了中国共产党以人民为中心的发展思想。这其中就包括嘉兴的6200多名驻企服务员，他们在最危险的时候，去最需要的企业“上班”，帮助企业抗疫和复工复产。这是今年嘉兴深化“三服务”活动的第一场重大战役，是打赢发展总体战的重要载体，也是体现红船启航地干部担当作为的重要标志。嘉兴机关干部驻企服务的这一做法，突出了“早”“全”“准”“实”“联”“融”六字诀，进一步优化了全市营商发展环境，畅通了服务企业的“最后一公里”，已经成为嘉兴一手抓疫情防控、一手抓复工复产，“两手抓、两手硬”的品牌。本案例也总结出了五点经验体会，即驻企服务，先要防控疫情，再要复工复产；既要锦上添花，更要雪中送炭；不仅是驻企上班，还要助企发展；既要用心服务凸显“亲”，又要循规守纪践行“清”；既是使用锻炼干部，也是发现选拔干部。

【关键词】机关干部　驻企服务员　防疫　复工复产

一、背景情况

2020年初，一场突如其来的新冠肺炎疫情，一度打乱了我国城乡的运行节奏，加大了经济下行的压力。疫情防控工作，直接关系人民生命安全和身体健康，直接关系经济社会大局稳定。习近平总书记在2月3日召开的中共中央政治局常务委员会会议上，对疫情防控工作作出重要指示：把疫情防控工作作为当前最重要的工作来抓，最关键的问题就是把落实工作抓实抓细。他还强调指出，要切实维护正常经济社会秩序。

疫情发生以来，嘉兴市工业企业复工复产过程中普遍遇到了诸如防疫应急物资紧缺、职工返岗率不高、产业链协作企业复工不平衡、省际物流不够畅通、中小微企业启动资金不足等困境，企业发展举步维艰。为深入贯彻习近平总书记关于疫情防控工作的系列重要指示精神，全面落实中央和浙江省关于疫情防控的决策部署，嘉兴市全力支持和组织推动企业有效抗击疫情、加快复工复产。2月4日，嘉兴出台“惠企21条”一揽子扶持政策，针对所有受到疫情影响生产经营困难的企业以及参与防疫物资生产的企业，通过加强金融支持、稳定职工队伍、减轻企业负担、支持企业外贸出口、降低企业要素成本等一系列举措，替企业复工生产“撑腰”。

但是因为种种原因，企业或心存疑虑，或能力不足，或信息不对称，无力有效防控疫情，也无法有效地利用这些惠企政策，开展复工复产。对此，嘉兴市委、市政府高度重视，谋划在前、行动在先，在深化“三服务”活动的基础上，在全国率先全面实施驻企服务员制度，第一时间选派了6200余名干部担任驻企服务员。他们带着政策措施及热情，奔波在单位与企业之间，或帮助企业制订个性化防控措施，或做好政策解读解惑工作，或协调解决防疫物资紧缺问题，出点子、搭桥梁、搞协调、破难题，推动企业一手抓疫情防控、一手抓复工复产，赢得广大企业的由衷赞誉。

短短一个月时间，全市驻企服务员共梳理企业防控疫情、复工复产过程中碰到的困难、问题7380个，其中，第一时间协调解决7191个，累计帮助企业落实融资27.9亿元，落实各类财政扶持资金8118万元，全市规上工业企业已全面复工。其中，全市规上工业电力复产率达到91.7%，10亿元以上制造业企业电力复产率为89.8%。全市小微企业园实现100%复工，园区内复工小微企业数2835家，复工率为89.7%。可以说，嘉兴市机关干部凝心聚力、勇于担当、积极有为，加强政策指导和服务帮扶，点对点助企业闯难关、谋发展，用实际行动助推全市经济社会平稳健康发展，诠释了红船精神、浙江精神、“勤善和美、勇猛精进”的新时代嘉兴人文精神，激活了嘉兴动能，贡献了嘉兴智慧。

2月7日，省委办公厅专门刊发“嘉兴做法”，要求各地各有关部门全面启动“三服务”中的服务企业机制，尽快发挥企业服务员作用，为企业防疫和复工复产提供精准服务。2月12日，嘉兴的做法得到央视《新闻直播间》报道；2月13日，在省新闻发布会上被专门介绍。

二、主要做法

按照市委书记张兵提升组织领导力，全力打赢企业复工复产、保持经济平稳运行的总体战的要求，嘉兴面对困难，迎难而上，化危为机，全面实施驻企服务员制度，推进企业防疫复工的组合拳招招有力、环环相扣。

（一）突出一个“早”字，临危受命，靠前服务

习近平总书记要求，同时间赛跑、与病魔较量，坚决遏制疫情蔓延势头。疫情严峻，时间不等人。1 月 31 日，大年初七，嘉兴市南湖区首批区级机关干部志愿队队员挺身而出，放弃与亲人团聚的假期，进入全区 15 家规上企业。用南湖区首批驻企服务员中的一员，南湖区经济信息商务局工作人员董李军的话来说，“疫情不会给我们适应的时间，企业有需求，干部就要冲得上，这是一项政治任务，必须往前冲”。董李军所驻的敏实集团计划于 2 月 1 日正式复工，驻企服务员做的第一件事情就是恶补各种涉企政策，领会吃透疫情防控和复工复产相关文件精神，让自己心里有底。同时，与企业管理人员一起制定防控方案和应急预案，设立工作专班，核实返岗人员的行动轨迹。三天的时间，大家几乎没有休息。2 月 2 日，企业顺利复工。让董李军感到自豪的是，为敏实集团“量身定制”出的一组“套餐”，即“一套机制、二个承诺、三个环节、四个到位”，在返岗复工高峰的背景下，在南湖区得到了推广。

2 月 5 日，市委组织部、市经信局牵头起草了《关于建立机关干部驻企服务机制的通知》，围绕“企业防疫、生产两不误”要求，结合新时代“网格连心、组团服务”机制，建立规上企业“一企一网格”制度，从机关部门中选派机关干部进网格、驻企业开展服务工作，并明确要求各县（市、区）参照执行，实现全市规上企业全覆盖。根据统一部署，迅速排定驻点服务的企业，2 月 5 日确定市本级 20 家服务业企业作为驻点企业。2 月 6 日上午，召开机关干部驻企服务动员会，次日，驻企干部即到指定企业报到并开展工作。2 月 8 日，

随着相关政策汇编和机关干部驻企服务须知印发到位，规范企业复工标准、审批流程、工作重点等工作的完成，驻企干部到101家市本级重点规上企业开展服务，精准履行组织、联络、协调等职责。

2月26日，全市深化驻企服务工作会议召开，认真贯彻落实市委书记张兵关于“加大对驻企服务员的培训教育和管理，更好地提高服务效果”的批示要求，在前期取得成效的基础上，贯彻落实《关于全力开展“三服务”活动　建立驻企服务员机制的通知》等文件要求，实现“服务再深一度、发展更快一步”，进一步激活高质量发展新动能。可以说，嘉兴选派机关干部驻企服务的工作，赶早赶先，只争朝夕，走在了前列。

（二）突出一个“全”字，完善网格，全面覆盖

机关干部驻企服务，在嘉兴不是“盆景”，而是“风景”。市本级层面，自2月8日起，嘉兴从12个涉企部门共选调101名业务骨干，分赴101家市本级重点规上企业开展“一对一”蹲点服务。从全市来看，结合新时代“网格连心、组团服务”机制，完善了企业网格划分，以“一企一网格”的标准，从机关部门中选派机关干部进网格、驻企业开展服务工作，实现全覆盖。其中，对农业重点企业、规范工业企业、商贸物流企业、外贸外资企业、重点工程项目等一对一派遣驻企服务员，并引导服务资源向受疫情影响严重、处在供应链产业链关键环节的企业倾斜，高度关注内外贸订单少、资金压力大、经营问题多的中小企业、外贸外资企业、服务业企业，推动产业链协同复工复产。对小微企业实行网格化管理，一对多上门开展服务，对各类企业，园区特别是小微企业园实行组团式服务，派驻工作组、服务队，集中开展各项服务。全市6000余家规上工业企业都有了驻企服务员。

（三）突出一个“准”字，精准派人，精准服务

驻企服务机制，变“企业上门”的被动服务为“政府派驻”的主动服务，变“政策普惠”的面上服务为“个性化定制”的精准服务。驻企服务员的职责是要根据市委、市政府关于在确保防疫措施到位的前提下加快企业复工达产的部署要求，重点在服务防疫防控、员工返岗、复工复产、政策兑现、转型升级五个方面加大指导协调服务力度，进一步提高服务企业的精准度、实效性。从这个意义上说，对于驻企服务员的要求是非常高的。为此，省、市、县、镇四级联动，全方位选派精干力量，把政治素质好、担当意识强、熟悉经济工作作为基本标准，挑选有专业学历背景的优秀年轻干部、在涉企领域具有丰富经验的优秀中层干部、有关部门领导职务或退出现职的领导干部担任驻企服务员，深入企业生产经营一线开展服务。例如，市本级首批驻企服务员来自市经信局、市发展改革委、市科技局、市财政局、市人力社保局、市交通运输局、市商务局、市市场监督管理局、市金融办、市税务局、人行嘉兴市中心支行、嘉兴银保监分局12个单位。他们大多具有一定的资源优势，在协调企业与部门的关系方面发挥了独特作用；他们对相关政策措施更具解读能力，更熟悉兑现流程，从而更快捷地为企业争取到了资金、人力等方面的支持。又如，海宁市围绕企业复工复产实际需求，专门抽调产品质检、计量检定、食品检测、特种设备安检等领域技术骨干力量，组建由9名硕士领衔、50名专家组成的“技术专班”，火线助企复产能、保质量。在前期驻企服务员基础上，海宁又选派674名副科长级干部担任“稳企指导员”，进驻全市1500余家规上企业及130家重点外贸企业，包干联系“问诊把脉”、定点指导“求方寻药”，以“一企一策”为企业量身定制应对方案。

（四）突出一个“实”字，不走过场，务求实效

驻企服务员很多都谈到，刚刚联系企业时，有些企业主以及员工是持怀疑态度的，认为“什么驻企服务员，别是干部来作秀吧”，甚至对驻企服务的干部热心服务不重视、不配合。但是广大驻企服务员从不言弃，坚持耐心细致、实实在在的工作，着力破解企业发展中的难题，多方努力解决问题，很快取得了企业的信任和支持。

为了帮助企业找到掣肘发展的症结问题，驻企服务员们深入与企业家及员工坦诚交谈，还通过访谈、问卷调查等方式，及时了解企业在防控疫情和复工复产中遇到的困难和问题。在梳理问题时，驻企服务员发现困扰企业的难题集中体现在防疫物资紧缺、用工紧缺、货物物流运输不畅、小微企业启动资金紧张等四个方面，及时向相关职能部门作了反映，协调部门力量帮扶企业破解共性问题。例如，针对用工问题，探索建立了嘉兴市复工防疫数字化管理平台和嘉兴市企业复工招募平台，精准破解企业用工安全和用工短缺问题。截至 2 月 19 日，复工防疫数字化管理平台已对 7795 家企业的 21.8 万名复工人员经过大数据比对，发现其中有 127 家企业的 256 人去过重点疫区返回嘉兴未满 14 天，及时向有关企业预警，为企业安全复工保驾护航；复工招募平台致力于向内挖掘本地资源，支持企业复工复产，已注册企业 362 家，发布岗位工种 1176 个，提供职位 8923 个，收到个人求职简历 16855 份，达成人岗匹配 6691 人。通过电话回访，约有 2000 人已通过面试陆续到岗。

特别是驻企服务员主动联系经信、财政、税务、金融、人社等部门，对保险费返回、税收缓缴，国资房租减免、融资贴息、企业技改、包车补助以及水、气、电费减缓等政策加快进行兑现。为了让驻企服务更有实效，嘉兴还在全市启动了政策落地大竞赛活动，列出 3 大类 15 项惠企政策兑现清单，每天逐项通报全市 9 个主体的进度，营

造争分夺秒加快政策兑现的氛围，也提振了企业战胜疫情、加快发展的信心。

（五）突出一个“联”字，统筹力量，多级联动

驻企服务员不是一个人在战斗，每一个驻企服务员背后都是一个团队在支持，或者说党委、政府就是最好的后盾。一些驻企服务员谈到，“在服务企业的过程中，我们驻企服务员之所以有很大的底气，很重要的一个原因就是有组织的强大保障和政策的有力支持。特别是省委办公厅建立驻企服务员机制、省委组织部发布‘助企八条’等举措，真是一场‘及时雨’。”驻企服务工作机制重在形成工作合力，各派出部门单位加强了对驻企服务员的支持保障力度，协调优势资源，积极创造条件，全力解决职责范围内的复工复产问题。企业属地的党委、政府和有关部门积极配合上级派出的驻企服务员开展工作，提供工作便利，做好后勤保障。按照“属地负责、分类服务”的原则，建立了市县镇三级工业企业复工专班专员包干制度，层层压实责任，一级带一级，指导企业把好员工筛选关、返回关、隔离关，指导企业在确保疫情防控到位的前提下有序复工复产。市级层面，由市政府分管副市长任专班组长、9个市级经济部门一把手为服务专员，工作责任落实到人。分管副市长负责对全市20个年产值50亿元以上工业企业的复工指导和协调服务；9个市级经济部门一把手负责全市117个年产值10亿元以上的工业企业；各县（市、区）政府主要领导负责164个年产值5亿元以上的工业企业；各县（市、区）经信部门主要负责人负责324个年产值2亿元以上的工业企业；各镇（街道）主要负责人负责年产值2亿元以下的规上工业企业。小微企业园入驻工业企业复工由属地政府（管委会）负责指导服务。各级专班和驻企服务员拧成一股绳，力往一处使，有力、有序、有效地推进了企业复工复产。

同时，嘉兴提出了要坚持“改革破难题”的闯劲，始终秉持改革

创新精神，拿出冲劲和闯劲，破除传统思维定式和固有路径依赖。要求广大驻企干部以及相关职能部门着力统筹协调不同层级、不同部门、不同领域之间的资源和力量，建立健全政策推送、问题筛选、跨部门协同、跨层级联动等机制，以改革的魄力、创新的举措着力破解疫情防控大背景下制约企业发展的各种问题和困难，推动个性问题责任化解决、共性问题制度化解决。

（六）突出一个“融”字，多元融合，全科服务

疫情有尽时，服务无终期。深化驻企服务制度就要把驻企服务制度打造成为深化“三服务”的一项长效机制。嘉兴正在努力打造全科驻企服务员，即将党建工作指导员、金融指导员、科技特派员、卫生防疫指导员、法律特派员等统一纳入驻企服务员队伍管理。驻企服务员不仅要当好政策“宣讲员”、政企“联络员”、问题“协调员”，还要当好党建“指导员”、效能“监督员”，开展多元服务。针对防控疫情的新要求新任务，全市各地都采取了以会带训，微信、钉钉群推送等形式，加强对驻企服务员的培训，使驻企服务员尽快了解熟悉防疫知识以及各类业务知识，提升服务能力，增强服务实效，赢得了企业的广泛好评。

总之，在全体驻企服务员的辛勤付出、精心服务下，嘉兴驻企服务成效显著：服务防疫防控取得新成效，疫情防控措施得以落实落细落到位；服务员工返岗取得新成效，精准破解企业用工安全问题；服务复工复产取得新成效，打通规上工业企业产业链上下游通道，并解决了融资难、融资贵问题；服务政策兑现取得新成效，及时帮助企业第一时间享受政策红利、轻装上阵、尽快达产；服务转型升级取得新成效，切实指导企业加强研发投入，调整产品结构，转变营销策略，促进了企业转型升级。

三、经验启示

中国是较早集中暴发新冠肺炎疫情的地方，但是仅用了短短两个月，疫情就得到了有效控制，工厂复工，学校复学，社会秩序慢慢恢复，经济正在稳中求进，这些都彰显了中国共产党的坚强领导和中国特色社会主义制度的强大优势。其中，广大“逆行”前往最危险、最需要人手地方的党员干部功不可没。

对于嘉兴来说，驻企服务工作最突出的经验就是充分发挥“最多跑一次”的改革理念和“三服务”的奉献精神，引导广大党员干部挺身而出，英勇奋斗，扎实工作，把服务企业和防控疫情结合起来，把纾困解难和化纷止争结合起来，把服务更加直接高效地落到企业最需处，以高质量的服务最大限度帮助企业渡过难关，以最有力最及时最温暖的“三服务”，为坚定不移打赢疫情防控阻击战，稳妥有序打好经济发展总体战提供坚强保障。

（一）驻企服务，先要防控疫情，再要复工复产

疫情防控是基础、是前提，复工复产是保障、是条件——两者相互支撑。一方面，只有抓好疫情防控，保障好人民群众的生命安全和身体健康，才能有序复工复产，保持经济平稳运行；另一方面，只有复工复产，提供疫情防控物资保障及群众生产生活所需，才有条件打赢疫情防控阻击战。通过选派驻企服务员，嘉兴统筹好了疫情防控和复工复产的关系，坚持“一手牵两头”，一头坚决抓好疫情防控，努力把新冠肺炎疫情的影响降到最低，一头统筹推进经济社会发展，组织企业安全有序复工复产，加快项目建设进度，做好生产，保障民生需求，着力保持经济社会健康发展。驻企服务员始终把防疫放在最为重要的位置，在监督企业落实各种防疫政策的基础上，又寓监督于支

持之中，支持企业在精密智控前提下复工复产。

（二）驻企服务，既要锦上添花，更要雪中送炭

锦上添花固然好，但是比不上雪中送炭。在经济形势好的时候，党委、政府的普遍服务对于企业是有益的；而在疫情大规模蔓延的时候，企业、员工都对未来不知所措，企业发展陷入僵局，此时党委、政府及时派出驻企服务员，其效益则是无可估量的。嘉兴全市各地各部门坚持将驻企服务员派入防控关键处、发展急需处，引导服务资源向受疫情影响严重、处在供应链产业链关键环节的企业倾斜，推动产业链协同复工复产。驻企服务员坚持“奔着问题去”的干劲立足职责、精准施策，不畏艰难、恪尽职守，哪里困难多就盯紧哪里，哪里问题突出就在哪里服务，精准把握企业在疫情防控、返岗返工、复工复产中碰到的实际困难和问题，最大限度帮助企业渡过难关。如市经信局驻企干部了解到闻泰通讯因防疫物资紧缺而影响生产的情况，及时想方设法为闻泰通讯提供10个测温仪、500斤消毒液，协助采购1万只口罩，并为企业办理相关通关证明，解了企业复工复产“燃眉之急”。

（三）驻企服务，不仅是驻企上班，还要助企发展

有企业主说：“在复工复产的要紧关头，政府派来了驻企服务员，开展‘一对一’蹲点服务，这是我们没有想到的。而驻企服务员每天来‘上班’，坚持了整整一个多月，更超出了我们的预期!”但是对于驻企服务员来说，驻企服务并不是天天来上个班这么简单的。驻企服务员要从“身入”到“心入”，把企业的事情当作自己的事情，甚至比自己的事情还要上心。坚持“服务抓到底”的韧劲，把驻企服务、助企发展作为突出重要的头等大事来抓，合理分配时间精力，突出精益求精、细致到位，不断深化主动服务、集成服务、长效服务，真正

把各项惠企政策和服务企业举措送到家、做到位、抓到底。在市税务局驻企服务员陈薇的帮助下，浙江汉朔电子科技有限公司一批价值约3500万元的外贸产品，跨越物流障碍、搭上“末班船”及时发往海外。有位企业主由衷地说：“外地包装袋企业停产，驻企指导员向对方要来了模具，由我们自己组织生产包装袋；无纺布原料要从上海运来，他也帮忙办好了通行证。”在嘉兴银保监分局驻企服务员陆冰心的帮助下，嘉兴佳利电子有限公司通过绿色审批通道，顺利拿到一笔流动资金贷款，并节约财务成本3.75万元……驻企服务员们只争朝夕的干劲和细致周到的“店小二”式服务，受到了企业的广泛好评。

（四）驻企服务，既要用心服务凸显“亲”，又要循规守纪践行“清”

机关干部驻企服务，让一股暖流涌向全市，构建了亲清新型政商关系。迎着化危为机、逆势而上的号角，红船启航地的机关干部以舍我其谁的担当，深入企业淬炼精气神、激活新动能，绘就“政企共抗疫、合力促发展”的“嘉兴样本”。为此，嘉兴总结出了五个“心”：精心选派、热心指导、细心监督、用心协调、暖心宣传。驻企服务员郑允秀说：“驻企服务就是要把心‘带下去’，把身‘沉下去’，把力‘投下去’，坚持有一件、办一件，办一件、成一件。”同时，嘉兴驻企服务员弘扬优良作风，严格落实中央八项规定精神和各项工作纪律要求，严守工作纪律、严禁负面清单言行，在全力服务保障企业复工复产的同时，不给企业添负担，不给基层添麻烦，不干预企业正常生产经营活动，强调要用最少打扰企业的方式，让政府服务更便捷、更精准、更有效。各级各部门力戒形式主义、官僚主义，坚决避免重复工数量、轻复工质量以及重复工速度、轻复工条件等倾向，不对驻企服务员工作进行考核和排名，避免重复填表格报数字报送材料，防止干部把精力消耗在无谓的事务上。

（五）驻企服务，既是使用锻炼干部，也是发现选拔干部

推进国家治理体系和治理能力现代化，干部是关键因素。干部干得好不好，直接影响基层治理的效率和效果。这次驻企服务行动，对淬炼干部治理能力来说，既是一场实战，也是一次大考。一方面，嘉兴深化认识、常态推进，坚持科学精准选派和使用干部，将干部送上抗疫的第一线磨炼，这是一场实战。另一方面，驻企服务员主动靠前、勇于担当，发挥不畏艰险、无私奉献的先锋模范作用，这也是一场大考。市委和组织部门采取有效措施，激励驻企服务员担当作为，及时回应驻企服务员关心关切的现实问题。更重要的是把“三服务”情况与干部考核选拔使用激励约束结合起来，在驻企服务员中发现和选拔敢担当能力强水平高的优秀干部。通过民主测评、谈话了解等形式，围绕德、能、勤、绩、廉等，全程跟踪了解驻企干部在服务企业中的实际表现，对特别优秀的优先提拔使用，不履职尽责的通报问责。

振兴实体经济是助推全市高质量发展的重要任务，驻企服务制度使政府服务更便捷、更精准、更有效，营造了一种积极的营商环境，打通了党委和政府服务企业的“最后一公里”。同时还应当看到，这一制度设计，不仅为企业带来了实实在在的好处，还在一线锤炼了干部，为政府部门近距离听取意见建议提供了便利，更为政企双方围绕共同目标紧密协作、互动赋能开辟了崭新的路径。8 月 13 日下午，省委常委、组织部部长黄建发主持召开更好发挥驻企服务员作用调研座谈会。他强调，各级党委和组织部门要把服务企业健康发展牢牢抓在手上，持续深化落实“助企八条”，特别要坚持抓人促事、以事择人，把选派驻企服务员作为重要抓手，充分发挥这支队伍联企、助企、稳企、强企的独特作用。下一步，嘉兴将深入贯彻习近平总书记在浙江考察时的重要讲话精神和党中央关于加强“六稳”、做好“六保”的

重大决策，认真落实浙江省委在常态化疫情防控中跑出高质量发展加速度目标要求，围绕稳企业深化精准服务、围绕保市场深化精准服务、围绕促转型深化精准服务、围绕稳投资深化精准服务、围绕聚合力深化精准服务，深化驻企服务工作机制，毫不松懈地筑牢疫情防控坚固防线，统筹兼顾推动复工复产安全有序，奋力夺取疫情防控和实现经济社会发展目标的双胜利。

【思考题】

1. 结合贯彻落实习近平总书记关于疫情防控工作的系列重要指示精神，谈谈如何把驻企服务工作机制的实践，转化为治理体系和治理能力现代化的常态长效机制。

2. 疫情结束后，如何发挥驻企服务员这支队伍联企、助企、稳企、强企的独特作用，进一步构建亲清新型政商关系?

坚持发展新时代“枫桥经验”防范化解突发事件社会风险

——湖州市安吉县疫情期间基层治理的经验做法

【摘要】抗击疫情既是技术性的救治工作，也是综合性的治理工作。从某种意义上讲，疫情防控也是一场高强度、高代价的重大风险防范战。疫情发生以来，安吉县坚持以“绿水青山就是金山银山”理念诞生地的政治担当，迅速把思想和行动统一到习近平总书记对疫情防控工作的重要讲话和指示批示精神上来，把人民群众生命安全和身体健康放在第一位，把疫情防控工作作为最重要的工作来抓，在新时代“枫桥经验”的引领下，积极发挥创新基层治理体制机制，以坚定的信心、顽强的意志、果断的措施投入到疫情防控阻击战和经济社会发展总体战之中。

【关键词】基层治理　疫情防控　矛盾调解

一、背景情况

2020年以来，面对突如其来的新冠肺炎疫情，安吉县认真贯彻落实党中央、国务院决策部署，特别是习近平总书记在浙江考察时的重要讲话精神，按照“两手硬、两战赢”的总体目标，紧紧围绕“坚守湖州西南大门、坚守安吉一方净土”的目标，较好运用现有基层治理体系，通过严格落实外防输入、内防集聚的各项举措，统筹推进新冠肺炎疫情防控和经济社会发展工作，全力以赴打好疫情防控阻击战和经济发展总体战，取得了阶段性重大成效，做到了“零确诊”“零疑似”，是全省 11 个“零病例”的县区之一。

二、具体做法

（一）建立高效的指挥体系

新冠肺炎疫情来势汹汹，根据党中央和省委、市委部署，安吉县坚决把疫情防控作为压倒一切的政治任务来抓落实。1 月 19 日，全县“一把手工程”例会首次部署新冠肺炎疫情防控工作，并先后召开县委常委会议 7 次、新冠肺炎疫情防控工作领导小组（扩大）电视电话会议 35 次，专题研究疫情防控、复工复产等工作，部署贯彻落实中央和省市具体要求任务。第一时间建立健全县委、县政府统抓统管，县级部门各司其职，乡镇（街道）、“两区”具体落实的工作机制，成立县委、县政府主要领导任双组长、5 位分管领导任副组长、37 个县级部门、2 个国有集团以及“两区”、15 个乡镇（街道）主要负责人为成员的县新冠肺炎疫情防控工作领导小组，建立每日视频连线、统计汇总、信息发布等机制。

2 月 5 日，对领导小组进行补充调整，实行“一办七组”制，对全县疫情防控实行统一指挥调度。各乡镇（街道）、“两区”也第一时间成立疫情防控指挥分部，迅速完成人员抽调，进入战时状态。县有关部门各司其职认真贯彻中央和省市委决策部署，紧密结合工作实际，分区分级全力组织防控，全县上下构建了一套行政效率高、安吉特色鲜明的量化、细化、闭环管控机制。

(二) 落实严密的防控举措

安吉县深刻认识到疫情防控形势的复杂性、任务的艰巨性,坚定不移地把党中央和省委、市委部署要求落到实处,以最严要求、最细举措、最实工作,齐心协力打好疫情防控这场硬仗。在疫情防控中,安吉县在判断形势、发现问题、对策举措上,靶向发力、对症下药。在判断疫情形势上,牢牢把握疫情发展趋势,科学提出第一波防输入、第二波防扩散、第三波防新一轮输入的阶段性防控目标,执行"一手抓疫情防控,一手抓复工复产""两手硬、两战赢"的决策部署。在发现风险问题上,围绕涉疫社会安全、政治安全、经济安全风险,建立常态化分析研判处置机制,杜绝了疫情期间发生重大群体性事件的可能性。

在对策举措实施上,全面从严落实各项防控举措,统筹推进防控工作,从实际出发,坚持务求实效,对照更高标准,抓好精细化管理,对各村(社区)、企业、商超、医院、农贸市场、车站等进行严格筛查、严密管控、严防死守,做到不漏一人、不漏一车、不漏一处,实现防控工作全覆盖、无死角,构筑坚强防控堡垒。所有人员外出进入重点管控区域一律实行"亮码—测温—口罩"管理。广大干部群众"红事"一律停办、"白事"简办。培训、娱乐、健身、广场舞等聚集性活动一律不得举办。复工复产企业一律实行封闭式管理,红码员工禁止返回安吉,黄码员工集中隔离14天无症状后才能返企,绿码人员可直接返回企业复工。公交车、出租车等公共交通从业人员、乘客必须持有健康绿码,佩戴口罩并完成体温测量,各车站、车辆等必须实施严格的清洁、消毒、通风等防疫措施。2020年春节黄金周期间,全县劝退预定、落地游客18.6万人次,酒店退订率99.6%,暂停举办2桌以上的集体聚餐活动685场、4689桌。扎实做好"外防输入、内防扩散”和“防外输入、内防发生”的各项工作，切实筑牢疫情防控的铜墙铁壁。

（三）发挥网格治理的积极作用

村（社区）是社会治理的基本单元，通过建立全域覆盖、上下联动、精准到位、运行高效的网格，打通了基层治理的痛点堵点，实现了服务精准对接、治理精准落地。在此次疫情防控中，网格化治理发挥了巨大的作用，将社会治理环节中各单位、各部门、各类自治组织、各方人才资源、各种体制机制和村组居民群众引导入网、整合入局，进行统一调度，形成网格闭环，进一步构建完善这张“一核多元”的疫情防控网格。

在疫情发生的第一时间投入防控一线，形成“乡镇街道干部＋社区工作者＋网格员＋物业公司＋医务人员＋志愿者”的网格化防控队伍。在乡村，在各行政村建立“乡镇党委—行政村党支部—党小组（村民组）”三级网格，1100 余个党小组、1.2 万余名党员奋战在农村一线，累计排摸户籍人口 46.8 万、暂住人口 20.2 万，实现全覆盖。在城区，各社区推行楼道长制度，建立“街道党委—社区支部—城市小区—党员楼道长”四级网格，4523 名楼道长辐射覆盖 12 万名小区居民。对排查出的重点人员和密切接触者，采取点对点、人盯人等手段，严格落实集中硬隔离、居家隔离的硬管控措施，全县隔离对象异动情况总体较好。防控中基层党员干部带头开展全覆盖排查，扎实进行“洗楼”“洗厂”“洗村”工作，实行定人定区域分级管控，形成和完善了网格管理体系，筑起抗击疫情的“移动长城”。

（四）妥善处理基层反映的重点需求

习近平总书记指出，要面对面、心贴心、实打实做好群众工作，把人民群众安危冷暖放在心上，雪中送炭，纾困解难，扎扎实实解决好群众最关心最直接最现实的利益问题、最困难最忧虑最急迫的实际问题。疫情期间对基层反映的一些急需解决的具体问题及时进行研究解决是维护社会稳定的关键所在。

安吉县以“最多跑一次”改革为牵引，创新推进县乡两级社会矛盾纠纷调处化解中心（点）建设，形成“1 中心（县级）＋15 个分中心（乡镇街道）”的组织架构，为实现群众来访“最多跑一次”“最多跑一地”作出了具体实践，基层矛盾化解水平得到全面提升。疫情期间，矛盾调处将暂停走访和有序走访的方式相结合，中心从 1 月 24 日至 2 月 9 日暂行关闭，2 月 10 日开始实行预约制受理诉求，严格控制人员流量。15 个分中心主动走访，发现群众中的矛盾，积极协调解决。疫情期间矛盾纠纷受理量同比下降 63.88%。另外，积极推动网信电调处矛盾纠纷的作用。中心强化了网信电纠纷调处能力，建立 2 小时回应制，通过各种形式鼓励群众通过网信电反映诉求。疫情期间网信受理率同比上升 78%，电话受理率同比上升 100%，按期办结率均为 100%，群众满意率达到 98%以上。同时通过镇村干部日常走访、群众反映等渠道，主动排查矛盾隐患，收集人民群众需求和相关问题，做到及时处理尽快解决，确保“小事不出村、大事不出镇、矛盾不上交”。

（五）构筑群防群治的人民战线

习近平总书记强调，要坚持群众观点和群众路线，拓展人民群众参与公共安全治理的有效途径。团结一致、三军用命，是激发主观能动性、打赢艰苦战役的决定力量。疫情之下，全县各级党组织领导班子和领导干部特别是主要负责同志守土有责、守土担责、守土尽责，以上率下、靠前指挥。安吉县委书记指导督查疫情防控和复工复产工作，足迹遍及全县 15 个乡镇（街道）；县长抓“两战”部署落实落细，明察暗访“扫盲区、清死角”；县四套班子领导根据“六联”制度，赴一线指导联系乡镇（街道）的疫情防控工作。所有乡镇（街道）、开发区、示范区和有关部门每天至少保证50%干部职工正常上班，各乡镇（街道）每日保证一名党政主要领导驻守。同时，由县委组织部统筹，抽调2600余名党员干部，参与做好卡口管控、小区驻守、隔离管理等工作。

广大人民群众也积极投身到疫情防控中来，捐赠各类防疫物资，参与各项防控任务，宣传各种防疫知识。这场疫情防控战发挥了基层党组织政治引领作用和党员先锋模范作用，也广泛动员群众、组织群众、凝聚群众，筑牢防范化解重大风险的人民防线，形成了“上下联动、群防群治”的良好局面。

（六）激发抗疫必胜的信心干劲

对前线征战的将士关爱，为舍生忘死的英雄担当，解除奋战在抗疫前线战士的后顾之忧，才能充分释放出战士的勇气和力量。防控疫情，最辛苦的是基层党员干部和一线医务工作者。为了关心和激励这些前线奋斗的勇士，安吉在2月中旬出台《进一步激励关爱基层党员干部和医务工作者在疫情防控一线担当作为的八项举措》，提出在防控一线发现、考验入党积极分子，干部职级职数使用向一线倾斜，全力保障一线人员防护物资，为重点人员购买人身保险等暖心举措，从政治、组织、工作、精神四个方面对一线人员进行激励，在非常之时、以非常之策，传递非常之关爱，被干部群众称为“暖心八条”。

安吉稳定人心还体现在复工复产方面，充分发挥财政资金“四两拨千斤”的作用，通过财政贴息、风险补偿等方式，出台各种优惠政策优化营商环境，推出了“红色动力信用贷”“防疫保障贷”“人才精英贷”等金融产品，并加强线上金融服务力度，优化疫情服务“绿色通道”，为企业和个人提供金融支持，缓解资金压力，解决后顾之忧，累计发放贷款13.63亿元，惠及企业519家。同时加大员工招募力度，组织10支外出招工专班，通过定制高铁专列、派出大巴等方式，累计接回省外新老员工3.2万余人，其中新员工5700余人。结合白茶开采情况，累计接回省外采茶工26万人。充分体现了安吉县刺激经济社会发展的决心，极大稳定了社会各界战胜疫情的信心。

三、取得的成效

（一）有效防控疫情，保护群众生命安全

守牢安吉“三净之地”，在杭长高速、申嘉湖高速等5个高速出口，杭垓镇唐舍岭等5个国省道路口，2个县道路口、1个乡道路口和1个水上运输口设置卡点，严格按照检疫流程，对往来人员实行“全天全员”体温检测。截至2月23日全部卡口撤销时，全县累计排查车（船）7.05万辆（艘），测量体温15.16万人，劝返重点疫区人员9124人。2月16日全市推出湖州健康码后，及时调整管控策略，扎实开展精密智控，严格落实“亮码＋测温＋口罩”防控措施，严密守好各类“中门”“小门”。

4月8日，武汉全面解封后，安吉扎实做好武汉返安来安人员的服务工作，设立综合服务点，精准摸排人员信息，开展核酸、血清检测，明确任何村（社区）不得拒绝持“绿码”的武汉返安来安人员进入。建立“境外返安人员家属、所在单位负责人、村社管控联系人”“三位一体”防控网，严格落实14天集中医学观察制度。在全县上下共同努力下，“坚守湖州西南大门、坚守安吉一方净土”的目标得以实现。

（二）拉近干群关系，促进社会和谐发展

“人聚则强，人散则弱。同心同德，庶几有成。”病毒无情人间有爱，在这场疫情阻击战中，群众从开始的不愿意配合，到主动配合，

并积极参与到防控工作中，组成了各种志愿者队伍，构筑起了干群一心的严密防线。

奋战在疫情防控一线的党员干部们在坚守着，而在他们背后还有更多的群众在默默参与和支持着。全县广大人民群众主动行动起来、组织起来、凝聚起来，心系疫情防控重点地区同胞的安危，纷纷捐款捐物表达自己的爱心，同时为打赢疫情防控阻击战做出自己力所能及的贡献，从自己做起、从点滴做起，展现了“一方有难、八方支援”的大爱情怀，形成了齐心协力、众志成城抗击疫情的强大合力，将干部和群众的心紧紧地贴在一起。

（三）彰显经济活力，实现全域复工复产

安吉县紧紧围绕省委“两手抓、两战赢”决策部署，坚持一手抓疫情防控、一手抓复工复产，努力把失去的时间补回来，把落下的工作补上来。先后制定了《企业复工“876”防疫服务指南》《复工须知“十个一”》《复产用工和生产管理工作指引》等系列规程，为企业复工复产、疫情防控提供规范指导，并安排驻企专员帮助企业在落实防疫措施的同时，恢复建设生产，全县466家规上工业企业、869家外贸企业、53家市级以上农业龙头企业、30家物流企业、5个续建类省重点项目全部复工。

同时，有序推动公共场所开放开业，允许从业主体在做好防疫准备后有序开展营业，全县复工复产综合指数持续位居全市前列，在5月全省争先创优工作例会上公布的安吉县MEI指数以92.24分的总分位列全省90个县（市、区）第四、全市第一。另外，在全县20个A级景区已全部复工复产后，专门策划了“县长请你来安吉”主题营销活动，结合安吉国家级全域旅游度假区生态优势以及新冠肺炎疫情“零病例”净土之地的成绩，同步推出“全国医护战士安吉免费游、全国医疗机构酒店温暖行、一线医护家庭千家民宿回家住”三大优惠举措，积极打造浙江省援鄂医护人员返浙隔离休养目的地，累计接待了共 16 批共 1265 名医务人员来安吉隔离休养，其中就包括李兰娟院士团队，成功塑造了安吉“零病例净土之地”和“温暖大爱之城”的形象，打响了“安吉休闲养生旅游”的品牌，吸引了无数游客前来安吉游玩，促进了安吉旅游产业的发展。

（四）体现制度优势，展现政府责任担当

此次应对新冠肺炎疫情的过程，充分体现了中国特色社会主义制度的显著优势和坚持党的集中统一领导的重大意义。疫情发生后，党中央高度重视，习近平总书记亲自指挥、亲自部署，各地区各部门积极履职尽责，全国各族人民众志成城、团结奋战，汇集成应对疫情的强大力量。

在此次疫情防控中，安吉全县各级党委充分发挥政治核心作用，各级基层党组织和党员充分发挥战斗堡垒和先锋模范作用，充分依靠群众团结群众，在最短时间内最广泛地组织起战疫的强大合力。从最早启动疫情防控一级响应以来，安吉县紧扣“两手硬、两战赢”战略目标，以“稳”和“进”姿态，呈现了中国特色社会主义在集中统一领导、集中力量办大事、强大社会动员等方面的显著制度优势，展现了浙江“互联网＋社会治理”“大数据＋社会治理”的鲜明治理特色。

四、经验启示

（一）在完善应急管理防范体系上的思考

习近平总书记强调，要发挥我国应急管理体系的特色和优势，借鉴国外应急管理有益做法，积极推进我国应急管理体系和能力现代化。目前，应急管理体系还存在明显不足，没有形成完善的程序化应

急管理模式。未来我们可能会遭遇新的甚至更严酷和复杂的灾难和考验，我们必须防患于未然，把百年不遇的灾难当作现实的威胁来准备，正视各类大灾应急能力不足的短板，形成一套更加成熟、更加定型的应急管理制度体系。

第一，强化风险监测网络建设。按照统一监测规划、统一基础站点、统一标准规范、统一评价方法和统一信息发布的要求，制定统一的风险监测网络，准确掌握全县潜在风险，同时做好网络完善、信息共享、风险防范、精准服务、强化保障等工作，逐步形成政府主导、部门协同、社会参与的风险监测网络，不断提升风险监测评估与预报预警能力。

第二，强化基层应急预案建设。大力推进应急预案体系建设，着力强化应急预案的编制、修订、审查、评估、管理应用等工作，同时加强应急预案日常演练工作，在演练中检验预案、锻炼队伍、磨合机制、教育群众。根据应急演练中暴露出的问题，及时修订完善应急预案，增强基层预案的针对性、操作性和实用性。

第三，强化应急救助体系建设。统筹推进全县应急救援力量建设，强化应急救援力量合理布局，形成适度超前、种类齐全、功能完备的“县—镇—村”三级应急救援网络体系，建立完善专业基地、专业队伍、专业设备，推进专业救援力量建设，构建立体式、全天候、全灾种、高效率的应急救援体系。

（二）在探索基层治理新模式上的思考

习近平总书记指出，要更加注重联动融合、开放共治，更加注重民主法治、科技创新，提高社会治理社会化、法治化、智能化、专业化水平，提高预测预警预防各类风险能力。基层组织作为各类危机的第一响应者，其反应越快，灾害响应时间越短，救援效果越好，受灾群众存活率越高。加强新时代基层治理工作，化解各类公共危机，要坚持以党建为抓手、以制度为基石，积极探索以基层党支部为龙头，统筹村（社区）治理多元力量，积极打造共建共治共享的基层社会治理新模式。

第一，力量下沉。坚持重心下移、力量下沉，统筹各类资源，优化人员力量，通过增加基层编制等有效措施，让各级行政事业、警务和公共卫生人员，进一步下沉到村（社区）一线去开展工作、化解矛盾、维护稳定，为基层网格化服务质量减负增效。

第二，凝聚合力。以社区、农村、企业为重点，构建起以基层党组织为内核的“党—政—居—社—群”协同参与现代城市治理的共治新秩序，形成联防联动网格体系，最大限度地整合和凝聚基层广大人民群众的力量。

第三，共建共治。以基层党小组为中心，建立党（团）员、村（居）民代表、志愿者等人员为主的服务团队，充分挖掘城乡社区社会组织的潜能，发动和组织群众有序参与治理，开展治安巡防、纠纷调解、便民服务、医疗救助等服务，建立基层治理自助式服务体系，推动形成“人人参与、人人有责、人人共享”的基层治理共同体。

（三）后疫情时期倡导文明新风尚的思考

新冠肺炎疫情，给人们带来很多警醒和反思，也给了所有人重新审视、梳理、改变生活方式的机会。一些文明新风尚渐成气候，有些正在被写入法律法规。因此要借此机会，大力倡导文明生活新方式，共建文明城市。

第一，规范文明行为，倡导健康生活。大力倡导使用公筷、公勺，引导广大群众通过健康、文明的就餐方式，守护健康安全，营造文明健康的用餐环境。倡导公共场合保持一米以上的安全距离，降低飞沫传染的概率，守护彼此健康，推动全社会向文明健康、绿色环保的生活方式转变。

第二，转变理念，推进移风易俗。借助疫情带来的理念冲击，改掉之前的陋习。积极推行喜事新办、丧事简办、厚养薄葬，大力整治婚丧事大操大办、铺张浪费之风。拒食野味，自觉保护野生动物，促进人与自然和谐共生，形成文明、卫生、健康的餐饮文化。树立文明乡风、淳朴民风，丰富精神文化生活，为全社会提供道德滋养和精神支撑。

第三，引导群众自觉参与到优化人居环境建设中。实施人居环境整治工程，开展治乱、治脏、治污、治堵、治安、拆违、增绿等工作，大力推进垃圾分类，引导群众持续精准投放垃圾，养成垃圾分类的良好习惯。深化“厕所革命”，深化文明公厕宣传活动，倡导文明如厕行为。同时，引导广大人民群众积极主动参与到环境整治中，营造人人关心、人人关注、人人参与的良好氛围，努力把乡村建设成风景秀美的山水田园、群众寄托的精神乐园、健康宜居的生态家园。

【思考题】

1. 在大数据时代如何有效运用新兴科学技术，推进部门联动，破除数据壁垒?

2. 本次疫情中表现出来的“中国之治”和“西方之乱”，体现了我国哪些方面的优势?

用心用情优服务　精准纾困渡难关
全力推动省“助企八条”落地见效

【摘要】2020年以来，面对严峻复杂的新冠肺炎疫情形势和经济下行带来的诸多挑战，湖州市坚持以习近平总书记在浙江考察时的重要讲话精神为指引，主动扛起努力成为新时代全面展示中国特色社会主义制度优越性重要窗口示范样本的责任担当，全面落实“六稳”“六保”任务。全市组织部门立足职能职责，发挥独特优势和作用，深入落实“助企八条”，积极帮助企业化危为机、危中寻机，着力增强企业获得感、坚定企业发展信心。

【关键词】“三服务”　“助企八条”　复工复产

一、背景情况

在打好“两战”关键时期，省委组织部及时出台“助企八条”，政策掷地有声、企业信心倍增，为做好“六稳”“六保”工作提供了精准战术打法。湖州市坚持把落实省“助企八条”作为重中之重，及时出台组织部门服务复工复产“双十条”和服务保障“争先创优”行动“八项举措”，大力推进深化“三服务”、奋战“五个年”活动，全面打响“湖州365、天天在服务”品牌，服务推动广大企业迅速复工复产、实现逆势上扬，有力稳住了经济发展的基本面，为加快高质量赶超发展提供了坚强支撑。

二、具体做法

（一）创新推行“专员＋专班＋专家”，重抓助企力量下沉一线

越是困难时刻，党委政府和广大企业越要同呼吸共命运，哪里的企业有困难，干部力量就要调配到哪里。坚持全市一盘棋、力量沉一线，扎实开展深化“三服务”、助企开复工行动，全力保障企业健康运行。一是选派专员“沉入式”服务。组织222名市、区县领导班子成员作为专员示范先行，牵头联系448家重点企业和470个重点项目，引导大企业大项目在复工复产上率先发力；3913名市级部门、区县部门和乡镇（街道）科级以上领导干部全员参与担任服务专员，对6449家重点企业（项目）全覆盖下沉服务，目前已帮助企业协调解决困难问题2万余个。如市县两级选派人才、市场监管、科技等条线专员组团服务，十多次进京对接，全程帮助浙江东方基因“新冠”试剂获得上市许可，成功打通国内外市场，预计2020年企业净利润突破4亿元，同比增长12倍。二是组建专班“会战式”攻坚。聚焦面上共性难题，以卫健、发改、经信、商务等部门为重点，抽调精干力量，成立防疫指导、返岗用工、物流畅通、金融支持、外贸出口、法律保障、政策兑现等七大服务专班，分工协作攻坚破难。如针对企业员工返程难，物流畅通专班分派6路小分队赴区（县）指导做好绿色通道设置、返岗员工接送等工作，累计发出赴云南、四川省际包车4753辆、包机1班、高铁专列16节次，接回返岗员工12万人。三是组织专家“把脉式”破难。积极争取清华大学、浙江大学等知名高校和科研院所支

持，组建专家顾问团，帮助企业解决“卡脖子”问题。如针对企业反映外贸订单违约赔偿问题，召集业内专家会商研究，帮助企业消除违约赔偿风险，开出全国首份新冠肺炎疫情不可抗力事实性证明，累计为47家企业出具证明103份，涉及金额2.26亿元。

（二）迭代升级系列新政，重抓惠企纾困政策兑现

面对复杂严峻形势，企业最期盼真金白银的政策。及时出台惠企政策、狠抓政策兑现，真正让企业得到政策红利，感受到党委、政府的温暖，进一步增添发展信心。一是惠企政策再“加码”。2020年以来，湖州市重磅出台“湖九条”，拿出1000亿元资金招商引才，以撒手锏级举措助力企业稳增长强效能。全面升级“人才新政4.0版”，其中，“南太湖精英计划”最高资助从原来600万元提升到3000万元，来湖工作的博士最高补助66万元、硕士36万元、本科21万元，并在人才落户、薪酬改革、职称评审、创业服务等方面推出一系列新政策。8月10日，湖州市又出台进一步支持企业自主创新“七条意见”，在培育高新技术企业、加大研发投入、关键技术攻关等方面加大资金支持。二是宣传解读再“加力”。坚持线下线上联动不断扩大政策知晓面，在线下，编写《惠企政策一本通》，汇集173项优惠政策、116种涉企信贷产品和115项惠企金融政策，通过专员走访，面对面上门答疑解惑；在线上，依托“企业码”“政企通”等服务平台开展广泛宣传。三是兑现落实再“加速”。组织开展“惠企政策兑现大竞赛”活动，全面梳理6个区县和相关的21个市级部门的政策兑现任务清单，通过“南太湖号”“湖州365”等媒体平台公开承诺，接受社会监督。开展市级部门服务企业每月亮晒评价活动，设置考试答题、联系企业、问题交办、政策知晓、企业满意度五个指标，推动各地各部门抓好政策落地兑现。

（三）大力推动干部绩效比拼，重抓为企担当实干争先

大战大考是检验干部能力作风的试金石、磨刀器。坚持以服务企业成效来看干部担当作为成色，进一步加强驻企专员培训，深入考察识别干部，全面推动基层减负，真正在改进干部作风中帮扶企业、展现形象。一是抓好专员赋能。充分挖掘打通产业链、解决融资难、保订单抢订单等方面的经验做法，推选20个市级担当破难典型案例、8个优秀服务专员案例、2个优秀专班案例，通过“湖州发布”“南太湖先锋”广而告之，并作为专员全员大培训、领导干部专题研修班学习内容，帮助干部掌握更多化危为机的高招妙招。自全省评选“三服务”典型案例以来，湖州市已连续入选15期16个案例，是唯一一个每期都有案例入选的设区市。二是用好专项考察。组织开展“两战”专项考核，逐个班子走访调研谈话、综合分析研判，近距离全方位考察识别干部。对复工复产、项目双进、“最多跑一次”改革等重点工作中表现突出的，市委及时提拔使用。对责任心不强、作风不实、不担当的干部采取组织处理措施，并把助推企业复工复产工作情况纳入市对区（县）、部门年度综合考核。三是做好减负增效。全面贯彻省“持续减负40条”，切实做到“没有新的政策，不开大会；没有新的举措，不开中会；没有新的问题，不开小会”，推动干部心无旁骛优服务抓落实。注重推动权能对等、权责匹配，在长兴和南浔分别开展规范乡镇“属地管理”“一支队伍管执法”省级试点，在南太湖新区推行“大部制、扁平化”体制，力求更精准有效赋予基层与服务企业服务发展相匹配的职权。

（四）聚力实施“五未”项目攻坚，重抓帮企达产提速见效

聚焦“两手硬、两战赢”目标，针对企业项目受疫情等影响，出现的签约未开工、开工未竣工、竣工未投产、投产未上规、上规

未达产等现象，湖州市委专题开展“深化‘三服务’、聚力‘破五未’”项目攻坚行动，集中攻坚、分类施策，进一步加快项目落地建设、竣工投产、上规达产。一是全面排查建清单。全面梳理2017年以来签约引进的亿元以上工业项目，对建设进度偏慢、实际投资不足、未达到预期目标的项目进行大清点、大盘查，排出“五未”项目进行清单、责任落实清单、动态管理清单，共确定93个“五未”项目进行集中攻坚。二是领导带头抓销号。33名市四套班子成员每人联系1个重点“五未”项目，市发改委、市经信局、市商务局等12个市级主要经济部门联系60个市重点“五未”项目，利用重点项目数据库等系统，实时动态掌握项目推进情况，共同指导推动项目加快落地建设。在全市开展“五个百项”竞赛活动，抓实开工、竣工、投产“三张清单”，分解目标、倒排时间、专人服务，推动重点项目落地达效。三是分类施策开方子。注重帮扶提效，对产品销售、设备安装等存在困难的项目，指导帮助企业搭建线上线下市场营销渠道，会同企业积极拓展引才途径。结合农村全域土地综合整治，深化“‘五未’项目＋‘标准地’”改革，确保新供工业用地领跑全省；持续推进绿色金融改革，做大资金盘子、降低融资成本。注重“输血”纾困，对资金短缺的项目，协调引进产业基金、天使投资等社会资本，争取减税降费、水电气减免等优惠政策。注重转型提升，对符合产业导向、具有提升潜力的项目，引导企业加快设备、工艺的数字化智能化改造。

（五）全面打造红色动力引擎，重抓强企创新内生动能

服务企业，既靠“输血”，更靠“造血”。注重从党建引领、人才支撑、政企互动等方面入手，帮助企业提升抵御风险、创新突围、化危为机的内功。一是强化“两新”党组织助推发展。全面开展“疫情防控当堡垒、复工复产当先锋”活动，选派622名党员担任“车间政

委”，开通731条“书记热线”，引导广大党员职工与企业同舟共济。组织“银企携手促发展”座谈会、“百名行长进千企”大走访等各类活动41场次，推动银企党组织结成对子62个，并发动律师、会计师行业党组织，进企业开展“法治体检”“财务咨询”等活动，帮助企业应对风险、化解难题。创新推广“红色动力信用贷”，累计帮助429家中小企业授信46.78亿元，发放贷款22.59亿元。如浙江海骆航空科技有限公司从提出申请到获批1000万元低息信用贷款，仅花了3天，解了燃眉之急。二是抢抓窗口机遇超常规引才。在上海启动“揭榜挂帅·全球引智”活动，发布总投资超20亿元的重点产业十大技术需求。大力实施“百个团队千名硕博十万大学生”招引计划，举办“‘在湖州等你’@百所高校大学生云选会”等“云招聘”活动107场，组织赴云南、西安等地开展大学生直通车全国巡回招聘19场。接下来还将举办长三角未来大会、世界青年博士南太湖论坛等重大活动，以更大声势招引高端人才、青年人才，为企业发展注入源源不断的强劲动力。三是激励引导人才服务企业。在全省率先推进德清航空航天产业工程师协同创新中心建设，同步抓好吴兴物流装备、南浔智能电机等工程师协同创新中心建设，全市已集聚工程师368名，帮助解决企业技术难题206个。如帮助鼎力机械联合研制新型曲臂，推动企业在疫情期间实现销售额超25亿元，逆势增长48.4%。7月24日，全省特色产业工程师协同创新中心现场推进会在湖州召开。建强用好湖州人才发展集团，启动建设总投资13亿元的长三角人才创业港，设立总规模各5亿元的2个人才发展引导基金，加快打造1万平方米的人才服务综合体，深化推进人才领域“最多跑一次”改革。

三、取得的成效

（一）有力保障助企开复工，激发市场主体活力

在全省率先实现规上工业企业、建筑业企业、省重点建设项目、农业龙头企业、重点外贸企业复工率“五个100%”。2020年以来，全市累计兑现各类扶持资金198.1亿元，为企业减负150.8亿元。1月至6月新签约亿元以上项目458个，同比增长86.9%；新增上市公司4家、股份制公司64家。上半年，全市新供应工业用地1.04万亩，地区生产总值同比增长0.5%；财政总收入、地方财政收入同比分别增长3%和1.1%，列全省第1位和第2位。

（二）锻造高素质干部队伍，“两个担当”良性互动蔚然成风

面对新形势新任务，湖州干部的国际视野、战略眼光、专业素养、实干精神的鲜明特质逐渐彰显。在助企一线通过导师帮带、蹲苗历练、综合比选，加大年轻干部选拔培养力度，全市“80后”市管领导干部由机构改革前14名增加到62名。对16名不担当、不作为、慢作为者，予以调整；对5个事例中10余名干部因推动发展而工作失误的，通过市容错纠错裁定委员会予以容错裁定，进一步形成“支持改革者、鼓励创新者、宽容失误者、保护干事者”的浓厚氛围。

（三）大力打造人才友好之城，构筑最优发展生态

抢抓长三角一体化战略机遇，全面落实“人才新政4.0版”，通过精心筹备举办长三角科技论坛、南太湖精英峰会等重大活动，掀起新一轮人才招引热潮，今年以来全市已引进顶尖人才19名、领军人才

85名，以及大学生等各类人才6.9万人。充分发挥人才集团作用，围绕人才链构建的政策链、创新链、服务链逐渐完善，人才落户、创业融资、住房保障、教育医疗等各方面服务不断优化，不断提升人才的集聚度、活跃度、贡献度。

四、经验启示

（一）把助企服务作为巩固扩大主题教育成果实践载体的思考

“助企八条”是深入贯彻习近平总书记考察浙江时重要讲话精神和党中央关于加强“六稳”、做好“六保”重大决策的重要举措，也是持续推动各级党员干部守初心担使命的长效载体。开展助企服务，就是要不断扩大和巩固“不忘初心、牢记使命”主题教育实效长效，推动广大党员干部以知促行、知行合一，在“绿水青山就是金山银山”理念转化提升、重大项目攻坚、开放合作突破等中心工作重大任务中担当作为，以实打实的服务举措来砥砺初心使命，以看得见的服务成效来检验初心使命。

（二）把助企服务作为保护和激发市场主体活力重要保障的思考

当前，新冠肺炎疫情对我国经济和世界经济产生巨大冲击，很多市场主体面临前所未有的压力。越是在这种时候，企业越需要帮扶，对助企服务寄予的厚望和期待就越多，因此各级各单位和广大党员干部越是要挺身而出、扛责在肩，主动跟进服务、全面升级服务、真心实意服务。要充分认识这次疫情给全市改革、发展、治理、民生等各方面工作造成的影响，在确保疫情防控安全的前提下，尽最大努力、用最硬举措，进一步形成组织优势向发展优势转化的服务动能，把时间抢回来、把进度赶上来，真心实意帮助企业复工复产和解决企业经营发展中面临的困难。这是赢得民心民意最有效的方法，也是汇聚民智民力最坚实的基础。

（三）把助企服务作为提升干部队伍素质的有效手段的思考

服务既是一种责任、一种担当，也是一种历练、一种检验。干部素质高不高、本领强不强、作风好不好，地方和部门助企做得怎么样，就是要看服务主不主动、精不精准、落没落地，所联系的企业认不认可。助企服务面向的是基层、面对的是难题，是育强干部服务意识、磨砺干部服务能力的试金石磨刀器。通过一线的驻企服务识别掌握一批作风好、能力强、水平高的干部，让愿干事、会干事、干成事的优秀干部脱颖而出。

【思考题】

1. 当下，国内外环境正发生深刻变化，如何更好发挥助企服务员作用，进一步激发市场主体发展活力，使有利于社会生产力发展的力量源泉充分涌流？

2. 企业是创新要素集成、科技成果转化的生力军，如何引导企业加大引才用才力度，加速科技成果向现实生产力转化？

从“松散型”到“紧密型”：绍兴市派强用好驻企服务员队伍助推高质量发展

【摘要】受新冠肺炎疫情反复和国际贸易摩擦发酵等多重因素叠加影响，绍兴市企业经营面临诸多挑战和困难，迫切需要政府给予更多政策支持和智力帮助以增强信心、渡过难关。作为服务企业的重要抓手，原有的驻企服务员制度是松散的，不能满足企业现实需求。在这样的背景下，绍兴市以“两个维护”的政治自觉和以人民为中心的发展思想，深入学习贯彻习近平总书记的重要指示批示精神，紧密结合疫情防控、“驻企八条”和省委深化“三服务”活动要求，部署开展“三驻三服务”活动。主要通过精锐力量在一线集结、企业情况在一线掌握、重点难点在一线攻坚、问题需求在一线解决等方式，让驻企服务员制度体系化、工作精准化、作用最大化、服务高效化，推动驻企服务员队伍管理从“松散型”向“紧密型”转变，切实帮助企业解决困难问题，增强企业的获得感，从而助力绍兴经济形势稳步较快地走出低谷，实现“复苏—回暖—向好”的梯度转变。绍兴的实践充分说明“驻企八条”是管用的、好用的，推动驻企服务员队伍从“松散型”向“紧密型”转变，全面、常态、精准推进“三服务”，形成了问题及时发现、快速流转、分类解决的服务闭环，为在常态化疫情防控中跑出高质量发展加速度提供了有力保证。

【关键词】驻企服务员　“三服务”　“驻企八条”　高质量发展

一、背景情况

2020 年初，受新冠肺炎疫情反复和国际贸易摩擦发酵等多重因素叠加影响，绍兴市企业经营面临严峻形势，主要表现在三个方面。一是市场波动加剧。由于疫情及国际局势变化，短期波动不可避免，月度之间的运行稳定性较以往脆弱，市场与产业链的考验瞬息万变。比如价格方面，大宗商品波动剧烈，如原油价格 3 月暴跌后“过山车”行情，二季度 WTI 原油价格累计上行 98.11%，布伦特价格累计上行 60.49%，绝对涨幅均创造了 1990 年以来单季最大涨幅。又如出口方面，1 月至 5 月，绍兴市外贸出口下降 11.2%，从出口商品类别看，纺织、服装、汽车零配件下滑均超过 20%；从出口目的地看，“一带一路”国家、亚洲、北美洲市场流失较为严重。海外疫情不确定性仍然较大，企业反映出口市场“出局”与“补位”瞬息万变。二是投资意愿减弱。受国外疫情影响，外资投资多处于观望阶段，已投资外商主体亦放缓投资进度，如滨海新区越海百奥生物医药产业化及服务平台项目，受外资投入放缓影响，1 月至 5 月实际完成投资 975 万元，仅占年计划投资额的 3.25%，进度远远落后。企业出海并购的一些热门投资东道国正在逐步收紧各自的外商投资监管政策，对推进全球化经营计划造成干扰。三是经营分化明显。企业经营分化现象较以往更加明显，以小型企业为例，利润同比增长 20.2%，高出全市规上工业

15个百分点；但亏损企业数量同比增加了300余家，部分企业受外部市场需求萎缩、有效供给不足影响，产能轮休、无单可做，短期内面临“短单、撤单、缓单、小单、抢单”等风险。企业迫切需要政府加大政策支持和智力帮助以增强信心、渡过难关。

作为服务企业的重要举措之一，驻企服务员制度在几年前便已逐步推行。广大驻企服务员运用自身优势特长，在为企服务、解决难题、兑现政策、沟通信息等方面尽心尽责，做出了不懈努力，破解了一批困扰企业生产经营的重点难点问题，有效提升了企业获得感，赢得了企业普遍称赞。但总体看，以往对驻企服务员队伍管理是相对“松散型”的，主要表现在三个方面。一是派驻范围不够全面。由于最初派驻的驻企服务员一般由退出现职的领导干部担任，人数有限，故派驻对象限定在区域内部分农业龙头企业、规上工业企业和重点建设项目，其他更多数量的企业未能充分享受驻企“一对一”服务，容易“心生不忿”。二是日常联系不够紧密。由于缺乏相对严格的管理考核，驻企服务员与企业之间的日常联系联络欠固定、欠深入，往往是蜻蜓点水式的与企业负责人聊一聊，有些甚至仅是打个电话，未能深入厂区车间一线了解企业经营实际。三是问题解决机制不够健全。虽然驻企服务员普遍尽心负责，但企业提出的用地、融资、人才、技术等需要破解的疑难复杂问题，往往非一人所能解决，但由于问题解决机制不够健全，驻企服务员也只能向企业所属乡镇（街道）或部门反映，解决速度、质量以及后续跟踪落实情况无法保证，容易挫伤驻企服务员和企业的积极性。在上述情形下，如何将驻企服务员队伍管理由“松散型”向“紧密型”转变，确保人员到位、精力到位、履职到位，从而助力企业抢抓复工复产，把“失去的时间夺回来”，推动经济社会高质量发展，成为摆在绍兴市委、市政府面前的迫切任务。

二、主要做法

面对前述迫切任务，绍兴市坚持理论联系实际，尤其注意从习近平总书记对绍兴系列重要指示批示精神中找办法、寻路径。习近平总书记曾先后对绍兴的驻村指导员、民情日记、社区党建“契约化”共建这三项制度作出重要指示批示。绍兴市始终以“两个维护”的高度政治自觉，深入学习贯彻习近平总书记的重要指示批示精神，充分挖掘其中蕴含的服务理念服务方法服务机制，紧密结合疫情防控和省委深化“三服务”活动的要求，部署开展以“驻村驻社驻企”“服务企业服务群众服务基层”为主题的“三驻三服务”活动，从市县乡选派干部到一线担任驻村指导员、驻社指导员、驻企服务员，用情用心用力服务企业、服务群众、服务基层。实现了市域、县域、镇域力量在一线集结，情况在一线掌握，问题在一线解决，推动了“三服务”精准落地。

（一）精锐力量在一线集结，让驻企服务员制度体系化

充分发挥组织优势，选派机关干部常态化下沉服务企业，坚持定期走访、有召必到，特别是在疫情防控和复工复产过程中，发挥驻企服务员桥梁纽带作用，真正将“三服务”工作送到家、做到位、抓到底。一是派驻覆盖全域化。明确市级机关干部重点选派到越城区规上企业，区、县（市）机关干部重点选派到各自区域规上企业，乡镇（街道）负责兜底选派，确保每家规上企业都有驻企服务员。同时，加强对规下企业的延伸覆盖工作。目前，全市共下派驻企服务员 4570 名，实现全覆盖。二是派驻力量精锐化。加大对基层经验丰富的退居二线干部、有培养潜力的优秀年轻干部的选派力度，把想干事、会干事、能成事的干部派到服务企业一线。根据干部日常考察表现，准确

研判掌握干部能力优势、性格特点等情况，建立“驻企服务员人选信息库”，推行按需选派、点单选派、组团选派等多种模式，实现驻企服务员岗位能力与派驻企业需求之间的精准对接。三是派驻职责清单化。明确驻企服务员“五大员”工作任务，即：当好党建“指导员”，帮助企业加强企业党的建设，指导企业开展“五星示范、双强争先”创建；当好政策“宣讲员”，积极向企业宣传党的路线、方针、政策，解读各级党委、政府的重大决策部署和政策措施，帮助企业争取并用足用好相关扶持政策；当好政企“联络员”，全面了解企业生产经营情况，及时收集报送企业面临的困难和发展需求，帮助企业联系有关部门、办理相关手续；当好问题“协调员”，努力帮助企业破解用地、融资、人才、技术等方面的发展难题，为企业提供必要的法律服务，积极提出合理化建议；当好效能“监督员”，配合做好涉企职能部门工作效能监察，监督干部服务企业、践行党的群众路线等情况。并按年度细化分解为具体任务清单，根据清单落实情况开展考绩考评，考评结果与干部年终考核挂钩，作为干部提拔、职级晋升、评先评优的重要依据，进一步增强派驻实效。

（二）企业情况在一线掌握，让驻企服务员工作精准化

全面推行企情日记制度，通过“三驻三服务”小管家系统，准确掌握企业面临的需求和现状，精准投送助企惠企服务政策，有效解决企业面临的问题。一是增强“走”的深度。全面深化“走村不漏户、户户见干部”的长效机制，明确驻企服务员日常走访考核目标，要求驻企服务员每月走访企业一次以上，通过进厂区下车间，摸清盘透企业需求、发展短板、生产经营情况。二是增强“记”的精度。鼓励驻企服务员随时随地、随事随心记录企情日记，做到勤记会记善记，重点记录企业需解决的问题和开展“三服务”情况，也可记录个人体会感受和工作建议，对日记篇幅、数量、记录形式不作硬性要求，避免

因操作复杂、要求过细导致不情不愿、机械记录。今年以来，全市驻企服务员已写下企情日记3.5万余篇。三是增强“答”的力度。压实驻企服务员首问责任人职责，全程跟进问题处置情况和办理结果，并随时向企业做好反馈。2020年“三驻三服务”小管家系统启动以来，驻企服务员已发现和反馈问题5420个，其中，现场办结4578个，后续协调落实解决或解答592个，回应率达到95.4%。比如，嵊州市交通运输局干部刘力面对所派驻服务的企业是一家清洁能源股份公司。今年5月，该企业需将两根总长约46米的热力管道经普通道路运至高速公路进行安装，且在施工时需临时封闭部分高速路段，因项目施工难度大、牵涉部门广、上报材料多、送审时间长，企业一时无从下手，心里非常着急。刘力充分利用岗位优势，第一时间与交通运输局相关职能科室进行对接，并邀请该局工作人员上门为企业办理资料报批、实地许可勘查等服务，帮助企业在最短时间内完成项目申报审批。施工当天，他又与公安交警、高速路政等共同参与车流指挥引导，最终按照既定方案顺利保障管道完成安装施工。

（三）重点难点在一线攻坚，让驻企服务员作用最大化

以“六大行动”为载体，全力协助企业开展疫情防控、复工复产和经营发展等各项重难点工作攻坚，努力为企业提供最及时、最直接、最必需、最管用的帮助，让驻企服务员作用发挥最大化。一是开展惠企助企政策加快落地行动。助力服务“政策落地”，更快更好地帮助企业用好用足用实政策，对驻企服务员全面加强工业、服务业、人才、科技、金融等涉企政策方面的系列培训，市级层面已开展线上政策学习培训7期，培训1.5万余人次，编发政策电子书7期；县乡层面组织经常性及时性学习。组织驻企服务员针对各自挂联企业特点，逐一对照相应专项政策，全面摸清企业可享受政策条款，制定企业个性化可享受政策清单。全方位排查政策落实情况，对照企业个性

化清单，重点排查符合条件却未享受的条目，列出原因并帮忙协调，尽量缩短政策兑现周期，加快资金兑现进程，切实提升企业获得感。二是开展产业链断点堵点风险排查行动。助力服务“稳链强链”，组织驻企服务员深入企业排查，共排查出断链风险问题305个，涉及风险问题的企业162家。助推“精准补链”行动，积极寻找市内外可配套产品及技术企业，帮助企业上门接洽市外替代供应商，实施精准替代。目前，全市已构建染化料、铜加工、家电、电机、纺机、轴承、家居、厨电8个以龙头企业为引领的“产业联合共同体”，探索推进“平台拓链”“去库畅链”“龙头提链”“建库稳链”“育企补链”“智能健链”等有效举措，形成了各有侧重、闭环管理、合力突围的“绍兴方案”，如“越城区强前端保中端抓终端打出系统组合拳保产业链供应链稳定”“柯桥区纺织印染行业着力全产业链创新逆境中企稳回升快速增长”两项创新做法先后获得省政府领导批示肯定。三是开展库存异常企业重点监测服务行动。助力服务“去库拓市”，发挥驻企服务员规上企业全覆盖的组织优势，对全市规模以上工业企业中产成品存货增长50%且产成品存货占企业流动资产比重在50%以上的库存异常企业持续加强重点监测，为全市深入推进浙江制造“百网万品”拓市场行动、联手阿里巴巴开展“春雷计划”、联手网易实施“严选计划”提供了关键性信息支撑。同时，鼓励驻企服务员直接参与“直播带货”“社区拼购”等新型营销，帮助企业线上线下拓展市场渠道。5月以来，全市共开展网络直播、电商采购、社区团购等各类活动17场次，参与企业2006家，推荐商品2862个，累计实现销售额1.34亿元。四是开展“卡脖子”技术全球“揭榜挂帅”行动。助力服务“揭榜挂帅”，全力配合产业创新技术全球招引新模式，组织驻企服务员对重点产业链的产品库、技术库、项目库、人才库开展滚动式、地毯式摸排，形成全产业链“进口依赖”产品档案451项、重大技术攻关难题35项，“急用先行”项目31项、短缺产业人才需求96人。首批发布35项产业链急需的关键核心技术项目榜单，揭榜金额达1.2亿元，已有全球90余个单位（团队）进行初步对接洽谈，13个项目已达成初步合作意向。快速实施总投资约21亿元的19项“急用先行”项目，简化审批流程，实行新项目“桩基先行”，全力保障产业链畅通建设。驻企服务员在常态化需求摸排、人才与企业对接洽谈、后续政策兑现、项目审批建设等“揭榜挂帅”行动全流程提供“一对一”服务。五是开展重点企业和重点项目融资需求摸排行动。助力服务“金融支持”，抓住《绍兴市金融支持传统产业改造提升2.0版实施方案》中加大对相关传统产业制造业集群支持力度的发展契机，组织驻企服务员围绕“雏鹰行动”“凤凰行动”“雄鹰行动”，以及智能化改造“十百千”工程等支持重点，积极摸排重点企业和重点项目融资需求。共计摸排企业455家、项目473个，预计2020年绍兴全市金融机构对传统产业新增贷款超过200亿元。配合推动“智造贷”专项再贴现资金计划，预计2020年全市支持传统产业再贷款再贴现资金50亿元，撬动贷款资金100亿元以上。六是开展规上企业“企业码”推广应用行动。助力服务“码上先行”，组织驻企服务员率先在规上企业加强“企业码”的推广应用。截至5月底，全市规上企业领码率达到100%。在规上企业先行带动下，绍兴市成为全省第一个完成企业领码任务的地市，至6月底全市已有23万家企业领码，为加大“企业码”绍兴专区建设力度，建立涉企事项“全流程”“码上办”服务机制打下了扎实基础。同时，以驻企服务员为桥梁，打通企业码、12345、涉企综合服务平台、“三服务”“走企连心”和政企面对面等服务机制，形成涉企诉求办理闭环管理机制，定期汇总诉求办理情况，对诉求办结时效、办结质量、办结率进行实时跟踪问效，得到企业普遍好评。

（四）问题需求在一线解决，让驻企服务员服务高效化

全面构建线上线下、分类解决服务闭环，依托全省“三服务”小管家平台，开发“三驻三服务”系统模块，推动小管家功能向基层延伸。一是小事由驻企一线解决。在服务企业过程中，发挥驻企服务员作用，对企业提出的需求和问题当场着手解决，对现场无法立刻解决的问题，借势借力予以解决，最大限度把矛盾化解在基层一线、萌芽状态。比如，柯桥区钱清街道驻企服务员汪国林为帮助企业解决融资问题，深入研究企业的经营状况和资产情况，凭借自身知识产权工作的经验，帮助企业通过知识产权质押向银行争取到贷款300万元。二是大事由镇街（部门）协商解决。设置镇级“三驻三服务”工作办公室，每周召开企情分析例会，综合分析驻企服务员反馈的问题信息，分流镇街线办解决问题。同时，县级联企领导经常下沉指导，联系部门随叫随到，全面协调解决镇街难点问题。比如，诸暨市次坞镇驻企服务员张一涛将企业遇到的经营难题提交到镇里的企情分析会，通过集思广益和专家经验传授，最终帮助企业顺利改造智能化生产线，引导企业转型生产熔喷布塑料颗粒产品，有效解决了产品销路问题。三是难事由领导认领解决。在“三服务”小管家平台开发“三驻三服务”系统模块，把小管家功能向镇街延伸，实现市县乡三级贯通。对本层级无法解决的、涉及多个部门多个层级、多次协调难以解决的问题，从镇街层层上传，分流交办，并由市县两级领导牵头认领、推动解决，确保件件有着落、事事有回音。比如不久前，绍兴市委常委、组织部部长牵头在越城区塔山社区召开了一次协调会，帮助社区解决了三个实际困难，取得了很好的效果。

三、取得的成效

2020年以来，绍兴市把服务企业健康发展牢牢抓在手上，持续深化落实“驻企八条”，特别是坚持抓人促事、以事择人，将驻企服务员队伍管理成功由“松散型”转变为“紧密型”，把抓实用好驻企服务员作为重要抓手，充分发挥这支队伍联企、驻企、稳企、强企的独特作用，帮助企业积极应对疫情影响，主动抢抓市场重构、产业重塑机遇，以变应变、顺势而为、攻坚克难，工业经济形势稳步较快地走出低谷，实现“复苏—回暖—向好的”梯度转变，总体呈现“回暖向好、稳中求进”的发展态势。一是指标回暖向好。二季度在复产稳产工作推进下，工业经济运行秩序逐步修复，产销割裂现象明显好转，产能负荷稳步提升，工业主要指标逐月向好。1月至5月全市规模以上工业实现增加值579.7亿元，同比增长1.1%，位居全省第二，提前完成“半年正”目标。从先行指标看，1月至5月工业用电降幅较一季度收窄9个百分点；企业注册数量快速增长，同比达到9.45%；高速出口车流量同比增长22%，互联网物流指数、物流纸箱指数分别达102、104，连续三周处于活跃期，工业经济运行热度有效回升。二是韧性增强趋好。传统产业压舱定盘，化工、化纤、金属加工等产业运行展现极好韧性，1月至5月分别实现8.3%、6.6%和4.5%的较好增长，直接拉动面上增长2.24个百分点。纺织等主导产业“转负为正”，同比增长0.4%，纺织印染和服装服饰业近两月订单较4月有明显好转，外贸实单重启，70%左右企业处于正常生产或少量减产状态。新兴产业行情可期，疫情常态化防控推动医药等防疫物资行业稳守高景气度，二季度维生素A、维生素E均价环比上涨三成以上，分别同比增长13.8%、52%，新和成、浙江医药拉动较大；抗生素及防疫类产品产销两旺，越城振德、嵊州昂利康等上市企业均订单饱和。

装备行业，重卡汽车等下游行业稳步复苏拉动，由于一季度抢占了早复工早复产先机，方圆机电等一批装备企业产值同比大幅增长，甚至出现员工短缺。受益于“新基建”带动，5G等电子信息相关行业产销快速回暖，盛洋科技、中科通信等均同比实现大幅增长。三是效益提升转好。二季度，企业面对疫情等不确定性挑战的发展预期和应对能力明显提升，以变应变的适应性增强。通过出口转内销、产品转型、抢占国外市场、电商拓市等方式，产能负荷好转。调查的4273家规上工业企业中，6月正常生产的有2098家，占一半；处于满负荷生产的314家，占7.3%，较上月增加5.8个百分点。利润情况有所改善，全市规上工业企业实现利润168.2亿元，同比增长5.6%；应收账款及产成品存货两项资金同比增长8.8%，占比流动资产43.2%，较上年同期略有下降。以诸暨袜业为例，调研中企业反映虽然出口订单下行10%～20%，但受益上游原材料价格走低和“五减”政策红利释放，经营成本明显降低，且客户议价现象减少，实际盈利情况反较疫情前好转。四是融合深化促好。在疫情倒逼推动下，经济运行中业态融合、区域协同、内外市场双循环的趋势较以往更主动、更深入、更有成效。“云展经济”补位拓市。全市共开展各类网络直播、电商采购、社区团购等线上线下拓展活动17场次，参与活动企业数量达2006家，累计实现销售额1.34亿元。举办2020“丝路柯桥·布满全球”中国轻纺城云展会，在线意向订单330余次。“共享经济”发挥实效。如诸暨市组建纺织袜业、铜材精密制造、珍珠等六大产业企业群，80余家试点企业分别开展订单、设备、员工共享，带动共享经济效益超3亿元。“跨境电商”蓝海出航。1月至5月全市累计实现跨境网络零售出口额6.6亿元，同比增长43.7%，居全省第二，高出全省27.6个百分点。

四、经验启示

实践证明，绍兴市聚焦推动“驻企八条”落实落地，实现驻企服务员队伍管理成功从“松散型”向“紧密型”转变，促使更多机关力量下沉企业一线，全面、常态、精准推进“三服务”，形成了问题及时发现、快速流转、分类解决的服务闭环，为在常态化疫情防控中跑出高质量发展加速度提供了有力保证。一是要扩展“三服务”覆盖面。切实改变领导干部数量少、服务面小的情况，推动市县两级机关力量和乡镇（街道）干部到一线担任驻企服务员，有效解决了领导干部少、企业需求多的矛盾，让更多的干部成为“三服务”主体，让更多的企业受益于“三服务”，全面消除服务空白点。二是要推动“三服务”常态化。健全完善驻企工作制度，建立常态化的走访服务机制，重点解决服务“运动式”“一阵风”的问题，让服务企业的频次大大提升，提升企业与政府之间的紧密度。三是要提高“三服务”精准度。建立分层分类的问题发现、流转、解决机制，让每一个层级担负起该负的责任，尽可能让问题消弭在萌芽、解决在一线，把领导干部从琐事小事中解放出来，集中精力解决大事难事，真正提升“三服务”的整体效能。

【思考题】

1. 建立“紧密型”驻企服务员队伍，推动精锐力量在一线集结、企业情况在一线掌握、重点难点在一线攻坚、问题需求在一线解决，对于保护并激发市场主体活力起到了很好作用。驻企服务员在服务企业过程中展现出的优良理念、方法、作风，带给我们哪些启示?

2. 当前，党中央作出了推动形成以国内大循环为主体、国内国际双循环相互促进的新发展格局战略决策，我们应如何深化驻企服务员制度，更好地发挥其在畅通“双循环”中的作用?

打造“三大员”　奋力赢“两战”

——金华市坚持力量下沉　夯实基层治理压舱石

【摘要】金华的市场主体有110万户，总量居全省第二，外贸量位居全省前列，人员交流往来频繁、流动性大。面对突如其来的疫情，防控难度大，同时量大面广的中小微企业因为疫情遇到了前所未有的困难。无论是疫情防控还是复工复产，如果解决不好，将给全市经济社会发展大局和群众生产生活带来极大影响。

金华市认真贯彻落实习近平总书记对疫情防控工作的重要指示批示精神和中央、省委的决策部署，全面发动6039名专职网格员和12.7万名兼职网格员、1.5万名民情民访代办员，第一时间选派7000多名驻企服务员，成为扎根基层、全方位服务企业和群众的“三大员”。他们闻令而动、冲锋在前，守“小门”、打“巷战”，破堵点、解难点，解民忧、化民怨，各项工作抓得严而又严、细而再细、实而再实，取得了“两手硬、两战赢”的阶段性成果，为常态化疫情防控情况下基层社会治理提供了有效经验。

【关键词】“三大员”　力量下沉　基层治理

一、背景情况

社会治理的重点在基层，难点也在基层。只有将社会治理的重心下移、关口前置，扎实做好基层社会治理和服务工作，才能从源头上化解各种矛盾，维护社会和谐稳定。

习近平同志在浙江工作期间到金华磐安和浦江调研时曾指出，不仅要坚持设立窗口等便民服务，还要探索偏远地方的登门服务，送服务上门；领导下访接待群众，是新时期开展群众工作的一种有效形式，也是从源头做好信访工作的一项有力措施。

近年来，金华市始终以“两个维护”的高度政治自觉，深入学习贯彻习近平总书记的重要指示批示精神，充分挖掘其中蕴含的服务理念、服务方法、服务机制，积极推进社会治理创新。

2009 年开始，全市推行了“网格化管理、组团式服务”。到 2016 年，全面推进全科网格建设，在原有工作基础上将分散的社会管理服务事项纳入一张网，统筹职能、力量、资源和经费，打破了部门壁垒，增强了综合治理能力。

2019 年，金华市全面推进民情民访代办制改革，以镇、村为依托，把党员干部、“两代表一委员”、律师等力量吸纳进基层民情民访代办员人才库，把资源下沉到老百姓身边，推动形成“群众点单、干部代办”的新型办事投诉渠道。

另外，“无证明城市”、企业开办“零见面”审批、标准地改革、医保市级统筹等一系列改革，金华都走在全省前列。金华市在深化“最多跑一次”改革、方便群众办事、优化营商环境方面不断探索创新，全市经济社会发展行稳致远。

2020 年初，新冠肺炎疫情突如其来，给全市经济社会发展和群众生产生活带来了严峻挑战。

金华市共有562万常住人口。市场主体达110万户，总量居全省第二，外贸量位居全省前列，人员交流往来频繁，流动性大。怎样才能确保疫情得到有效控制？

2月复工复产以来，量大面广的中小微企业，组织化程度较低，抗风险能力弱，不少企业遭遇开工难、招工难、产业链联动难、物流运输难、资金周转难等难题，陷入了发展困境。复工复产怎样才能加速推进？

3月新冠肺炎疫情在全球蔓延后，全球经济发展按下了“暂停键”。不少外贸企业大量的订单延后或取消，资金紧缺、企业停工，面临着生死存亡的考验。订单从哪里来？市场怎样开拓？由于企业停工带来的一系列社会问题，怎么解决？

战疫大考，既是对治理体系和治理能力的大考，也是对营商环境和发展能力的一次大考。

如何顺利通过这场大考？金华市的答案是重心下移、力量下沉，充分发挥驻企服务员、基层治理网格员、民情民访代办员“三大员”作用，把企业、群众和基层服务好，全力夯实基层基石。

二、主要做法

（一）力量在一线集结——一名名“三大员”沉入企业群众基层一线，铺就了一张基层经济社会治理的“大网”

群众安则社会定，基层稳则天下安，企业稳则经济稳。

疫情就是命令，防控就是责任。金华市深入贯彻落实习近平总书记关于疫情防控工作重要讲话指示精神，火速建立起市县乡村四级抗疫体系，第一时间发出通知，要求全市各级党组织和广大党员干部在打赢疫情防控攻坚战中勇担当、善作为。市信访联席办也下发《关于倡导民情民访代办员积极参与各地疫情防控工作的通知》，要求各民情民访代办员积极参与其中。

走在巡逻路上，登记外来人员和车辆……金东区多湖街道东盛村网格员薛科在除夕夜顶着寒风，通宵站好新春第一班岗。

跟薛科一样，全市6039名专职网格员、近12.7万名兼职网格员、1.5万名民情民访代办员迅速集结，第一时间投入疫情防控中，成为第一批扎根村社基层的“最美逆行者”，组建“防疫突击队”，奔波于农村、社区疫情防控阻击战第一线，筑起一道道防护墙。

东阳市3万余名党员组建1000余支“疫情阻击队”，横店镇6200名红领新青年和后备干部组成的111支突击队更是积极主动参加志愿工作，分组进行卡口执勤。

兰溪市1200多名“红色代跑员”为居家隔离的村民和孤寡老人购买生活物资、办理日常琐事。

武义县桐琴镇21个村的党员干部仅用3个小时就建立了一支由200余辆私家车组成的“红色防疫车队”，既当宣传车队又当保障车队，保障工作人员和村民生活所需。

随着疫情防控升级，社区一时无法消化群众的求助，有的甚至到了不堪重负的境地。为缓解社区防控压力，市县两级机关党组织及时与结对共建社区联系对接，安排机关党员到社区报到，深入一线，充当网格员和民情民访代办员，积极做好疫情防控的各项工作。据不完全统计，机关单位每日参与社区防控工作的党员干部达1万余人次。

随着全市疫情防控形势的持续向好，复工复产吹响了“集结号”。但是，企业复工复产疫情怎么防控？产能如何尽快恢复？

为有效应对企业复工复产中面临的困难和问题，金华市及时下发了《关于建立驻企服务员机制　深化“三服务”活动推动企业复工复产的通知》，按照“三级联动、一企一员、企业全覆盖”的原则，组建驻企服务员队伍。对规上企业一对一派遣驻企服务员，对其他企业开展“一对多”服务，对小微企业提供组团式服务，确保实现驻企服务全覆盖、零遗漏。市县两级四套班子领导带头担任驻企服务员，每人结对联系15家企业，加强与企业“一对一”直接联系。各县（市、区）把政治素质好、担当意识强、熟悉经济工作作为基本标准，挑选精干人员担任驻企服务员。全市累计共选派7909名驻企服务员。

随着驻企服务员派驻到位，在金华市的农村、社区、企业一线，处处可以看见以基层治理网格员、民情民访代办员、驻企服务员为核心的“三大员”队伍，他们就像树根一样，扎在基层经济社会治理的“泥土”里，为企业、群众和基层提供力所能及的服务，同时，通过在一线收集问题，促使各级机关干部下沉到一线解决问题，形成了人员往基层投入、资源往基层投放、力量往基层汇聚的工作格局，筑牢了基层社会治理的根基。

（二）情况在一线掌握——一趟趟进村入企到户，广排查、问需求，实现了情况全掌握、服务全覆盖

让该静的继续静下去，让该动的有序动起来。事实上，无论是疫情防控阶段，还是复工复产阶段，金华市都是采取动静结合的办法。

这“一动一静”之间，恰是“三大员”在疫情防控和复工复产中忙碌奔波的真实写照。

“我负责的网格共有989户，每户我们都进门排查了解情况。”自疫情防控以来，每天不厌其烦地巡查网格内的住户，这就是义乌市佛堂镇倍磊片网格长陈燕青的工作。

婺城区城西街道民情民访代办员宋园春，被群众亲切地称为“和姐”。这个春节，她是在为群众代办跑腿中度过的。疫情面前，宅家时间长了，矛盾也容易激化。夫妻矛盾、婆媳矛盾、父母与子女的矛盾、赡养老人矛盾等都出现了。宋园春除了用电话、微信代办，也会特事特办，和代办团队一起去帮助他人。

“不是在企业，就是在去企业的路上。”自担任驻企服务员以来，“跑企业”几乎成了武义县经济商务局副局长饶阳平的工作“新常态”。作为驻企服务员组长，饶阳平除了每天联系对接组内的 20 家企业，检查疫情防控、指导复工复产，每天晚上还组织组员召开视频会议，分析研判组内企业遇到的各类问题。

这样的例子不胜枚举。

“三大员”充分发挥人头熟、地域熟、情况熟、政策熟的优势，立足网格单元，守小门、打巷战，网格化查控疫情；送政策、优服务，为企业雪中送炭；听民声、纾民困，向群众问需解难，有力筑牢疫情防控第一道防线、助推企业复工复产，取得了“两战”的阶段性胜利。

进入常态化疫情防控阶段，金华市分别制定完善了“三大员”工作任务清单，进一步厘清工作职责，推动“三大员”深入一线，发挥作用。驻企服务员重点当好政策“落实员”，指导帮助企业及时落实好惠企政策，让企业能享受的全部享受、尽早享受；当好数据“统计员”，配合做好数据统计方面的工作，做到应统尽统；当好问题“排查员”，及时收集梳理、汇总上报企业生产经营的困难和问题，并跟踪督促问题解决，同时指导其做好安全生产、疫情防控等工作。基层治理网格员在继续按照“外防输入、内防反弹”要求把牢“小门”、打好“巷战”的基础上，严格落实 22 类网格事项清单制度，全面排查，及时收集和传递信访维稳、矛盾纠纷、治安隐患、生态环境、安全生产等实时动态信息，并力所能及地发挥政策宣传、矛盾调解、治安防范、隐患消除和为民服务等作用。民情民访代办员一方面要“做大民情代办”，通过建立民情民访代办流动站等模式，将民情民访代办延伸到街头、社区、企业和市场，把服务真正下沉到老百姓身边；另一方面要“做实民访代办”，了解社情民意，排查矛盾纠纷，严格落实初次民访事项代办要求，及时解决群众合理诉求，切实将矛盾问题化解在基层、化解在初期。

（三）问题在一线解决——一个个企业、群众和基层问题得到解决，提升了企业和群众的获得感和满意度

"多亏了驻企服务员的悉心服务，不然我们可能至今都无法顺利开工。"一位企业主感激地说。金东区行政服务中心办公室副主任汪斌在了解到企业防疫物资不足后，积极对接，调配了750只医用口罩，缓解了企业的燃眉之急。

义乌市佛堂镇民情民访代办员陈君荣接到该镇陈村村民陈某反映居住的安置房楼上邻居房屋漏水且多次反映无果的情况后，经现场查看，发现楼上住房为土坯房，卫生间未做防水措施。陈君荣当场召集双方进行协调，最终促使楼上承租户同意在一周内做好防水措施。

推动解决企业、群众和基层的问题是"三大员"工作的初衷和核心。

"三大员"一头连接着企业和群众，一头连接着各级各部门，是企业、群众和部门之间的"纽带"。在推进"三大员"工作中，金华市大力推行快速反应机制，对企业、基层和群众反映的各类问题，能当场解决的，要求"三大员"当场解决，第一时间做出回应。当场解决不了的，通过"三服务"小管家等平台提交，交相关部门解决。各相关部门对交办的问题实行限时办结制，做到简单问题3日解决，复杂问题3日反馈、15日解决，长期问题3日反馈、按月报送进度直至销号，暂时不具备解决条件的3日内反馈并作解释说明，确保"事事有着落、件件有回音"。

对一些仅靠单个部门无法解决的"老大难"问题，金华市聚焦难题中剩下的"硬骨头"，部署开展"百团助万企""集中破难攻坚月"等专项行动，通过"组团式""捆绑式"攻坚，以集成化服务破解难题。

4月下旬，被资金"卡脖子"的浙江金士敦供应链管理有限公司，

一下子得到300万元的贷款授信，还享受了首保费率优惠。受益的不仅有这一家公司，义乌市出台了政策性融资担保实施方案（修订稿），打破了原有的只能为工业科技等重点企业担保的框框，外贸、电商、物流等公司及市场经营户都可享受到政策性融资担保。此举将释放100亿元的政策性担保能力。

义乌市外贸企业因国际市场需求萎缩，资金压力变大，困难重重。像金士敦供应链管理有限公司进出口贸易主要做的是巴西、中东、非洲等地的业务，3月同期下降了80％左右。按照“1名领衔领导、1个牵头部门、若干个责任部门”的“1＋1＋N”破难机制，外贸企业“融资难”由义乌市分管副市长领衔、金融办牵头负责、商务局等6个部门配合，进行组团式攻坚。为尽快解决难题，他们迅速走访20家重点外贸企业，摸清情况后出台相应政策。

自3月中旬启动“集中破难攻坚月”行动以来，梳理出的第一批329个难题，已完成314个。5月中旬，又启动了第二批集中破难攻坚行动，压茬推进，列出了180个难题，第一批尚未解决的15个问题列入第二批继续攻坚。

据统计，2020年以来（截至6月19日），全市驻企服务员累计收集问题29421个，已解决28101个；民情民访代办员累计代办民情民访事项40021件，解决各类民情民访事项39038件；基层治理网格员累计排查安全隐患43073件，办结率96.71％，化解矛盾纠纷22961件，办结率98.18％。

（四）理念在一线升华——一次次得人心、暖民心、稳企业的行动，使助企惠民成为自觉追求

在企业、基层和群众中，“三大员”体会着这样的变化：在走访服务中，企业主、群众一开始观望、无所谓、应付着，有什么问题不会直接跟他们讲，到后来有事找“三大员”成了一种习惯、一种常

态，有什么问题和困难首先都向他们反映。

这一转变，是一名名“三大员”沉入一线尽心服务的结果，是政企、干群关系更加融洽的过程。在一次次代办代跑和一个个问题解决过程中，企业、群众、基层有了一名名常驻的服务员，“三大员”也经历了一次次思想的洗礼。

“每个网格都是一种责任，作为一名网格指导员，我走进农户家中、走遍网格角角落落，在发现问题、解决问题的同时，对自己而言也是价值实现的过程。”磐安县方前镇一名干部表示，在每一次走访、每一次排查、每一次服务中，自身的工作能力得到了锻炼和提升，为民服务的责任意识也增强了。

当一个个问题得到及时处理，一起起矛盾得到妥善化解，代办员们深切感受到，民情民访代办就是一项实实在在的工作，要脚踏实地、稳扎稳打，尽力而为、量力而行，不能空喊口号，搞花架子。“列车有终点，爱心无止境。我们要用心去感悟，行动践真知，当好群众的跑腿员。”一名民情民访代办员如是说。

“现在看来，做得还不够，还要继续想办法。这些商品质量好，现在处理价又有优势，我们相信最终都能卖出去。”婺城区驻企服务员陈小刚吐露了驻企服务员的心声：真诚希望企业能够活下去、强起来。

寒夜为众人抱薪取火者，当有人暖之；临危为世人奋战抵御者，当有人护之。为了引导激励党员干部在疫情防控一线履职尽责、担当作为，金华市委组织部出台了《金华市进一步激励关爱党员干部和医务工作者在疫情一线担当作为的十条举措》，树立了在基层一线、关键时刻、急难险重任务面前考验干部、识别干部、评价干部、关爱干部的鲜明导向。

数字经济作为浙江“一号工程”，已成为融于发展血脉中的智慧因子。数字化不只是社会治理的辅助工具，更是一种治理手段和治理理念。

金华市做深做透“互联网＋”文章，给企业和群众提供系统集成、便捷高效的服务，实现更多服务的“网上办”“掌上办”“在家办”“全市通办”。在服务企业方面，争取到了全省设区市级层面推广应用“企业码”的试点资格，全力打造“企业码”推广应用的“金华样本”。在服务群众方面，不断加强社会矛盾纠纷调处化解中心（信访超市）规范化建设和“基层治理四平台”数字化建设，用好政务咨询投诉举报平台和8890热线电话。在服务基层方面，继续深化机关内部“最多跑一次”改革，发挥部门间“最多跑一次”平台作用。

“‘三大员’工作是我市深化‘三服务’工作的重要着力点，是助推‘最多跑一次’改革向各领域延伸拓展的重要突破口，力在倒逼各级党员转变作风、改进方法，在更好地服务群众、服务企业、服务基层中，融入全市发展全局、发挥应有作用。”市委书记陈龙在全市“三大员”工作推进会上强调。如今在金华，到一线去服务已成为党员干部的自觉追求。

三、取得的成效

（一）取得了“两手硬、两战赢”的阶段性胜利

以驻企服务员、基层治理网格员、民情民访代办员为核心的“三大员”队伍，是在疫情防控的人民战争中因势而动、锤炼壮大起来的。推进“三大员”工作，最直接的影响就是控制了疫情、助力了复工复产，取得了“两手硬、两战赢”的阶段性胜利。自2月13日起，金华就没有发现本土新增确诊病例，特别是在启动复工复产后，疫情没有因大量外来人口进入而反弹扩散，且复工达产率居全省前列。截至3月19日，金华市企业产能恢复率达96.89%，居全省第二，其

中，服务业产能恢复率81.36%，居全省第二。全市3928家规上工业企业、2087家规上（限上）服务业企业、459家重点外资企业已全部复工；东阳横店影视产业集聚区已复工企业1403家，复工率达到97%；农业企业复工率实现三个100%。具有风向标意义的义乌国际商贸城于2月18日正式开市。

（二）助推了金华打造“两优一高”市

近年来，金华市不断深化“最多跑一次”改革，以推进“无证明城市”改革为重点，着力打造营商环境最优、便民服务最优、机关效能最高的地市。“三大员”始终沉在一线，经常性、常态化走访联系群众和企业，及时收集解决群众和企业的困难和问题，并帮助企业和群众开展代跑代办服务，稳步提升了金华市“最多跑一次”改革的实现率、满意率，推动“最多跑一次”向“一次不用跑”转变，助推金华打造“两优一高”市，增强了金华发展软实力。浙江龙芯智慧产业园等一大批投资项目负责人明确表示，他们投资金华就是看中了金华良好的营商环境。

（三）提升了党员干部的能力水平

“三大员”要求基层党员干部变“坐等上门来访”为“主动下去服务”，变“处理单一业务”为“解决各种难题”，把党员干部“赶”到企业、基层和群众中去，直接面对各种矛盾和复杂问题，形成了推动干部学习的倒逼机制。有年轻干部说：“不到一线，不知道基层和企业的难；不到一线，不知道自己的差距在哪儿。深入企业、基层和群众之中，可能会碰到各式各样的问题。虽然会统一组织我们参加培训，但是这还远远不够，还需要自己平时不断地学习和积累。通过一段时间深入一线服务，处理问题的能力增强了。”

基层是社会治理的第一线。这次疫情是对我国治理体系和能力的一次大考，以此为契机推动社会治理重心向基层下沉，把更多资源、服务、管理放到基层，补足短板、深挖优势，有助于推动治理体系和治理能力现代化。

实践证明，在应对突发性公共事件、维护社会大局和谐稳定、促进经济向上向好等方面，“三大员”能够并且已经发挥了重要作用。

但也不可否认，进入常态化疫情防控后，“三大员”作用发挥还存在一些不足，有待更好探索实践。如有的驻企服务员对经济工作不熟悉，对惠企政策不了解，到了企业不知道应该干些什么，缺乏发现问题、解决问题的能力；有的网格员工作浮在面上、沉不下去，提供的信息仅局限于“哪里有乱堆乱放、哪里河水较脏”等，而有关安全生产、维稳方面的有效信息较少；有的民情民访代办员的主动性和积极性不高，部分基层民情民访代办员能力素质有待提高；等等。

“我们要以更大力度抓好‘三大员’工作，推动重心下移、力量下沉，给企业、群众和基层提供更多更优的服务，把‘三大员’打造成为我市深化‘三服务’、建设‘两优一高’市的金名片。”金华市委书记陈龙在全市“三大员”工作推进会上提出了明确要求。

未来，在金华加速产业转型升级步伐、加快建设民营经济强市等方面，驻企服务员依旧大有可为；在提升基层治理能力、推进市域治理现代化上，基层治理网格员仍将是重要支撑；在推动信访工作“最多跑一次”“最多跑一地”改革的进程中，民情民访代办员仍会是关键保障。我们必须发展好这支关键时刻冲得上、顶得住的“硬核”队伍，不断将党的组织优势更好转化为发展优势、治理效能。

【思考题】

1. “三大员”工作对深化“最多跑一次”改革、推进市域社会治理现代化有什么借鉴和启发?

2. 疫情防控进入常态化后，怎样推动“三大员”发挥更大作用?

改革提速　数字赋能

——衢州市“三通一智”智慧平台体系确保“两手硬、两战赢”

【摘要】围绕乡村治理、社区自治、服务企业等场景，衢州市以“最多跑一次”改革为牵引，大力推进政府数字化转型，先后开发线上“村情通”“邻礼通”“政企通”等掌上平台，打造“三通一智”体系，构建起政企民协同、管治服一体的科学精密智控网和高效便捷服务网。在疫情防控和推动企业复工复产中，这套体系发挥了重要作用，构筑起守牢浙江西大门的数字屏障，为推动经济复苏提供了有力的“数智”支撑。“村情通”，织牢乡村防控“安全网”，“掌上推送”直达末梢，“掌上管控”精准高效，“掌上办理”有招有方；“邻礼通”，构建居民生活“保障网”，方便群众就医，方便群众生活，方便行业复工；“政企通”，架起扶企惠企“通达网”，实现惠企政策一键通达、利企服务一站办理、助企行动一端覆盖。“三通一智”通过机制集成、政策集成、服务集成，加快实现了大数据智慧管理、智慧治理、智慧服务，有效确保“两手硬、两战赢”。

【关键词】智慧治理　“三通一智”　治理效能

一、背景情况

当今世界，信息技术革命日新月异，引领着人们生产生活方式的重大变革。数字经济的数据化、智能化、平台化、生态化等特征，深度重塑了经济社会形态，催生了一系列革命性、系统性和全局性变革，也对政府的管理模式、运行机制和治理方式提出了新要求，带来了新挑战。党的十九届四中全会提出要建立健全运用互联网、大数据、人工智能等技术手段进行行政管理的制度规则，推进数字政府建设。数字政府建设，成为当前推动政府治理体系和治理能力现代化的着力点和突破口。与此同时，随着改革开放的不断深入和市场经济的迅速发展，我国的社会结构在社会转型过程中发生了巨大的变化，呈现出碎片化、分散化、矛盾化的特点，传统的社会管理方式已难以适应新形势的要求，致使改革成果没有很好地转化为民众的获得感，并出现了一系列基层治理的难题。

基于破解基层治理难题的现实需要，得益于信息技术的有力支持，衢州市大力推进数字政府建设。衢州市通过“最多跑一次”改革、“雪亮工程”、基层治理“四个平台”、城市数据大脑 2.0 等新探索，让数据多跑路、让群众少跑腿，不断提升政府治理体系和治理能力现代化水平，成为浙江省数字政府建设的标杆。2019 年以来，衢州市全面推动“最多跑一次”改革向公共服务、公共场所、社会治理等领域延伸扩面，持续发动改革的撬动裂变效应，推进经济社会发展提质增效升级。在农村，针对群众办事难、民情信息掌握难、群众动员组织难、基层党组织核心作用发挥难、群众参与治理难等问题，龙游县于 2017 年试点推广“村情通”；在社区，针对信息掌握难、物业管理难、精准服务难、居民沟通难、力量统筹难等问题，柯城区于 2019 年试点运行“邻礼通”，均取得了较好的效果。

面对2020年新春伊始暴发的新冠肺炎疫情，衢州市在“最多跑一次”改革原有优势的基础上，面向全市推广应用“村情通”“邻礼通”，同时新开发了面向企业的“政企通”，打造以“三通一智”为主体架构的智慧衢州线上治理平台体系，构建起政企民协同、管治服一体的科学精密智控网和高效便捷服务网。这套体系在疫情防控和推动企业复工复产中发挥了重要作用，构筑起守牢浙江西大门的数字屏障，为推动复工复产提供了有力的“数智”支撑。

二、主要做法

（一）“村情通”，织密织牢乡村防控“安全网”

“村情通”最早起源于基层党支部的探索创新。2016年6月，龙游县东华街道张王村尝试将村情民情电子化、信息化，设计开发了“村情通”综合信息化服务管理平台。2017年，龙游县在深化“最多跑一次”改革和基层治理“四个平台”建设中，按照“党建统领、群众路线、智慧治理”思路，进一步优化升级这一平台，实现了村级事务信息动态交互式管理，并于当年6月全面推广“村情通”，覆盖全县262个行政村，打通了基层治理“最后一公里”，取得了明显的成效。2018年以来，衢州各县（市、区）都在此基础上推出了本地化的“村情通”式智能平台，柯城区“点点通”、衢江区“钉格通”、江山市“一家亲”、常山县“慢城百事通”、开化县“三民工程E掌通”等全部上线运行，注册用户超过70万人，家庭覆盖率80%以上。2020年4月底，衢州市发布启用“乡村振兴讲堂·村情通”平台，致力于持续服务疫情防控和经济发展，突出抓好农村党员群众教育，全力推动乡村产业创新发展，这也标志着“村情通”进入了一个崭新的发展阶段。

“村情通”智能应用平台运用互联网技术和大数据，优化制度体系，有针对性地破解了农村基层治理难题，建立党建统领、全民共建、共治共享的基层治理新格局，取得了明显成效。面对乡村防疫点多面广的实际，“村情通”在功能拓展、迭代优化上充分实现了广泛发动、全员参与、迅速反应、精准到位，构筑起群防群控的严密网络。

第一，要素整合流程优化，确保防控直达末梢。“村情通”在运行中，通过“网络＋网格”“线上＋线下”有效结合，统筹驻村干部、全科网格员、各类群团组织、村民等治理主体，将治理关口大大前移，保证了疫情管控的高效精准。

针对外来人员健康状况获取难的问题，各地通过“村情通”平台上专门针对外来人员开发上线的“每日上报”小应用，对健康码申领、上报和应用进行智慧化、精准化管理。群众以户为单位每天一报，形成“村民自主申报—党员提醒协报—网格员兜底”机制，当遇红码、黄码时，第一时间上报各地指挥部。

针对疫情线索信息获取难的问题，各地在“村情通”上开设“疫情举报”专栏，广泛发动群众积极参与监督，如发现有返乡人员或异常人员及时上报，协助村社排查，做实全民参与的基层管控。同时，对所有举报和投诉进行大数据分析研判，并上报各地指挥部，为疫情精准防控提供支撑。

第二，“数据跑腿”迭代升级，实现办事高效便捷。办事难是群众反映强烈的老大难问题，特别是在边远的乡村地区，而“村情通”突出便民服务功能，打造政府网上服务“超市”，并在实践应用中不断迭代升级。在疫情防控期间，“村情通”通过“数据跑腿”和网格员上门代办事务，一站式解决群众的个性化服务需求，免除了群众的后顾之忧。龙游县开发上线了“移动办事”“信息广场”等40多项功能，让老百姓掌上办事不用跑，反映问题不出门，户籍、计生、残疾证、合作医疗等900多个行政审批服务类事项实现了“手机办”“指尖办”，文书证照快递送达，村村覆盖。

针对疫情期间企业招工难、群众求职难等问题，各地与人工智能招聘互联网企业e成科技合作，在“村情通”平台上线“智慧招聘”功能应用，启动春季人力资源交流会。求职者从手机上即可完成浏览招聘职位、极速入职申请、投递视频简历、“AI+视频”面试、查看投递记录等全流程操作。企业可以在招聘工作台查看求职信息，并进行筛选、安排视频面试，对通过面试的求职者，企业还可线上发送录用通知。

第三，线上线下深度融合，启动乡村振兴引擎。衢州市聚焦乡村振兴讲堂“主题教育主阵地、乡村振兴主平台、基层治理主载体”定位，将乡村振兴讲堂与“村情通”智能应用平台打通融合，搭建党员群众教育培训的全新载体，拓展乡村产业创新发展的有效渠道。在疫情防控常态化、经济下行压力大的背景下，这一创新做法发挥了独特的效用。

立足党员干部教育学习与队伍建设，“乡村振兴讲堂·村情通”平台打造“党员教育”板块，设“远程教育”“每日金句”“先锋指数”等栏目，在职党员、流动党员等各类基层党员“一榜统管”，实现了党员学习、党员管理、群众监督等多功能合一。如龙游县设立的“主题教育”栏目结合“绿水青山就是金山银山”理念落地、“两江”走廊建设等重点工作，收录领导下沉一线讲、乡村振兴导师讲、支书领衔带头讲、“80”“90”身边讲、党员上台自己讲的精品课件及文章，实现人人皆学、处处能学、时时可学，让“不忘初心、牢记使命”主题教育常态化走深走实。

平台按照“缺什么补什么”的思路，在乡土人才培养、产业技能培训、涉农信息宣传、村播产业发展等方面设置相应功能板块，邀请专家把脉问诊，重点提升产业发展动力和农民“造血”能力。如“空中课堂”板块，平台优选乡村振兴讲堂产业类精品课程进行展播，群众在家点一点、看一看就能学到种植、养殖、酿造等技能，还能根据群众实时需求制订合理的课程计划。又如“村播直播”“农家土货”等栏目，为群众搭建农产品信息交流平台，村民或网红达人在线推介自家产品，成为助力线下产销的金名片。

（二）“邻礼通”，构建完善居民生活“保障网”

“邻礼通”是一款以物业费收取、物业评价、小区网格治理为核心功能的小区治理综合线上平台，是城市基层治理现代化的有效探索。2019 年 3 月，基于老旧小区物业管理老大难问题，柯城区信安街道率先探索开发“未来社区”微信小程序。10 月，在衢州市“红色物业联盟”专班的推动下，该小程序更名为“邻礼通”，并在柯城区 6 个街道 19 个小区开展试点。经过半年多的实战检验、迭代升级，于 2020 年 5 月正式向市本级进行推广升级“邻礼通＋红色物业联盟”模式。截至 2020 年 7 月 14 日，“邻礼通”已导入 161623 户，匹配激活 119103 户，市本级匹配率达 73.7％。以疫情防控为契机，“邻礼通”在实现基本物管功能的同时，更是不断拓展上线各类智慧功能，破解社区生活服务管理中的各类难题，成为真正管用实用好用的社区智慧化治理平台。

第一，夯实数据基础，破解居民信息掌控难题。疫情防控工作凸显城市社区基础信息数据的重要性，这也是搭建现代化社区治理“大脑”的基石。针对城市社区人员流动频繁、业主信息不全等问题，衢州市借助推广使用“邻礼通”，打破不动产登记、公安、民政、社区等部门的数据壁垒，建立了线上小区数据库，并由网格员和物业对住户信息进行分类标注，形成一张“信息共享网”，做到了住户租户商户、社情楼情户情“三户三情”全知晓。与此同时，结合防疫期间衢州市“包区清楼”行动，以“大数据＋网格化”智慧排摸，由点到面，将应用使用面扩散到城区所有小区网格，推动实现小区住户、网格员、物业信息的全面汇聚。

围绕疫情防控中精准掌握居民相关信息的需求，“邻礼通”上线了问卷调查功能，根据不同时期防控侧重点的不同，动态更替调查选项内容，参与在线调查的小区业主会留下名字、身份证、手机号码以及所住的楼栋、门牌号，这些后台数据让社区大数据的精准定位成为可能。

第二，接入便民通道，破解社区精准服务难题。“邻礼通”充分发挥线上高效快捷、线下贴近群众的优势，形成社区服务闭环，打通便民服务“最后一米”。为了让市民宅在家里也能买到菜，衢州市农业农村局精心选择了一批农业企业、家庭农场，建立“数字菜场”。为了方便群众下单，“数字菜场”直接接入“邻礼通”小程序。截至2020年7月，已有东方商厦、大润发、万达等6家可靠的“菜篮子”供应商入驻“邻礼通”，上线“空中超市”，全天候为居民提供果蔬采购精准服务。疫情防控期间，“邻礼通”植入“衢州健康码”，实现快速精准亮码、实时便捷申领核验，社区老人拍手叫好；建立“长者食堂”，为社区60岁以上老年人提供就餐、送餐服务；开展“小口罩、大情义”的送口罩活动，为624户迫切需要口罩的居民送去了关爱；开通复工专区，协助与群众生活息息相关的“十小”行业个体工商户顺利完成复工备案……“邻礼通”社区服务功能在实践探索中不断得到拓展优化。

作为“邻礼通”的线下平台，“邻礼中心”还链接了“96811”公众服务、教育培训、人力资源、老娘舅、律师团队等N类组织上线，形成“1＋1＋N＞2＋N”的“共生型”组织，为社区居民提供便捷服务。如，将“浙里办”功能嵌入“邻礼通”，依托线下网格力量，为社区居民特别是老弱病残群体代办老年证、社保医保信息查询、身份证补办等“零跑腿”线上办事项目。

第三，坚持红色引领，破解治理力量薄弱的难题。针对小区治理任务重、社区干部人员少的问题，衢州市利用“邻礼通”的“联盟驿站”模块，一方面提升机关部门党组织与结对街道社区的有效对接，实现了“组团联社”常态化服务的线上功能，真正做到任务清单线上申领、组织党员线下服务、活动留痕社区评价；另一方面开通党员线上报到、线上亮身份、线上联户等功能，充分发挥小区党员先锋模范作用。截至 2020 年 7 月，衢州市市本级与柯城区参加“组团联社”的共 120 个机关党组织、7531 名党员干部已全部导入该模块。

“邻礼通”将机关党员干部、社区、物业、社会组织等力量串联起来，扩大了红色物业联盟“朋友圈”，充实了小区治理资源力量。在疫情防控期间，衢州市利用“邻礼通”赋能“包区清楼”行动，推动市区 113 个部门、2800 多名党员干部和 2000 多名志愿者等下沉小区，参与疫情防控 15 万余小时，完成 8569 幢 15.5 万户户情排摸，驻点服务商户复工复产 1585 多家，协调解决问题 2063 多个，做到了组团到社、联系到格（小区）、责任到楼、排查到户、服务到人，实现了力量精准投放、精准服务。

（三）“政企通”，架起惠企利企助企“通达网”

为破解疫情期间复工复产惠企政策信息不对称、政策不知晓和不会用、政出多门、可操作性差、申报流程复杂、反复跑等难题，确保在抓好疫情防控的同时，精准助力企业复工复产，2020 年 2 月 28 日，由衢州市营商办牵头搭建、信安数智公司提供技术支持的衢州市“政企通”平台正式上线运行，并向县域扩推。“政企通”平台按照“整体智治”理念，聚焦企业全生命周期服务综合集成，为政企建立起更简便、快捷、高效的沟通渠道。

第一，惠企政策一键通达。衢州市“政企通”在浙江省政府数字化转型“四横三纵”总体框架下，打通了市场监管、人力社保、电力、税务等20多个部门的数据，实现了涉企数据全覆盖；汇聚了国家级、省级、市级、区级四个层级的惠企政策，通过流程再造、系统集成、数据共享，整合金融服务平台、政策服务平台、应急物资管控等24个系统，推出政策查询兑现、融资信贷办理、企业咨询投诉等40余个服务应用场景，实现了政府“一个平台”整体对外，企业“一个端口”获取服务，有效破解了企业服务碎片化难题。企业主体可以在平台上得到详细的政策解析，实时关注相关事项办理进度，进行线上审批，实现涉企政策一键通达。

同时，平台对衢州市原有的大科创、大商贸、大三农、大文旅“四大”专项政策进行调整优化，在资金总盘子不变的前提下，分别整合形成“疫情应急帮扶类”“配套保障类”“创新发展类”三类政策包，其中，资金优先安排疫情应急帮扶类，着眼帮助企业应对疫情、稳定运行、复工复产复市的系列政策，使得目标更聚焦、政策更精准。截至2020年7月14日，“政企通”平台已覆盖全市23万余家企业，累计上线政策969个，已兑现政策6212笔，总兑现资金约6.3亿元。

第二，利企服务一站办理。依托政务服务网统一用户体系、电子印章、电子证照等，“政企通”平台最大限度简化申报材料，减少跑腿次数。企业进行在线兑现政策时，信息自动获取、表单自动生成、证照自动共享，“企业在平台上找政策就像逛超市一样便利”。如“支持小微企业规范升级”政策，之前线下办理时，企业需提供营业执照、税务证明、财务证明等五项材料，至少跑三个部门，现在只需在线填写一张申请表，其他材料系统自动获取，审批通过即可获12万元的一次性补贴。

“政企通”建立了“金融超市”“担保集市”等服务体系，上线抗疫专项小微贷款、“复工贷”和“邮助贷”等八类抗疫专项金融产品，开辟复工复产企业融资“绿色通道”。企业融资贷款，可在线发布需求，金融机构根据企业授权，查看企业信用报告，线上放款，真正做到了贷款“零跑腿”“零材料”。疫情期间，衢州桔子花开商贸公司通过平台向柯城农商行申请“复工贷”，第二天就获得了500万元信用贷款，解决了企业的燃眉之急。截至2020年7月14日，“政企通”平台已发放贷款2157笔，累计贷款约113.61亿元，受惠企业2034家。

第三，助企行动一端覆盖。针对企业的咨询、投诉需求，“政企通”搭建“亲清直通车”政企快速沟通平台，企业无须“跑部门”，就可以直接线上提交问题诉求，线下市“组团联企”工作专班根据平台动态及时回复交办，做到问题受理、审核、交办、办理、反馈、满意度测评等环节线上一端覆盖。仓谷医疗科技有限公司反映，因项目环评问题无法开展口罩生产，专班及时将问题交办至经信部门，相关部门迅速安排专家上门指导，企业最终得以顺利开工生产。

针对疫情期间招商引资对接难问题，“政企通”还专门建立“招商在线”主题区，动态展示招商政策、招商项目、地块信息。打造“标准地云图”，项目业主可以随时随地查看全市产业园区可供招商土地信息，包括红线范围、空间分布、道路情况，并且可以根据区位、面积、产业、配套等条件智能选地，并通过VR全景看图，提供360度身临其境交互体验，打破了传统线下看地模式，实现了线上招商、“不见面考察”。

三、经验启示

“三通一智”实践表明，落实好中央“一手抓疫情防控、一手抓经济社会发展”的要求，做到“两手硬、两战赢”，必须积极运用数字技术，建设智慧治理平台，通过智慧大脑实现多重数字治理体系的联通与协作，实现治理单元在智慧治理平台上的公共服务生产与提供、公共服务使用与反馈及各个单元的交流互动，从而推进市域治理现代化。

（一）以数字化转型为契机建设市域智慧治理体系

数字化转型是一场深刻的治理革命，需要一体化推进数字政府、数字经济、数字社会建设，促进治理体系现代化。“两手硬、两战赢”迫切需要政府解决治理体系不协调、治理精细化水平不够等问题，建设全面合理、互相协调的智慧治理体系，实现跨层级、跨地域、跨系统、跨部门、跨业务的协同管理和服务。衢州通过“三通一智”加快智慧政府、智慧社区、智慧村镇、智慧企业等市域智慧治理体系建设，加强对疫情防控工作的统一领导、统一指挥、统一行动，加强协调联动，精准有序推动企业复工复产，让智慧产业、智慧生活、智慧政务、智慧治理成为现实。

（二）以村社、企业需求为导向打造市域智慧治理平台

智慧治理平台是建立在网络空间的命运共同体，连接集成政府内部的数字系统和社会的数字系统。打造“三通一智”，就是致力于打造一个政府、企业、社会、公众共同参与、共建共享的智慧治理共同体。“三通一智”把更多资源、服务、管理下放到城乡社区、企业，线上线下相互联通，为城乡居民、企业提供精准化、精细化的服务，切实把群众、企业大大小小的事办好，坚持群众、企业的需求是什么，就提供什么服务。以城乡社区、企业为重点开展市域智慧治理平台建设，强化居民、企业的认同感、归属感和获得感，以小带大、以点带面，推动整个社会治理共同体的形成。

（三）以“制度＋技术”为手段提升市域智慧治理效能

制度和技术是治理现代化的重要维度，对治理效果具有直接影响。衢州市注重制度和技术双轮驱动，一方面，用制度把好经验好做法固化下来；另一方面，以数字化治理为支撑，把智慧治理、智慧服务的理念应用到市域治理的各方面全过程，充分运用互联网、物联网、大数据、人工智能、区块链等技术手段，在完善提升“市、县（市、区）大联动中心＋乡镇（街道）综合信息指挥室＋村（社）网格＋群众村情通式移动终端”完整链条的基础上，通过“三通一智”智慧治理技术增量式赋权和重构式创新，有效提升治理能力和效能。

（四）以党的群众路线为核心重塑市域智慧治理理念

走好党的群众路线是重塑市域智慧治理理念的关键。“三通一智”坚持一切依靠群众，尊重群众的主体地位和首创精神，最大限度地调动群众参与社会治理的能动性、创造性。坚持一切由群众评判，尊重和保障群众的知情权、参与权、表达权、监督权，做到市域治理过程让群众参与、成效让群众评判、成果让群众共享。通过发动人民群众，让人民群众在社会治理的参与中提升主人翁意识，从根子上整治形式主义、官僚主义，真正打通市域智慧治理联系服务群众的“最后一米”。

【思考题】

1. 结合习近平总书记在浙江考察时的重要讲话精神，谈谈如何以智慧化推动治理现代化。

2. 基于衢州“三通一智”的改革实践，如何以整体智治提升公共治理有效性，确保“两手硬、两战赢”?

3. 从数字化到智能化再到智慧化，衢州“三通一智”提供了哪些值得借鉴的经验?

兼合式党组织引领小区战疫显担当

——舟山市兼合式党组织在抗击疫情中的经验启示

【摘要】随着城市化步伐加快，人口不断向城市集聚，城市小区呈现人员结构复杂、居民需求多样、邻里关系陌生化的态势，小区成为城市治理的热点、难点和痛点。与此同时，城市基层党建存在党建悬浮化、下沉不足等问题，居民小区党的组织体系几近真空，成为党员管理的盲区。为此，自2018年起，舟山市全面推进居民小区“兼合式”党组织建设，通过组织设置方式创新、党员教育管理创新、党建与治理融合创新，实现了小区党组织有形有效覆盖。新冠肺炎疫情暴发后，舟山市第一时间启动应急预案，压实责任，把防控任务落到基层，全市358个小区兼合式党支部充分发挥领导核心作用，通过组织人力、物力、财力，引领物业公司、业委会、居民同舟共济、协力配合、共抗疫情，为打赢抗疫阻击战提供了坚强组织保障，为城市小区筑起了坚固的红色堡垒。3万名兼合式党员充分发挥先锋模范作用，引领带动60万名小区群众同心战疫、众志成城，谱写了一曲共赴时艰、协力战疫的时代赞歌。

【关键词】兼合式党组织　引领　小区战疫

一、背景情况

居民小区是城市的基础细胞，是党建引领城市基层治理的基本单元和前沿阵地。小区治，则城市安。舟山市在加强城市基层党建工作中，聚焦城市发展的新形势、新形态、新特质，全面推进居民小区兼合式党组织建设，织密建强党的组织体系，通过组织设置方式创新、党员教育管理创新、党建与治理融合创新，实现了小区党组织的有形有效覆盖，完善了党员 8 小时外监管，强化了党组织在城市小区的核心引领，推动了小区共建共治共享治理格局的形成，进一步厚植党在城市的执政根基。在这次疫情防控中，小区兼合式党支部充分发挥战斗堡垒作用、党员先锋模范作用，在城市小区筑起了一座座坚固的红色堡垒，成为抗击疫情中最亮丽的风景线。

（一）兼合式党组织建设的现实动因

舟山探索小区兼合式党组织建设，一是织密小区党的组织体系，推进党组织全覆盖的需要。居民小区是城市最基础也是党建最薄弱的单元，长期以来城市基层党建以社区为主阵地，存在党建悬浮化、向下延伸不足等问题，居民小区党的组织体系几近真空，成为党员管理的盲区，党在城市基层的根基还不牢固，迫切需要党组织的有形有效覆盖。二是提高在职党员双报到、双服务效能的需要。近些年来，各地虽然广泛开展在职党员“双报到、双服务”工作，推进了社区党建工作，但也存在效率不高、实效性不强的现象，社区在承接“双服务”调配任务中，因体量、幅度及社区人员不足等因素，难以深入小区实现精细化服务，存在形式化、表面化现象。三是解决 8 小时外党员教育管理难、作用发挥不突出的需要。小区党员是党的形象最直接的“代言人”，但一些党员一下班便将党员身份“隐形”，成为“休眠”党员，作用发挥不突出，不愿在小区中亮明身份，把自己等同于群众，甚至拖群众后腿，如有的党员长期拖欠物业费、乱搭乱建占有公共空间、传播不当言论等，在群众中造成不良影响。加强党员 8 小时外的教育管理，打通服务群众“最后 100 米”，确保党的先进性、纯洁性，成为基层党建的当务之急。四是完善城市小区治理结构，化解基层矛盾多发频发的需要。随着城市化步伐加快，人口不断向城市集聚，城市小区呈现人员结构复杂、居民需求多样、邻里关系陌生化态势。这些变化大大增加了治理难度，小区成为城市治理的热点、难点和痛点。而多数居民缺乏自治意识，业委会与物业之间的矛盾、居民与居民之间的矛盾不断凸显，因此，完善小区治理结构，调和各种诉求，化解各类矛盾，让小区成为群众信得过、能统筹协调好各方利益的主心骨就变得尤为迫切。

（二）兼合式党组织建设的基本情况

舟山市自 2018 年推进兼合式党组织建设以来，一是打破传统壁垒，合理架构小区党组织。以把党建工作覆盖到城市基础单元为目标，打破传统组织方式，按照“一方隶属、多方管理”的原则，以机关企事业单位党员、物业公司党员、两新组织党员、流动党员为整合主体，推动在全市常住党员 3 人以上的居民小区单建或联建兼合式党支部。根据规模、结构，在小区层面设立党支部（党总支），在楼道设立党小组，逐级完善“街道—社区—小区—楼道”一插到底的体系结构。坚持从有公心、有热心、有能力、有威望的小区党员中选好配强党支部班子，推动党员领导干部、离退休党员领导干部主动担任所在小区兼合式党支部书记或班子成员。二是突出作用发挥，树好党员先锋形象。兼合式党组织的主要任务是将 8 小时之外的党员重新集结，挖掘发挥作用和服务居民的潜力，实现二次管理、二次服务。全面推动党员亮身份、当表率、树形象，深入开展“党员回家”身份亮化、

“走亲连心”等活动，并通过组建党员志愿服务队，形成“工作在单位、活动在基层、奉献双岗位”的有效模式，潜移默化中团结凝聚党群力量。三是强化党建引领，推进小区有序自治。推动支委成员交叉任职业委会、业监会成员，引领建设“红色业委会”，切实行使好对物业公司的监督权。搭建党组织领导下的居民议事会，定期开展意见征求，推动业委会、物业公司财务、事务全公开。集合周边社会资源，设置小区便民服务站、邻里纠纷调处点等，营造互帮互助、自主服务的小区运作生态。四是注重考核评价，落实党员8小时外管理。积极探索在职党员8小时外监督管理机制，拓宽负面信息收集途径，由支委会成员和居民组成“观察团”全程记录党员参与小区自治情况和8小时之外的日常表现。对经审核查实的违纪党员，以谈话提醒、批评教育和党员不合格处置等方式加以惩戒，并纳入“先锋指数”考评管理，与评先评优、提拔升职等挂钩，进一步扎实从严治党的篱笆。

经过近两年的实践探索，至新冠肺炎疫情暴发，小区独建或联建小区兼合式党组织358个，吸纳3万多名在职党员参与，覆盖小区398个，覆盖率为88%，在全国首屈一指。兼合式党组织建设有效提升了小区治理能力，这也为战胜新冠肺炎疫情提供了扎实的组织基础。

二、主要做法

舟山市委坚决贯彻中央、省委关于疫情防控的决策部署，充分发挥小区兼合式党组织战斗堡垒作用，第一时间动员组织各方力量，迅速形成全社会同舟共济、协力配合、共战疫情的良好局面，全力以赴打赢疫情防控阻击战。

（一）358个兼合式支部筑起红色堡垒，守卫家园

疫情暴发后，舟山市第一时间启动应急预案，压实责任，把防控任务落到基层，以小区兼合式党组织为龙头，迅速组织动员，建立由兼合式党支部支委会、业委会负责人、物业负责人等参与的兼合式党支部防疫群（无物业小区由党支部领导），统筹协调小区疫情防控，统一调配各方资源，及时进行信息沟通反馈，协调处理防控中出现的问题，确保小区防疫工作安全有序。在整个抗击疫情过程中，兼合式党支部通过组织人力、物力、财力，引领物业公司、业委会、居民同舟共济、协力配合、共抗疫情。在兼合式党组织带领下，整个防疫工作忙而不乱、有序推进，推动上级各项防疫任务在小区落细落实。

组织引领，高效推进社区动员。根据战疫工作部署，兼合式党组织利用党员微信群、业主微信群进行宣传动员，及时发布疫情信息，传达上级党委、政府的抗疫精神，及时加强舆论引导，平息民众恐慌心理，开展疫情防控知识培训。同时发布招募令，组建志愿服务团队，配合街道社区迅速展开全面自查，通过入户走访、电话寻访等措施排查疫区返乡人员，严格落实信息报送、疫情防控各项措施。如嵊泗县菜园镇，第一时间建立了由镇领导、社区党组织书记、18个兼合式党支部书记及小区物管员等参与的兼合式党支部防疫临时群，统筹整合多方资源，协调组织近千名兼合式党员参与居民小区疫情防控。东方润园兼合式党支部按照防控要求，专设了平安值守组、信息宣传组和综合协调组志愿团队，重点落实小区门岗轮值，防疫动态信息收集发布，重点防控对象排查，做好思想引导与监管服务工作，确保防疫工作稳步推进。

严格把关，全力筑起红色堡垒。各兼合式党支部实行党员早中晚三班轮流值班制，严把小区门岗登记、体温检测、人员聚集、公共区域消毒等关口，对来访人员和车辆逐一登记，安排志愿者定期巡查，

做好居民聚众聊天、聚众娱乐等劝阻工作。物业人员不间断地对小区楼宇、通道进行巡查，最大限度降低疫情传播风险。例如，金鹤小区是无物业开放小区，共有居民136户，为确保小区疫情防控无死角，党支部对接社区，第一时间对小区疫情风险开展全面摸排，对楼道等公共场所进行消毒，安排志愿者每天巡查，通过业主群推送疫情防控知识等，大大提升了小区疫情防控水平。看着志愿者忙碌的身影，业主王女士情不自禁地竖起了大拇指，称赞道："多亏他们守护小区安全，他们真是了不起!"业主们深受感染，自觉配合、积极参与小区防疫战。严格的管控有效阻断了疫情的传播，为城市筑起了坚固的红色堡垒。

温情服务，努力汇聚战疫力量。党支部秉承严密防控与暖心服务并举，尽力做好特殊时期服务工作，解决居民后顾之忧。与街道社区对接，安排志愿者一对一联系居家隔离人员，提供代购生活用品、配送食材外卖等服务，做好为年老体弱、行动不便的居民代买药物、生活必需品等服务工作。通过电话、微信等对居家隔离人员定期慰问，疏导安抚情绪，使小区处处充满温情。兼合式支部书记周跃飞一直都在忙碌，哪家隔离户需要买菜，哪家需要买药品，她都一清二楚，用她的话说就是："你拉单子我来买，你有需求我来办，群众的事就是我们的事，疫情期间，这些基本保障我们必须做到位。"据不完全统计，疫情防控期间，全市兼合式支部党员参与小区志愿活动达3万余人，组建各类巡查、服务团队小组1200余支。为小区群众提供各类服务20余万件，参与各类志愿活动45万多人次。兼合式党支部也因此被群众称为抗疫的行动队、居民的主心骨、小区的守护神。

（二）3万名党员奋战抗疫一线，尽显担当

面对来势汹汹的疫情，全市358个小区兼合式党支部，3万余名党员迅速投入到这场史无前例的抗疫斗争中，广大党员冲在一线，践

初心、担使命，充分发挥了先锋模范作用，为赢得抗疫斗争胜利做出了重要贡献。

既当指挥员，又当战斗员，勇担疫情防控领头雁。在战疫一线，最忙碌的就是兼合式支部书记。疫情期间，香榭花园小区兼合式支部书记周永成几乎每天上午都会拿着小喇叭在小区巡逻喊话、检查防疫情况，带领小区百余名党员入户摸排返乡人员、分发健康知识宣传册、擦洗楼道扶手、采购配送……他说："尽我最大的努力，把小区的防疫工作做好，让居民们安心。"香芸园兼合式党支部书记余朝阳身体不适，不能久站，也没有因此推脱，而是坚持与党员志愿者一样站门岗，带头示范。为做好刚从武汉出差回来人员的隔离工作，乐水红书记从大年三十下午开始就电话联系，一直忙到晚上10点多，直到对方答应住院观察，她才放下心来，之后每天电话联系，耐心做工作，让隔离者卸下思想包袱。"舍小家，为大家"，这是像周永成、余朝阳、乐水红一样的书记们的责任担当。他们取消休假、放弃陪伴亲人，逆险而行、迎难而上，凸显了中国共产党人一心为民的高尚情怀。

困难我先上，危急显担当，充分发挥先锋模范作用。在小区战疫一线，听到最多的声音就是"我是党员我先上"，党员始终冲在抗疫前线，危急时刻显担当，赢得了居民群众的广泛称赞。党员邬雪红在疫情发生后，第一时间从老家赶回主动要求加入志愿队伍："作为党员应该冲在前，不管是站岗、消毒还是发传单，我们责无旁贷。"塔山社区第一兼合式党支部2019年12月底才成立，第一次集体行动就是发布志愿者招募令，微信刚发出，一下就"炸开"了："我报名!""我参加!"党员们主动请缨、踊跃报名，能够参与的党员几乎都报了名，多个岗位都已经排到了第三轮。吕乃见是一名从安徽来舟山工作的小区兼合式党员，原本计划年内与妻儿一起回老家与父母团聚。然而，疫情让他停下了回家的脚步，作为党员，做好防疫工作义不容辞。他充分利用自己对外来民工情况熟的优势，组建了民工志愿服务队。他说："我不仅是小区的业主，更是一名党员，在危难时期更要有担当，留下来就是要为第二故乡抗疫多做点事。"在党员微信群里，这样的留言是最常见的："周末我有空，请安排""我们夫妻都有空，不要和我抢""我退休了，多排我的班""随时在线，等待召唤"……小区一有任务，大家都争着抢着上。在志愿队伍中，有的夫妻搭档，有的父子同岗，有的父女出征，也有刚解除观察期马上报名的，还有医务、公安等一线防疫人员，忙完白天工作，晚上又投身小区防控工作的。正如群众所说："在日常工作中，你也许不知道谁是共产党员，但是在艰难的时候，走在最前面的一定是共产党员。"他们以行动践行初心，用党性书写忠诚，树起了一座座精神丰碑。

心为群众想，劲为群众使，用贴心服务凝聚战疫合力。随着疫情的不断发展，党员的角色也在发生转换，一些党员分别扮演了"巡查员""守门人""快递小哥""老娘舅"等多重角色。兴普社区兼合式党支部党员面对居家观察人员的需求，化身"快递小哥"，为其采购所需物资，做到随叫随到，让"隔离不隔爱"，最忙碌的时候，一天要为40多人跑腿送菜。针对居家医学观察人员买菜难、购物难等问题，环南街道西园社区兼合式党支部党员化身外卖员，为其购置生活必需品并送货上门。面对部分居家观察人员闹情绪，党员们又化身"老娘舅"，通过手机微信耐心做其思想工作，细心讲解防疫知识，悉心消除他们的焦虑和负面情绪。党员志愿者陈儿其的任务是做好居家隔离人员的工作，谈起这项工作她既感到心酸又觉得很欣慰。心酸的是这项工作压力大，常常要挨骂，当初就有隔离者在电话里开骂："每天来我家，有什么好来的，还一天两趟，我既没生病又没犯罪，还每天监视我。"而她却说："面对这样的隔离者，必须调整心态，让其发泄，扮演好'出气筒'的角色，然后再晓之以理，动之以情，打开其心结。"有位渔民老大刚从宁波返乡，一听要隔离14天一下就火大了："我是船老大，我（身体）又没什么事情，咋啦要关我十几天？船上没了我可不行，这一潮出不去，少说也得损失四五万元，侬赔得起吗?"好在大家一起帮，半天才做通了工作。让他们感到欣慰的是当初一些态度强硬、情绪激动的隔离者，最终都实现了从不配合到配合、从不理解到理解的转变。哪里需要在哪里，越是艰险越向前，各位党员忍辱负重，无论风里雨里、白天晚上，从未喊苦叫累，心中只有群众的安危，这样的坚守，没有初心、没有担当是不可能做到的。

（三）60 万名小区群众同心协力战疫，众志成城

在抗击疫情中，舟山市不仅发挥了兼合式党组织的领导核心作用，同时也致力于调动小区业委会、物业企业、各类组织及广大居民的积极性，做到党群一心，凝心聚力战疫情，同心同德铸防线，为打赢抗击疫情的人民战争提供了强大动力。

尽心尽责，共保业主健康。疫情发生以来，263 个物业小区的 4000 多名物业人员以实际行动守护业主健康。面对来势汹汹的疫情，小区物业与党支部密切配合，早部署、早动员，除夕前一天，各物业公司已提前采购了一批口罩、手套、消毒水等物资，近一半小区完成对电梯、绿化带、垃圾桶等基础设施消毒工作。香樟园小区绿城物业，配合党支部，第一时间在业主微信群传达最新疫情通报、小区防疫指南、解答业主疑问，让业主对防疫工作更有底。考虑到部分居民出行不方便，增设送菜等特殊服务项目。针对电梯按钮、门把手等接触频繁、存在较大感染风险的地方，用胶带粘贴抽取式纸巾，让业主更安心。星城物业在业主居家隔离观察期间，主动承担解决隔离家庭生活之需的任务，每天代买生活用品，同时上门回收垃圾，设身处地为居民健康着想。疫情期间，很多物业人受到党员志愿者冲在一线、敢于担当精神的激励，顶住压力、克服恐惧心理，加班加点，成为小区防疫战的一支重要力量。在整个疫情期间，物业人员与业主纠纷矛

盾大幅下降，成为物业收获业主评价最高的时期。

群防群治，共创小区平安。小区是我家，防疫靠大家，在抗击疫情期间，小区群防群治，通力合作，业主委员会积极配合兼合式党支部工作，通过业主群及时开展宣传教育，及时进行网上辟谣，及时收集业主诉求建议，参与疫情期间小区重大事务的决断，对涉及业主利益事项及时进行沟通协调，尽最大努力，维护业主的安全。针对一些兼合式党支部志愿人员不足、物业人员忙不过来等情况，业委会组织动员业主，积极参与志愿团队。在战疫期间，很多居民不仅加入志愿者行列，还积极捐款捐物支持小区抗疫。在滨海公寓小区，每个单元楼电梯内都有一封写着注意事项的告业主信，一旁还放着一个装着空气消毒剂的瓶子。信是小区居民杨慧芬写的，每日她都会对电梯内的消毒剂进行更换、补充。杨慧芬说："小区是我家，疫情防控也有我的一份责任。看着小区党员们冲锋在前，我也希望出一分力。"退休老党员杨汉军生活并不富裕，身有残疾，平时买东西精打细算，但这次毫不犹豫地捐款500元。他说："作为一名老党员，我虽不能像其他党员一样去卡点站岗，但是我也要尽一点义务。"宋都小区刘俊华，妻子下个月就要生产了，得知社区耳温枪告急，夫妻俩就把为宝宝准备的、全新的博朗耳温枪捐献出来……不论是群众，还是党员，在疫情面前，他们用自己的点滴行动，谱写了党群一心、共战疫情的生动故事。

凝心聚力，共铸防疫阵线。整个小区在战疫过程中，在党支部引领下，业委会、物业人员互相支持、协力配合、共抗疫情。随着小区管控力度加大，小区物业工作量大增，人力、物力严重不足。兼合式党组织、业委会及时伸出援手，招募志愿人员协助工作，确保了防疫工作无漏洞。财富君庭兼合式党支部党员张永利在得知小区物业防疫物资紧缺后，立即捐赠口罩、酒精、消毒液等物资，用于小区物业联防联控。很多居民与党员并肩奋战在一线，涌现出诸如邻居巡逻队、防控巡查队、宣传小分队、跑腿代办队、青年突击队、巾帼志愿队，以及小区消毒组、居家观察组、门岗检查组等。在居民小区，刚开始也有聚众娱乐不配合的人员，但经过志愿人员教育引导，大家很快都自觉遵守防疫规定。一些被隔离的人员，最初不理解，甚至极力抵触，但最终都大力支持。疫情期间，小区里红白喜事一律停办或从简，极少有违规操办的。金色港湾小区有一位德高望重的长者，去世后的第二天火化出殡，送行的就几个至亲好友，其家人说："疫情当前，我们也要响应国家号召，顾全大局，一切从简。"没有居民的理解支持，没有大家的协力配合，战疫工作就不会取得如此高的成效。在这场没有硝烟的战争中，党群同心，合力抗疫，汇聚成了一股洪流，铸就了钢铁般的防疫阵线。

三、经验启示

面对小区一线战疫使命，舟山依托兼合式党组织，广泛动员党员、组织群众、凝聚力量，构筑起群防群治的严密防线，为打赢抗疫阻击战提供了坚强的组织保障，谱写了一曲共赴时艰、协力战疫的时代赞歌。这一成功实践，为全国基层抗疫提供了有益探索和宝贵经验，具有重要的启示和借鉴意义。

（一）加强党组织的核心引领是打赢抗疫阻击战的根本保证

船的力量在帆上，人的力量在心上。组织力量是我们战胜艰难险阻的坚实支撑。正是得益于多年来舟山持续深入推进兼合式党支部建设，广大小区党组织在疫情防控中发挥了强大政治功能和组织领导力，切实担负起了属地防控的重要职责，党员群众像石榴籽一样紧紧团结在党组织的周围，为小区居民筑起了坚固的红色防线。疫情之下，每一个小区都是一个微型战场，每个基层党组织都是一个战斗堡垒，只有不断加强基层党组织的核心引领，才能从根本上打赢疫情防控阻击战。

（二）发挥党员先锋模范作用是打赢抗疫阻击战的关键之举

大事难事见担当，危难时刻显本色。舟山兼合式党支部建设推动形成了城乡衔接、全面覆盖、协同配合、运转有序的党员管理工作新格局，使广大小区党员主体责任和先锋意识得到了显著增强。在抗疫斗争第一线，正是兼合式党支部书记主动带头，党员示范引领，不计报酬，勇于担当，敢于奉献，彰显了共产党人关键时刻站得出来、危难时刻豁得出去的使命担当，带动影响了物业人员、小区业主的抗疫积极性，有效缓解了社区人员不足、任务量大等突出问题，实现关键区域有党组织把着、关键时刻有党员顶着、关键岗位有党徽亮着。实践证明，越是关键时刻、紧要关头，党员在人民群众中的先锋模范和桥梁纽带作用就越能体现，也越发重要。

（三）进行强有力的宣传动员是打赢抗疫阻击战的动力来源

重视宣传动员，把群众动员起来，把力量凝聚起来，是党的传统优势。兼合式党组织利用微信群及时传达上级指示，组织宣传动员，第一时间统一了思想认识，明确了防疫工作任务。通过业主群，发布疫情信息、宣传抗疫知识，提高居民防范意识；在小区楼道张贴宣传资料、按家发放预防手册，小区志愿者通过微信公众号、朋友圈、小喇叭等宣传途径，不间断推送防疫知识；澄清谣言来源，提升群众防范意识，形成了强有力的舆论导向，进而筑牢了无形的思想防线，达到了群众人人知疫、全民防疫的效果，推进工作的合力大大提升。

（四）构建党建引领多元参与格局是打赢抗疫阻击战的重要支撑

疫情防控是一场人民战争，人民群众的积极调动、广泛参与、众志成城是战胜疫情的重要法宝。舟山通过兼合式党支部建设，有效畅通了党建引领下多元参与的渠道，使小区在抗疫中迅速形成了由党组织全面领导，居委会、物业公司、业主委员会、其他社会组织、居民多元参与联动，党建引领，各司其职，共建共治共享的应对格局，抗疫斗争得到持续的动员强化，为打赢这场没有硝烟的战争奠定了坚实基础。这既彰显了党集中统一领导、集中力量办大事的强大组织优势，也充分表明，打赢疫情防控阻击战要依靠群众、相信群众，走好群众路线，要最大限度地把党员组织起来、把群众动员起来、把社会激活起来，同心共筑抗疫防控的钢铁长城。

【思考题】

1. 兼合式党组织引领小区战疫，有哪些方面的创新?
2. 请从基层治理角度谈谈舟山城市小区疫情防控机制的有效性。
3. 兼合式党组织引领小区战疫，有哪些方面的借鉴意义?

台州实施“36计”　助攻“两战”双赢

——市域治理现代化在疫情防控和复工复产中的生动实践

【摘要】为解决员工返岗难、订单履约难、物流运输难、物资保障难、产业链联动难、资金周转难、出口保单难等突出问题，提高应对大战大考统筹推进疫情防控和经济发展能力，台州对本市各地主要经验做法进行总结提炼，形成“36计”并予以推广，包括“疫情防控18计”：打好开场拳、分色疫情图、清单式管理、网格化作战、拉网式排查、大数据支撑、闭环式管理、分类严管控、高科技赋能、专班式溯源、亲情化服务、全民化参与、线上云诊疗、“四集中”救治、全媒体发布、常态化督查、健康码出行、法治化保障；“复工复产18计”：两图匹配、指数倒逼、标准指导、专班帮企、政策惠企、三包接人、驻点抢人、双线招人、共享用人、包村租楼、应急增产、精准信贷、保险安心、协同串链、以大带小、畅通物流、外贸保单、云上服务。实践证明，全市疫情防控有力，复工复产有序，社会秩序加快恢复，疫情防控的人民战争、总体战、阻击战取得阶段性成果。疫情防控和复工复产“36计”是台州全面推进市域治理现代化的重要成果。

【关键词】疫情防控　复工复产　“36 计”

一、背景情况

2020 年伊始，新冠肺炎疫情在武汉暴发并迅速向全国蔓延。台州与湖北交流频繁，在湖北经商、学习的台州人达 6.4 万人（其中在武汉的就有 2.5 万人），湖北籍在台州创业、务工的人员达 14.9 万人。再加上正值春节期间，在外人员相继返程，从湖北返回台州的台州籍人员达 2.7 万人。疫情暴发初期，台州确诊病例数一度在全国地级市排名第 3 位。面对严峻的防控形势，台州迅速构建高效组织体系、织牢防控网络、实施精准有效救治，通过全市上下的共同努力，取得了疫情防控阻击战的巨大胜利。2020 年 2 月中旬，随着工作重心从疫情防控为主阶段向疫情防控和复工复产并重阶段转变，台州又先后面临员工返岗难、订单履约难、物流运输难、物资保障难、产业链联动难、资金周转难、出口保单难等突出问题。台州市委、市政府审时度势、迅速行动、精准施策，统筹推进疫情防控和经济社会发展工作，抢抓时机畅通人流、物流、商流，千方百计帮助接人、招人、引人，马不停蹄上门送政策、送物资、送服务，有力地推动了有序复工、安全复产。

二、主要做法

2020 年 2 月中下旬，正值全市统筹推进疫情防控和复工复产的关键时期，为指导各地抓好工作，奋力实现“两手硬、两战赢”战略目标，台州把各地疫情防控和复工复产的主要创新做法进行总结提炼，整理成“36 计”，分为疫情防控“18 计”和复工复产“18 计”。

（一）“疫情防控 18 计”

第 1 计：打好开场拳。1 月 20 日国务院和省防控领导小组疫情防控工作会议后，台州快速响应、果断决策、频出硬招，连夜召开会议进行专题部署，并全方位、立体式开展排摸、比对、隔离、诊疗等工作，短短两天找出武汉返台确诊病例 18 人（占当时全省确诊病例数 41.9%），有效遏制了传染源扩散。如临海在除夕便关闭饭店、场馆、景区等人员密集场所，减少人员集聚，第一时间筑牢“防火墙”，除 8 个武汉返台确诊病例外，无人感染，扩散率为零。

第 2 计：分色疫情图。开展疫情风险评估，划分不同等级，分色绘制疫情图，分级分类实施差异化防控举措，实现精准有效管控。如椒江、黄岩、路桥、临海等地实施三色管控，将辖区各村（社区）分为一、二、三三级防疫区，绘制红、黄、绿三色疫情图，实施不同强度的分类防控。

第 3 计：清单式管理。量化细化实化省“十个最”的要求，明确目标任务责任，项目化推进、条目式落实，确保防控工作可执行、可追溯。如台州建立“两册四清单”制度，整合各类表格数据，建立数据表册、人员名册和责任捆绑清单、督查交办清单、风险提示清单、信息共享清单，确保防控任务有效落实。

第 4 计：网格化作战。充分发挥基层网格作战的单元作用，将任务落实到网格、力量集中到网格、责任捆绑到网格、信息联通到网格。如路桥实施“微网格”，压实压细 2461 个微网格长责任，守牢最小阵地；黄岩实行“楼栋责任牌”，公示网格员姓名和电话号码；玉环建立“五长制”，实行街长、路长、巷长、楼长、店长点线管理。

第 5 计：拉网式排查。通过入户排查、轨迹寻查、情报核查等方式开展全面排查，逐级签字背书，确保排查清仓见底。如黄岩和临海实施“洗楼”行动，逐幢、逐单元、逐户进行地毯式排查清零；天台实施"扫村"行动，逐村、逐户全面排查重点疫区返回人员，确保村不漏组、组不漏户、户不漏人。

第6计：大数据支撑。搭建大数据平台，加强大数据分析，建立有力有序有效的指挥运行机制，实现疫情防控科学化、精准化、高效化。如台州搭建"疫情控"平台，重点人员信息按"网格员手机App⇄基层治理四平台⇄'疫情控'平台"闭环流转，整合运用大数据进行轨迹排查、比对核实、疫情研判，实现信息实时报送、实时核实、实时交办、实时办理。

第7计：闭环式管理。严格落实受控进出机制，形成系统闭环的安全回路，实现疫情精密防控。如天台运用"健康码＋综治中心＋网格"智控模式，对进出人员实行"一人一码一档"管理；华海药业实施"两点一线"管控，员工凭企业通行证在厂区和住所之间按固定线路通行。

第8计：分类严管控。对居家隔离人员进行全登记、行程全管理、健康全检测、需求全保障，确保不失管、不漏管、不脱管；对集中隔离人员实行专班专人管理，确保盯得紧、防得住、控得牢。如天台推行"笑脸打卡"，将隔离点设置为打卡点，每日"早中晚夜"四次打卡，确保24小时监管不间断。

第9计：高科技赋能。推广应用人脸识别、视频监控、无人机巡查、热成像测温等先进技术，提高管控实效。如路桥、温岭、天台等地利用无人机高空巡视补盲，以高空喊话等方式，减少人员聚集，加强政策宣传和对外出人员的管控训诫。

第10计：专班式溯源。按照办大案要案标准，由公安局局长挂帅，对确诊、疑似病例密切接触者建立一人一专班，确保溯源到底。如椒江实行"树状图溯源"，依托大数据技术，绘制树状图，全面溯源。

第11计：亲情化服务。充分听取群众意见，每日梳理网民呼声，及时转化为更细致的工作举措，用心搞好共性化服务，用情做好个性化服务，做到严管后面有关爱，力度后面有温度。如台州出台暖心“六条”，围绕“不出门，也知晓”“不出门，也能医”“不出门，也能购”“不出门，也能办”“不出门，也能学”“不出门，也连心”，加强群众生活服务保障；椒江安排专项党费和救助资金，保障困难党员、特困人员、低保户和低保边缘户等特殊群体的基本生活需要。

第 12 计：全民化参与。广泛发动群众，构建联防联控、群防群控、群防群治机制，打一场疫情防控的人民战争。如组建民众护村队参与设卡查验、设立举报电话，动员机关党员干部向社区报到、组织“和合姊妹”志愿服务等，凝聚疫情防控合力。

第 13 计：线上云诊疗。开展“互联网＋”线上诊疗服务，方便群众足不出户获得咨询、诊疗服务，避免产生交叉感染风险。如台州在全省率先开发线上电子处方外配平台，实现参保人“互联网平台问诊、就近药店购药”；台州医院设立“新型冠状病毒肺炎防治专线”，通过线上咨询、专线电话、远程会诊等方式为 2.5 万余人解答疑问、提供服务。

第 14 计：“四集中”救治。按照集中患者、集中专家、集中资源、集中救治的“四集中”原则，自 1 月 24 日起，将全市 9 个县（市、区）的所有确诊病例集中收治于市公共卫生医学中心，在提高医疗资源利用效率的同时，有效降低了患者间交叉感染的风险，患者治愈率居全省乃至全国前列。

第 15 计：全媒体发布。电视、网络、广播同步发声，传统媒体与新媒体平台共同发力，加强疫情、社情、舆情引导，确保有声有色、形式多样。如台州建立市县乡三级信息发布、热点回应、网络辟谣工作机制，疫情严控期间每日召开市级新闻发布会；黄岩通过“橘传媒”抖音号发布短视频，天台村拉响大喇叭、敲响宣传锣，路桥横街文明实践宣传队自编顺口溜，三门亭旁镇用传统打更宣传防疫口诀，宣传防控知识，传递防控“强音”。

第16计：常态化督查。通过蹲点督导、暗访督查、电话抽查，严查不作为、慢作为、责任落实不到位等行为，推动防疫工作落实落细、落地见效。如台州建立由市领导带队的督查指导组驻点指导和督查暗访组每日巡查；椒江实行“一日一督查一通报一排名”，对排名末位的进行约谈。

第17计：健康码出行。推广普及健康码，最大限度方便群众生产生活。如在农贸市场等人流较大的场所入口，将健康码与原有管控机制结合，实行刷码快速通行；针对老年人等不会使用智能手机的群体，开发健康码短信功能，只需发送短信给运营商，即可获取个人健康码，凭本人绿码短信在市内出行；玉环将健康码和公交乘车码合二为一，实现人证核验、绿码通行和公交支付功能合一，方便乘客操作，提升上车速度。

第18计：法治化保障。坚持以法治思维和法治方式开展疫情防控工作，提高依法防控、依法治理水平。如台州市人大常委会及时出台《关于依法全力做好当前新型冠状病毒肺炎疫情防控工作的决定》，为疫情防控提供法律支撑；通过修改社区公约、村规民约等举措，引导新台州人主动承诺，自觉遵守社区公约、村规民约，积极配合疫情防控工作。

（二）“复工复产18计”

第19计：两图匹配。根据疫情图，绘制复工图，分区分类实时掌握企业复工进度，做到应复尽复、应动尽动。如路桥利用工业互联网平台线上收集复工企业信息，提前预告返工趋势变动，线下绘制可视化复工图，推进复工图匹配疫情图。

第20计：指数倒逼。综合运用精密智控指数、复工电力指数监测企业实际产能发挥情况，将相关指标细化到县、乡镇（街道），每日发布复工率排名，倒逼各地加快复工复产、早日达产。

第21计：标准指导。制定企业疫情防控和复工复产工作标准，规范复工流程，让企业有章可循、有规可依，确保有序复工、安全复产。如台州出台全省首个《企业复工疫情防控工作指南》地方标准，从员工排查、物资储备、环境消杀等12个方面对复工企业疫情防控进行指导。

第22计：专班帮企。领导干部联企，机关干部驻企，及时指导疫情防控，精准帮扶企业，为企业纾困解难。如台州建立干部联企、两员驻企等制度，市级四套班子领导、265名市级部门负责人分别联系重点企业，按照“2人1企”模式，由部门机关干部和属地乡镇人员作为疫情防控指导员和复工复产指导员进驻重点企业，一人指导防疫，一人服务发展。

第23计：政策惠企。在全省率先出台民营企业帮扶20条措施，接续出台防控物资10条、用工保障10条、关爱人才9条、金融助力10条、用地保障10条、市场监管12条、税收优惠30条、三农稳产10条、文旅产业11条等“一揽子”暖企惠企政策，推动形成政策叠加效应、累加红利。如开展送政策上门，编印政策汇编小册子，一对一送政策入企，确保企业及时知晓。

第24计：“三包”接人。采用包客车、包动车、包飞机三种方式，组织接返员工。如绘制外来劳动力地图，以县为单位绘制在台务工外来人员重点地域分布图，除湖北以外涉及四川、河南、贵州、江西等77个超3000人来台州的地级市和254个超1000人来台州的县，共发动来台州就业20.2万人；开展千辆包车接员工活动，成立工作专班，以“定制包车”的方式点对点集中接返员工，开通新台州人“回家”专列（专机），并对包车和包动车（高铁）车厢的企业给予全额补助，对包机员工给予2/3补助，全市共接返员工13.5万人。

第25计：驻点抢人。针对全国各地封村、封镇，务工人员“不敢出、不能出、不便出”的实际，通过政府组织专班、中介机构联络等形式，吸引外来人员来台就业。如实行专班驻点，由处级干部带队，抽调200人组团赴全国10个省份37个城市开展驻点招工；由中介机构在市外人力资源丰富的地区设立劳务协作联络站，对其按引进员工数量进行奖励和补贴；对来台州就业的务工人员，给予“一个岗位、一份车票补贴、一个健康码、一份务工无忧险、一份就业补助”的政策保障。

第26计：双线招人。通过线上线下结合的方式发布招聘信息，促成广大企业和求职人员有效对接，缓解企业复产用工需求。如在全省率先开展“春风行动就业援助”公益招聘，每天定时定点进行现场招聘；温岭、仙居等地向高校推送岗位需求，实行远程直聘；椒江、临海依托网络平台开展视频面试。

第27计：共享用人。通过企业互借员工、企业对接职业院校等方式，解决员工短缺问题。如温岭通过线上人才交流中心，鼓励同行企业签订员工借调协议，促使未复工企业留职员工向复工企业有序流动；三门技师学院搭建应届毕业生到企业顶岗实习平台，组织近千名应届生支援企业复工复产。

第28计：包村租楼。针对外来职工人数多、宿舍需求量大的用工企业，以村（社区）为单位，实行整村承租出租房用于安置职工。如各地针对企业承载不足的实际，集中建设一批活动板房、集装箱房，临时解决外来员工住宿难、管理难的问题；黄岩新前街道实行包村管理，参照旅馆业管理模式，安排职工统一住宿，企业与村集体、房东共同管理；吉利临海基地向周边村民整栋租房，用于安排职工宿舍，为返岗返工人员准备好落脚点。

第29计：应急增产。通过关联企业扩产转产和应急周转等多种方式，加强防疫物资生产调拨，保障复工企业防疫物资供应。如积极与国家、省级部门对接，推动医药企业投入抗疫药物研发生产。浙江海正药业的“法维拉韦”是全国首个获准上市并正式投产的新冠肺炎潜在治疗药物；天台派驻专人主动帮扶明丰汽车用品获批生产资质，三天转产医用防护服，被列入省疫情防控物资生产重点企业；温岭为妮珂芙服饰在线申办经营范围、税费种类变更业务，在线生成电子营业执照，推动防护服新生产线投产。

第 30 计：精准信贷。创新金融产品，提升金融服务，降低融资成本，用金融活水助推企业复工复产。如组织金融机构“万员进万企”活动，开展一对一金融服务；推出“战疫贷”“复工贷”“支农贷”等产品，运用无还本续贷、延长还款期限等方式，降低免担保信用贷款利率，为企业提供支持。

第 31 计：保险安心。针对复工企业因疫情导致营业中断等风险，创新推出防疫专项保险，解决企业、员工后顾之忧。如组织 11 家财险公司成立复工复产企业疫情防控综合险项目保险共保体，提供“防疫保”“龙头保”“团体保”等多种投保方案；推出务工无忧险，由政府承担保费，为超过 140 万名外来务工人员投保一年期保险，提供每人最高 50 万元的防疫风险保障。

第 32 计：协同串链。通过上下游企业链、生产物资供需链协同复工，畅通产业链。启用“迫切配套企业复工协调平台”，提出迫切配套企业复工复产建议名单，通过平台提出申请，经统筹协调，同步复工。截至 2020 年 2 月 25 日，台州为 311 家龙头企业协调解决了 1770 家跨区域配套企业复工问题。

第 33 计：以大带小。推动重点制造业企业、外贸重点企业、上市企业等龙头企业优先复工复产，带动配套中小企业加快复工。如围绕核准开复工和急需重启生产的大中型企业，沿供销链条重点筛选复工能力强、供货范围广却暂时未达到开复工门槛的厂家，特许优先报备复工，保障相关下游企业顺利复产；以生产大合作和共用通行证为抓手，引导农业龙头企业、农民合作社实行临时大编组，企社带单户，缓解农业用工缺、农产品销售难的问题。

第34计：畅通物流。通过智能布控、化零为整等举措，灵活统筹，有效对接，降低物流运输成本。如在高速公路口小广场等枢纽附属场地设置物资装卸交接区，发放专用通行证，方便市内外企业产品物资交接，解决疫情防控期间“车子进不来、产品出不去”等难题；搭建农产品产销对接群，充分利用回头车、返程车资源，解决西兰花、莴笋等蔬菜外销运输难等问题。

第35计：外贸保单。通过多措并举，用好政策工具，帮助企业规避疫情造成的外贸风险，完成外贸订单。由16个市级部门组建外贸企业复工复产专班钉钉群，定期会商，分级分类协调解决复工中遇到的问题，推动外贸企业优先复工；及时帮助企业向中国贸促会申请办理不可抗力相关的事实性证明，尽可能为受疫情影响导致无法如期履行或不能履行国际贸易合同的企业减少损失。

第36计：云上服务。通过线上线下联动、搭建线上展销平台、推行无接触式配送等措施，方便群众生活、助力复工复产。如组织云展览，通过网上平台精准对接外商采购需求，相继举办医药原料展东盟专场、卫浴印度专场、建材俄罗斯专场等一批云展会，累计意向成交额近2亿美元；引导直销配送，鼓励农产品批发市场、规模农产品生产基地、生鲜连锁超市等开发网上订购平台，建立了一批本地化、优质化、平价化网上订购平台；市供销社农资公司通过网络平台实时直播，提供在线农技指导服务，实现防疫、春耕两不误。

三、产生的影响

在这场疫情阻击战中，台州各地通过创新举措、精密智控、精准施策，合力筑起疫情防控的“铜墙铁壁”，稳妥有序地推进复工复产，最大限度减少了疫情对经济社会的负面影响。

疫情得到有效控制。台州确诊病例数从2020年1月23日的全国地级市第3位，至2月底下降到第35位（5月底为第37位）。2月16日之后再无新增本地确诊病例，累计确诊病例数为146人。3月11日存量病例清零，全市无医务人员感染、无死亡病例。全市确诊病例扩散率0.72，远低于全省平均水平2.0。

经济指标快速回升。2020年2月29日，全市复工率指数97.89，全省排名第1位。主要经济指标从3月份开始均呈现快速回升势头，规模以上工业增加值增速从1月至2月的下降28%回升至1月至4月的下降10.3%，回升幅度快于全省4个百分点；固定资产投资增速从1月至2月的－15.1%回升至1月至4月的增长0.1%，回升幅度快于全省0.9个百分点；外贸出口增速从1月至2月的－30.5%回升至1月至4月的－14.5%，回升幅度快于全省5.2个百分点；限额以上社会消费品零售额从1月至2月的－33.9%回升至1月至4月的－20.1%，回升幅度快于全省3.1个百分点。

政府形象明显提升。党和政府始终将人民群众生命安全和身体健康放在首位，迅速行动、精准施策，最大限度地遏制疫情蔓延；广大党员干部冲锋在前、迎难而上，投身战疫一线，赢得了人民群众的信任和点赞，大大提升了党的执政形象，增强了政府公信力。4月14日，台州市人大常委会专题审议疫情防控工作时给予充分肯定，并将全市疫情防控和复工复产的做法成效在市人代会上印发。调查显示，民众对台州各级党委、政府的抗击疫情满意度为97.8%。

民众信心得到恢复。虽然疫情给社会经济运行造成冲击，但在党委、政府的领导下，疫情防控有条不紊，生产生活恢复有序，绝大多数民众对经济发展的前景抱有信心。据2月22日至28日对全市1800多位民众的一项调查显示：99.2%的民众坚信在党委、政府坚强领导下，全市人民风雨同舟、共克时艰，必将取得疫情防控阻击战的伟大胜利；93.6%的民众相信疫情冲击是短期可控的，疫情对经济的冲击将很快过去，台州经济将很快重回正轨。

四、经验启示

市域治理体系是国家治理体系的重要支柱，也是防范化解矛盾风险最坚实的力量支撑。在此次疫情防控中，台州充分发挥自身的基础和优势，推广实施“36计”，一方面有效防控了疫情，推动着企业有序、快速、高效复工复产，另一方面也为完善市域社会治理体系、推进市域社会治理现代化积累了丰富的经验。

（一）注重顶层设计，提升疫情防控与复工复产的系统性、整体性

台州疫情防控和复工复产“36计”，以市域社会治理体系推动新冠肺炎疫情防控，充分发挥市委、市政府的统筹谋划作用，通过优化市域社会治理的组织领导体系、指挥体系、统筹协调体系、参与共治体系等，来提升市域疫情防控和复工复产的核心能力，既在纵向上形成了市—区（县、市）—乡镇（街道）权责明晰、上下贯通、运转灵活的体系机制，也在横向上加强了部门之间的工作协同、高效联动、功能整合，形成党委、政府、社会、公众等多方主体合作共治的疫情防控与治理新体系。从设计理念来看，台州疫情防控和复工复产“36计”以“大治理”理念为指引，系统谋划、整体推进，坚持系统治理、依法治理、综合治理、源头治理，统筹推进疫情防控和复工复产，妥善处理了各领域、各环节之间的关系，为取得疫情防控的巨大胜利和恢复经济社会发展打下了坚实基础。

（二）坚持以人民为中心，增强疫情防控与复工复产的民本性、导向性

新冠肺炎疫情同人民的生命和健康息息相关，关系着人民的根本

利益，关系着社会的发展与稳定。无论是疫情防控还是复工复产，台州市“36计”都秉持一个共同的理念和价值观——以人民为中心。“疫情防控18计”关乎生命。疫情发生以来，台州以保障人民群众生命安全和身体健康为第一要务，以“分类严管控”“闭环式管理”等刚性管控手段有效地控制了疫情传播，同时以“亲情化服务”等柔性手段暖民心、聚民意，将刚与柔、严控与关爱相结合。“复工复产18计”关乎民生。在疫情得到基本控制的前提下，台州贯彻落实疫情防控和经济社会发展“两手硬、两战赢”的部署，采取各种措施推进复工复产，在企业用人、员工保障、金融信贷、行业统筹等方面精准施策，全方位服务，为企业和员工排忧解难，稳定了经济社会运行秩序，体现了保障民生的价值追求，也充分展现了台州在推进市域治理现代化过程中坚持以人民为中心的发展思想。

（三）强化制度建设，推进疫情防控与复工复产的常态化、制度化

要加快推进市域社会治理现代化，需要更加充分地发挥市一级的资源统筹和协调能力，优化整合全市治理资源和要素，完善制度体系建设，从而形成整体性市域社会治理新格局。在疫情防控和复工复产方面，台州注重程序设计和体系的完善，由此形成的“36计”是一套比较成熟、定型的防控制度体系。从宏观层面看，建立了“防、控、治”联动的突发公共卫生事件应急管理体系，并形成了常态化应对方案及长期重视的思维理念，使基层在疫情防控和复工复产过程中有制可依、有规可循。健全的制度本身就是一套完整的规则机制，这套机制有利于不断互动中的不同主体形成一种长期的和稳定的心理预期，长此以往，能使人们对制度的遵守成为习惯，也会对其产生制度依赖，而各种矛盾和冲突也会通过制度化的操作得到解决。

（四）坚持协同共治，强化疫情防控与复工复产的联动性、协同性（政府—市场—社会）

在疫情防控和复工复产“36计”中，多元主体的充分联动、有效协同发挥了巨大作用：一方面，“36计”充分发挥党委、政府的统筹谋划作用，通过积极组织、快速行动，尤其自1月20日起，台州市委、市政府主要领导连续近一个月每天坐镇指挥，就连春节假期也不间断，牢牢掌握防控主动权；另一方面，多元化的社会治理主体积极参与、高效联动，全市上下共同战疫，在短时间内有效控制了疫情。台州“36计”充分发挥了专业社团、社区社群、企业组织、民间个人等多元社会治理主体的协同作用，为他们参与疫情防控和复工复产拓展了空间，提供了政策保障，充分彰显了社会治理制度共建、共治、共享的强大优势和旺盛生命力。

（五）注重治理绩效，增强疫情防控与复工复产的聚合性、效能性

疫情防控和复工复产可以统筹兼顾的一个基本事实是，即使在疫情最为严峻的时候，与疫情防控相关的生产和交通运输活动、抗疫设施建设、抗病毒药物和疫苗科研工作也没有停摆，相反，相关工作人员开足马力、加班加点，为疫情防控提供有力支持。台州“36计”牢固坚持“全领域”“共同体”“高效能”三种理念，打破边界壁垒，推进跨领域治理合作，强化多领域协同配合，形成了全领域覆盖、全方位协同、全要素联动的市域治理制度体系；积极创新共建、共治、共享的途径和方式，实现市域治理资源整合、力量融合、功能聚合、手段综合，激发治理“集合效应”；以科技助推治理模式创新，以数据提高治理系统动能，提高了疫情防控和复工复产的科学化、精细化、智能化水平，实现了治理效能的倍增。

（六）强化技术赋能，推进疫情防控与复工复产的智慧化、精准化

此次新冠肺炎疫情，是新中国成立以来在我国发生的传播速度最快、感染范围最广、防控难度最大的一次重大突发公共卫生事件。台州“36计”借用大数据强大的数据采集和分析能力，结合互联网、云计算、区块链、物联网等新兴技术，真正实现了精准防疫防控。无论是疫情防控时的构建“疫情控”平台、防疫管控查询平台、开展线上云诊疗、健康码出行，还是复工复产时的创新招商方式和政务服务方式，实行线上招商、线上签约、线上展会、线上审批、线上交易等，都有一个共同的理念，那就是强化技术赋能，推进疫情防控与复工复产的智慧化、精细化。

【思考题】

1. 台州市“36计”是如何贯彻落实以人民为中心的发展思想的?

2. 台州市“36计”是如何体现人人共建共治共享的?

3. 如何使基层在疫情防控和复工复产过程中有制可依、有规可循?

4. 运用大数据推进疫情防控与复工复产的智慧化、精细化，需要注意哪些问题?

5. 台州市“36计”是否具有可复制性? 如果有，其中的哪些经验可以借鉴学习?

倾情“连线” 守望相助

——丽水市依托“侨联天下”e矩阵稳侨援侨暖侨

【摘要】 丽水是浙江乃至全国的重点侨乡，防控输入风险蔓延的任务异常艰巨。如何打赢境外疫情防控阻击战，丽水没有经验可以借鉴，只能摸着石头过河。面对游离于侨团之外零星、松散的海外侨胞，丽水依托“侨联天下”e矩阵平台，通过侨团组群、侨领带群、干部进群、医生驻群的模式构建海外网格组团的“侨胞之家”。依托“侨联天下”e矩阵组织，丽水开展了“海外侨胞微信义诊活动”“千名医师结对百个侨团”问诊和健康讲坛活动，“百名讲师”授课“万民侨胞”活动，联手京东搭建线上创业平台，支持侨胞入驻京东云（丽水）数字经济产业园区等。通过“侨联天下”e矩阵，丽水把群众路线的“网上直通车”开到了世界各地，实现联络、服务、支援海外华侨实时快捷，实现海外华侨动态实时掌控、信息精准分析，党委、政府决策依据科学可靠。“侨联天下”e矩阵，为做好新时代侨务工作奠定了良好基础。

【关键词】“侨联天下”e矩阵 携手抗疫 感召侨心

一、背景情况

浙江作为侨务大省和对外开放大省，防控境外疫情输入压力巨大，而丽水是浙江乃至全国的重点侨乡，旅居海外华侨华人达41.5万人，遍布世界130个国家和地区，在13个重点疫区国家的就有26.9万人，其中在欧洲疫情最为严重的意大利、西班牙两国的就有23万人。

作为全省首个新冠肺炎确诊患者全部治愈出院、率先实现病例“清零”的设区市，在连续22天没有新发确诊病例后，2020年3月1日、2日，丽水市青田县分别新增1例和7例境外（意大利）输入性确诊病例。防控疫情输入的任务非常艰巨，丽水一旦失守，浙江前期的防控成果就很有可能功亏一篑。为此，许多人不禁感叹：又是一道难度不小的“附加题”。

如何打赢境外疫情防控阻击战，丽水没有经验可以借鉴，只能摸着石头过河。面对全市海外华侨量大面广、零星松散的情况，如何快速集结海外侨胞，形成合力、攻坚克难，是摆在丽水各级党委、政府面前的难题。

二、主要做法

（一）网聚侨胞，驰援家乡

2020年春节期间，新冠肺炎疫情暴发。

面对突如其来的新冠肺炎疫情，能不能号召海外华侨华人援助家乡？在市委的坚强领导下，市委常委、统战部部长王小荣直接指挥，快速反应。1月25日（正月初一）下午5点，市侨联牵头组织40多位知名丽水侨领召开视频连线会议。随后，按照区域、国别和地区，连夜召开5个视频会议，通报疫情和抗疫物资紧缺状况，号召大家积极行动起来，展现丽水侨界的责任担当。

在紧急动员的基础上，丽水市侨联连夜起草倡议书，发动全市归侨侨眷和海外侨胞积极行动起来。1月26日，通过网络发出了《丽水市侨联关于为抗击新型冠状病毒肺炎捐赠款物的倡议书》，防疫紧缺物资种类和数量、捐赠善款账户等通过丽水的“侨联天下”e矩阵，一传百、百传千、千传万，迅速传遍了世界130多个国家和地区的300多个侨团。

家乡有号召，侨胞有行动。侨胞跑药店、找工厂、跨境买，四海同心、五洲驰援，积极援助关爱援鄂“白衣战士”，汇聚起侨界抗击疫情的新长城，彰显了浓浓的家国情怀。

在国内，市侨联顾问、乌干达华侨季永灵第一时间给侨联来电捐款2万美元，两分钟后改为捐款人民币20万元，第三次来电又增加人民币10万元，共捐资人民币30万元；市侨联顾问杨焕恩、潘建萍夫妇捐资20万元。市侨联兼职副主席施海平、李丰、项建福，顾问郭胜华、王利平、詹旭彬、周旭光等纷纷向红十字、慈善总会捐款。在海外，巴西圣保罗侨领叶王永、叶周永、叶碎永三兄弟，马上在巴西各地采购物资40多万件；斯洛伐克归侨叶芬，当晚联系美国、意大利、斯洛伐克等国外姐妹，最终在柬埔寨找到货源，购置8万只医用口罩，成为浙江华侨驰援家乡的首批医用物资。“90后”迪拜华侨陈飞，除夕晚上在当地医疗生产企业订货，对方要求一次性全额付款，她二话没说当即支付了等值300多万元人民币的阿联酋迪拉姆。其中，捐赠给家乡丽水防护服2万件，N95口罩2.5万个，外科口罩12万只，护目镜1100个，价值66万余元。

来自海外的爱心一浪接一浪，在葡萄牙、捷克、波兰、法国、墨西哥、智利、乌干达等地的侨领纷纷第一时间向红十字、慈善总会捐款……

特殊时期、特殊情况、特殊区域，丽水借助互联网，建立抗击疫情工作群、医疗物资采购群、医疗物资运输群、医疗物资入库群、填表报关服务群等8个网络工作群，精准对接华侨咨询、抢购、填表、报关、运输等服务，做到24小时在线。同时，建立每日通报制度，提供捐赠最优服务，做到从采购物资咨询、运输、填单、报关，到每一单物资入库，每一笔捐款入账，全程跟踪、全程服务。

据统计，丽水籍海外华侨华人捐款捐物（不含医疗物资）916余万元，捐赠医疗物资975万件，其中，捐赠给丽水一次性医用连体防护服9万件、N95医用防护口罩18.1万只、普通医用口罩550万只、护目镜4400个、医疗帽23万只、乳胶手套88万双、测温仪1万个、消毒液1.6万瓶等。

（二）跨国联防，共渡难关

从2月底开始，国外疫情暴发，特别是在丽水华侨集聚的意大利、西班牙疫情尤为严重。“在国内疫情暴发的时候，丽水华侨守望相助，为国内抗疫工作做出了巨大的贡献。现在他们有难，我们必然要与他们共渡难关。”丽水市援助海外侨胞抗疫工作专班负责人、市侨联主席郭海光介绍，面对疫情，海外侨胞最迫切的需求就是找到组织、找到依靠，海外网格为他们筑起了“网络之家”。

在工作专班的部署下，西班牙、意大利等地的侨团、商会从3月初迅速行动，利用微信、钉钉等拉群建网，20余万名侨胞火速向海外网格集结。

海外网格不仅是海外侨胞的心灵归宿，更发挥了信息互通、凝聚侨心、科学防控的重要作用。

西班牙是丽水华侨旅居人数最多的国家之一。从3月初开始，工作专班每天都通过海外网格向侨胞宣传国内的防控经验、防控举措，并对部分侨胞进行心理疏导，鼓励大家科学防控、减少流动，以健康的心态面对疫情。

西班牙和平统一促进会会长徐松华说：“面对疫情，许多华侨乱了阵脚，一心只想着回国，却不知道流动才是最大的危险。通过海外网格，更多的侨民能够得到国内的指导和帮助，了解科学防控的举措，进而打消了回国的念头，采取更加有效的居家防护。”

海外网格让侨胞们不断地汇聚力量、互帮互助。比利时中华商会和比利时妇女联合会将其共同采购的口罩、免洗手消毒剂和医用消毒喷雾等家庭防护用品，免费发放给需要的侨团会员。

在丽水市援助海外侨胞抗疫工作专班的部署下，以微信群为基本单元的“侨联天下”e矩阵，迅速成为海内外联手抗疫的“钢铁军团”。

“侨联天下”e矩阵是丽水市、县侨联共同打造的众多信息群，分为国外群和国内群。其中，国外群分为三级，第三级微信群由各侨团副会长负责组建，邀请海外侨团会员与住在国城市的所有丽水籍华侨华人入群。

截至2020年3月底，丽水在西班牙、意大利等70多个国家共发动100余个海外侨团，利用微信、钉钉等建立各类联系微信群1700多个，通过家庭成员辐射覆盖36万名海外华侨。

“侨联天下”e矩阵，营造温暖的“海外之家”，海内外联动抱团抗疫，为广大海外侨胞筑起了一道防疫之墙。

“现在最重要的是缓解大家的恐慌情绪，避免大家一窝蜂地往国内跑。”当地时间3月6日，意大利东北四省华人华侨联合总会会长郑祖平说，他们建立了覆盖2000多名华侨华人和留学生的微信群，志愿者实时在线回复咨询和疑问，及时转达家乡政府的温馨提醒，呼吁大家居家隔离、做好防护。

在比利时、斯洛伐克等国家的丽水侨团，也通过捐赠物资、组织侨胞学习防疫知识等方式，引导华侨华人配合所在国的疫情防控工作。斯洛伐克华人青年联合商会会长周彦君说，为了更好地服务侨胞，防疫小组公布了24小时联系电话，也准备了口罩等应急物资，随时供应给需要的侨胞。

（三）情牵海外，全力帮扶

面对席卷全球的新冠肺炎疫情，家乡人尤其牵挂海外侨胞的安危。

2月25日，丽水市委、市政府急速反应，迅速集结，快速驰援，让丽水籍海外侨胞感受到家乡的贴心服务和祖国的关切之情，增强抗击疫情的信心和决心。

通过市县两级侨联组织，丽水连续向海外侨（社）团、行业协会发出致海外侨胞的温馨提醒、告知书。一封封充满温度的关爱公开信，从国内传递到世界各地，第一时间送抵海外丽水籍华侨处。

“家乡政府的温馨提醒，让我们海外侨胞懂得了科学防疫的知识，增强了战胜疫情的信心！”意大利曼托瓦华人华侨总会名誉会长叶建毅说，协会积极响应家乡政府的号召，鼓励全体会员不要恐慌，做好居家隔离，不要冒风险盲目归国。

2月29日，境外来丽人员疫情防控专题部署会、研判会商会在紧张严肃的氛围中召开，会议决定，增设市疫情防控指挥部副指挥，市委常委、统战部部长王小荣担任副指挥长，第一时间成立针对海外华侨疫情防控及服务的专班组织。

3月1日，丽水市组织向意大利华侨捐赠包括口罩、中药防疫包等在内的首批防疫物资。通过“侨联天下”e矩阵视频连线，市长吴晓东对海外侨胞表示，海外华侨的情况牵动家乡人的心，前期侨胞费尽心思向国内捐赠物资，现在家乡也捐出一部分防疫物资支持侨胞，大家一起努力战胜疫情！市委常委、统战部部长王小荣在“侨联天下”e矩阵视频连线时表示：旅居海外的乡亲永远是我们休戚与共、血脉相连的亲人，家乡永远是温暖的港湾，将竭尽全力为海外侨胞提供各方面的服务和帮助。来自家乡党委、政府的问候和支持，让海外侨团抗疫信心更足。

跨越万里的一份份关爱，从浙江丽水发出。

在每天深夜，连线西班牙、意大利等欧洲国家侨领成为常态，通过视频“面对面”倾听回应侨胞心声，及时了解海外疫情态势，想方设法稳定侨胞情绪。自3月3日以来，累计连线100余场近600余名侨领侨胞，覆盖意大利、西班牙、德国、法国、荷兰、克罗地亚、丹麦等国家，对象包括侨团侨领骨干、普通侨胞、留学生，涉及餐饮、百货、制造、酒吧等各行业。通过多渠道、全覆盖的深度研判和数据分析，为市委、市政府主要领导及时决策提供了参考。

疫情面前，海内外各界纷纷伸出援助之手，关心关爱海外侨胞。在家乡党委、政府的联系下，3月4日下午，遂昌县通过邮政特快专递的方式，向西班牙、德国、英国、意大利等国家的遂昌籍华侨捐赠防疫物资，为抗击疫情中的遂昌籍海外华侨送去家乡的关爱。智利丽水青田同乡会紧急采购防疫物资，转赠意大利、西班牙、法国、德国等国的丽水侨团。

3月13日，13.8万包共2.3万份防疫冲剂从丽水发往世界各地。在包装上，特别用中英文写上了古罗马哲学家塞涅卡的一句话：“我们是同一片海中的波涛，同一棵树上的叶子，同一座花园中的花朵。”

从3月初以来，丽水各级党委、政府和人民累计为海外侨胞筹集一次性口罩235万只、中药预防颗粒60万包，定向为海外侨胞捐赠防疫资金200多万元。

（四）越洋义诊，安侨暖侨

“你好，我最近总感觉喉咙干痒，胸有点闷，但没有发热咳嗽现象，会不会得了新冠肺炎?” 3 月 11 日 15 时 50 分，在西班牙的丽水籍华侨张某通过手机向丽水“互联网医院”值班医生咨询。在得到丽水市人民医院医生吴伟栋“如果没接触过确诊病人就不用太紧张，先居家观察一下”的答复后，他连发了三个“感谢”，说自己放心多了。

“四家医院的二维码合并为‘一码’，实现‘扫一码’即可登录咨询，每次咨询必须在五分钟内答复，丽水‘互联网医院’是回应侨胞所需、方便侨胞使用的线上医院升级版。”市卫生健康委主任周一红说，丽水“互联网医院”平台自 3 月 7 日推出后，当天就为华侨远程义诊 200 多人次。

丽水市侨联副主席王俊说，“互联网医院”有效解决了他们的问诊需求，是一个缓解海外华侨恐惧、焦虑情绪的专业平台。

在意大利威尼斯的丽水籍侨胞孙某，曾一家七口都出现过发热、乏力等症状，求医后症状缓解不明显，产生了回国医治的想法，还预定了 3 月 17 日的机票。在得知丽水“互联网医院”跨国义诊的信息后，他立即远程问诊，并将 CT 片发到网上诊断。经丽水市医疗专家诊断，认为只是普通肺炎，建议他消除紧张情绪并在当地复查。果然，在吃药休息三天后，一家人的病情陆续好转，他们也取消了回国的计划。

除了建起“互联网医院”，丽水市侨联还建立 210 个“海外侨胞微信义诊群”，实现 24 小时为海外华侨跨洋义诊，实时为海外侨胞提供在线诊疗和咨询答疑，疏导海外华侨的恐慌心理。到 3 月 14 日，32 个国家的 8 万多名侨胞进入“微信义诊群”，累计接受咨询 6000 余人次。

从 3 月 24 日开始，丽水市县侨联联合市县各大医院，开展“千名医师结对百个侨团活动”，全市 850 名呼吸、感染、心理等方面的医师和专家结对 125 个海外侨团，采取小范围诊疗、全方位服务的方式开展工作。医师结对侨团问诊在线观看累计 4.4 万余人次，评论数 1600 余条，咨询问题 700 余条，解决了侨胞问诊过程中信息易被覆盖、患者隐私保密性差等问题。

微信义诊，让海外华侨华人咨询更方便、心里更安稳。意大利北部丽水同乡会会长饶俊媚说，“微信义诊”有家乡医生和专家实时在线，解决了大家关心的大问题，也可以避免更多华侨盲目回国。

市心理卫生协会组织 300 多名心理咨询师入驻微信群，帮助海外侨胞疏导情绪服务 8000 人次。协会副理事长沈丽珺主动联系上在意大利确诊的轻症患者留女士，鼓励她以好的心态隔离治疗，好好吃饭，保障睡眠。在她的鼓励和安抚下，留女士的焦虑情绪得到了缓解，并联系上当地一位中国中医进行积极治疗，身体很快康复。

随着海外疫情的发展变化，丽水不断升级医疗服务。从 3 月 16 日晚开始，丽水互联网医院、微信义诊群的升级版——海外侨胞医疗服务直通车“驶出国门”，为海外侨胞提供新冠肺炎中医药预防方法、传授国内防控经验做法，并提供线上咨询、心理疏导等。

（五）延伸平台，创新服务

运用“互联网+”，将遍布世界各地的海外华侨联络聚合在一起，丽水夺取了抗击境外疫情输入阻击战的阶段性胜利。“侨联天下”e 矩阵能否在更大范围、更多层次上发挥更大作用？丽水在社会治理、项目投资、复工复产等领域和层面做出了许多新探索。

青田县三溪口街道借助“侨联天下”e 矩阵平台，创新推出“华侨之家”服务品牌，建立了 13 个“网上华侨村”，提供涉侨咨询“一站式”服务，架起了服务海外华侨的“连心桥”。意大利华侨叶先平常年居住国外，欲回国投资又苦于对国内政策法规不熟。了解到这一情况后，“华侨之家”主动告知一系列普惠性政策，积极协调对接工程建设过程中的政策处理和矛盾纠纷问题，他投资16亿元的青田威尼斯康养小镇正在紧锣密鼓的建设中。

覆盖三溪口街道所有村的“侨联天下”e矩阵，定期组织专题宣传微课堂，及时发布便民信息和村情村貌，让侨胞侨眷及时了解家乡变化，关心支持家乡发展。借助这一平台，街道还将出国党员纳入管理，聘任多名出国党员担任“德治、法治、自治”三治融合指导员，明确其在海外示范侨胞侨眷爱祖国、爱家乡，引领华侨遵纪守法、履行村规民约等职责，成为街道、村干部的好帮手。

在市本级，通过“侨联天下”平台开展“百名讲师”授课“万名侨胞”，帮助解答侨胞出入境、华侨子女中考高考加分、涉外婚姻登记等问题，受到海外华侨的欢迎。4月以来，邀请丽水莲城公证处、市公安局出入境管理局、市侨办、市民政局涉外婚姻登记处、丽水法院、丽水海关以及闯盟跨境创始人等百名专业人士，通过“侨联天下”e矩阵视频连线，举办多个专场为侨胞答疑解惑，总共为6786名侨胞开展了授课。

侨资侨力是丽水“问海借力”发展的重要力量。2019年以来，丽水市为破解侨商回乡投资“不敢投”“投哪里”“怎么投”等问题，先后举办8场在线解答疑问和线上项目推介活动。邀请跨境电商闯盟跨境创始人、银行经理等讲解侨胞创业需要的金融贷款、跨境电商等知识。同时，为实现在外侨胞“荣归故里的创业梦想”，联手京东搭建线上创业平台，支持侨胞入驻京东云（丽水）数字经济产业园区，助力华侨转型升级，目前已牵线上市公司“百草味”与遂昌浙农食品开发有限公司达成合作协议，丽水开发区最近也引进了加拿大归侨季进军投资的生物科技项目。

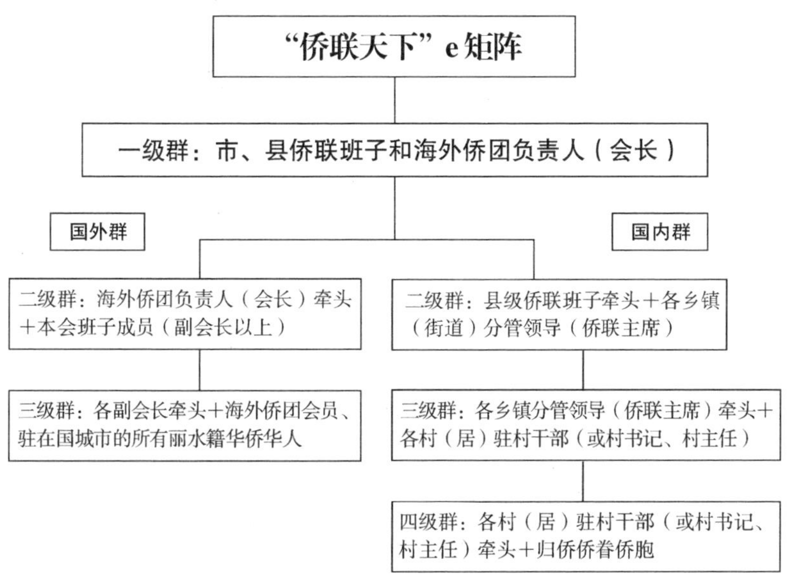

“侨联天下”e矩阵工作示意图

三、经验启示

（一）运用“互联网＋”，摸清海外华侨华人底数

通过“侨联天下”四级微信e矩阵平台，丽水统筹全市力量，以“侨团＋侨胞＋侨眷＋村居（社区）干部”为主体打造了海外华侨华人的“网络之家”，形成了纵向到底、横向到边的海内外工作网络。充分运用“大数据＋国内外网格”，理清了海外华侨国内外联系人清单，摸清了丽水籍海外华侨华人底数，并能做到第一时间掌握入境人员信息，为打赢境外疫情输入阻击战立下汗马功劳。

（二）实现“跨国互动”，做细做实网上侨界群众工作

习近平总书记强调，各级党政机关和领导干部要学会通过网络走

群众路线。丽水充分利用互联网联络跨国界跨时空的特点，搭建“侨联天下”e矩阵平台，实现联络、服务、支援海外华侨实时快捷、密切互动，把群众路线的“网上直通车”开到了世界各地，开到了海外华侨千家万户的心坎上，达到了援侨、帮侨、安侨、暖侨的效果，拉近了海外华侨对祖国党委、政府及人民的距离，增进了他们的爱国热情和自豪感。

（三）运用视频连线，实时掌控、信息精准分析华侨动态

通过“侨联天下”e矩阵平台，每日18时30分至次日凌晨丽水与海外侨胞进行3—5场视频连线，累计开展连线247场。同时，邀请4位会长驻点专班工作，参与视频连线，及时掌握境外侨胞情况。海外华侨抗疫的动态、是否有回国意愿等情况，丽水各级党委、政府和工作专班都能第一时间掌握，通过精准研判和分析，工作专班编发研判信息136篇，为党委、政府决策提供了第一手的可靠信息和资源。

（四）创新模式与载体，做好新时代侨务工作

在丽水，“侨联天下”e矩阵平台不仅在抗击疫情上发挥了巨大作用，还通过平台延伸与创新，实现了为侨服务更有效更精准，也为新时代侨乡的社会治理与经济发展提供了新的有效载体。像侨乡青田推出的“涉侨不见面全球代办”服务，变“华侨跑”为“政府跑、数据跑”，丽水市本级的“跨国线上招商”“百名讲师”授课等活动，都受到了海外华侨华人的热烈欢迎，为他们送去了极大的便利，让他们省去了来回奔波的时间与开销。

【思考题】

1. 海外疫情暴发之后，丽水市没有出现一起境外输入病例在本土传播扩散的情况，请根据丽水市防控境外疫情输入工作情况总结其中的经验。

2. 在帮助海外华侨华人抗疫过程中，丽水各级党委、政府和民间驰援海外，捐赠了大量防疫物资给海外侨胞，这是否有必要？意义何在？

3. “侨联天下”e矩阵在联络海内外华侨上发挥了令人意想不到的作用，请思考分析其未来还可以在哪些领域发挥作用，今后应在哪些方面予以完善。

以又快又准“抢”打开复产复市“门”

——义乌市“硬核”实招确保“两手硬、两战赢”

【摘要】义乌是举世闻名的小商品之都。在这次新冠肺炎疫情防控中，针对流动人口多、境外客商多、市场外向度高等实际，面对用工荒融资难、全球产销链紧缩、国际物流通道不畅等困难，义乌根据疫情防控不同阶段的特点，加强动态分析研判，按照“硬在单元、活在巷道、胜在区域、赢在全局”的思路，全面推行“党建＋单元”巷战，守牢单元“小门”，变“制度优势”为“两战胜势”；组建工作组赴各地抢人抢才，出台大学生、采购商等人才政策，推行“千干驻千企”“春风暖企行”等惠企举措，变“柔性服务”为“硬核实招”；组建市场繁荣专班，打通海外物流通道，实施市场繁荣20项行动，“抢”开市场“大门”，变“疫情之危”为“转型之机”。3月13日，李克强总理连线义乌小商品城，勉励义乌小商品市场在满足国内市场需求、保持国际市场份额上打头阵，进一步提振了全市改革发展的信心，提升了抢当建设“重要窗口”模范生的动力。

【关键词】“党建＋单元”　工作专班　复产复市

一、抢时间迎“两战”

2020年新年伊始，一场新冠肺炎疫情突然袭来，给全国经济社会发展带来严重冲击。义乌是一座建在市场上的城市，市场兴则百业兴，市场出现波动，将会导致物流、专业街等波动，影响整座城市的生产生活，以及市场背后联系着的200多万家中小微企业发展。“以商立市”的义乌，正面临不进则退的历史性大考：需求方面，订单减少，特别是非必需品的订单明显减少，一些客商转向土耳其、迪拜等地采购，或者在其他网上平台采购，客户资源有流失风险；供给方面，由于回款周期延长、赊销风险加大，加上原材料、工人工资上涨，湖北等地供应链尚未完全恢复，经营户有单不敢接；流通方面，随着全球疫情的升级，出入境人员、物流面临严格管制，人员、货物进不去，也出不来，而且外部不确定性不断增大。

为了打赢这场疫情防控的人民战总体战阻击战，义乌全市3647支党群突击队、3.5万多名党员和“两代表一委员”带头，30万名群团骨干、民兵和志愿者共同参与“巷战”，广大市民、在外老乡、华人华侨和在义外商、外国友好城市及友人纷纷捐款捐物，共同战疫。2月18日，义乌国际商贸城一区、二区率先开市，比以往推迟了13天，比原计划提前了3天。3月12日，在疫情防控向好态势继续拓展、经济社会发展有序恢复的关键时刻，义乌召开全市作风建设大会，动员全市上下要“以又快又准抢回13天”的工作作风，驰而不息地打造国际一流营商环境样板城市，建设以世界“小商品之都”为特色的国际样板城市，奋力夺取疫情防控和复工复产复市“两战赢”。

二、抢控疫、抢复市、抢转型、抢人才

（一）变“制度优势”为“两战胜势”——“党建＋单元”巷战守牢“小门”，抢出发展时间

一场疫情，给义乌整座城市按下了“暂停键”，也让义乌面临了前所未有的危机。义乌有流动人口152.1万人，每年到义乌采购的境外客商超过56万人次，常驻境外客商1.3万多人，“外防输入、内防扩散”的压力相当大。为了充分发挥好各级联防联控工作机制作用，义乌严格落实属地责任和各单位、各部门的主体责任，依法科学进行防治，分级分类，精准施策，切实做到早发现、早报告、早隔离、早治疗。

单元作战，让该静的静下去，该动的动起来。

自新冠肺炎疫情发生以来，义乌按照“市级指挥、有静有动、单元阻击、五员协同”的思路，主动变卡口管理为“巷战”管理，在全域推行“巷战”模式，建立“党建＋单元”三级作战单元体系。

义乌在全市14个镇街成立“党建＋单元”作战指挥部，建立市镇两级领导和各级作战小组成员分片分级联系制度，并结合各级基层党组织体系架构，分设三级作战单元。一级单元为区域共建委、社区、工业园区、镇区等，负责区域统筹；二级单元为行政村、小区、街区、企业（宗地企业、小微园）等，侧重联动协同；三级单元为村（居）小组、楼幢（道）、店面、车间（生产线、班组）、行政楼区域等，广泛发动群众力量，将管控动员延伸到每个人、防控措施落实到每个人，并根据实际灵活设置最小化作战单元。各级作战单元层层搭建微信群，形成线上线下联动、各级实时响应机制。全市共组建了152个一级单元、3467个二级单元、33455个三级作战单元，层层建

立微信塔群，信息可快速传达至每个市民。

义乌江东街道鸡鸣山社区，被称为“联合国社区”，是义乌疫情防控重点社区。辖区内有29个少数民族的群众2082人，以及来自74个国家和地区的境外人员1388人，是个文化多元的复合型社区。每天早上7点，社区党委书记何文君都准时打开手机上的“鸡鸣山国际健康监测”微信群，提醒工作人员及时关注居家观察人员的体温，并通过微信群实时交办处理应急事件。为了做好外国人的管理工作，社区还专门成立了一支来自伊朗、也门等国的外籍志愿者队伍，共20余人，共同维护秩序，助推复工复市。

义乌在“党建＋单元”的“巷战”基础上，深化网格管理，并充分运用大数据库创建疫情全链条防控体系，成立疫情防控大数据专班，精准做好各项安全保障工作，为义乌城市的复苏和复工复市送上平安“大礼包”。

疫情初期，义乌建立四级联动（市指挥部、镇街部门、工作片、网格员）、全流程信息反馈、重点对象管控三大闭环制度，做到各网格区域边界清晰无交叉、人员无遗漏、防控无重合，确保疫情防控工作信息畅通、执行有力。随着市场经营户、工作人员、采购商“三大返市群体”的陆续返程，义乌依托人口登记、不动产、市民卡等11个数据库，构筑具有义乌特色的大数据库，形成精准的隔离管控人员名单，实现网格精准摸排，筑牢“标准高地”。此外，义乌还运用“四色预警”防疫系统、红外线测温、数据匹配核查等设备技术，点对点追溯异常人员轨迹，筑牢严密、精准、高效的智控防线。

“义信购”是义乌为加强疫情防控工作，利用大数据对“三大返市群体”进行在线排摸的微信小程序。“三大返市群体”只需按规定在“义信购”微信小程序上，填写身份信息、家庭住址、外出情况等即可完成健康申报获取健康码，可以通过扫码进入市场，实现绿色通道快速通关。与政务平台“通行二维码”不同的是，“义信购”微信小程序产生的健康码，是基于义乌防疫管理系统大数据支撑下，对“三大返市群体”再排摸，目的就是为市场筑牢“铜墙铁壁”。截至6月25日，“义信购”累计审核通过健康申报144余万人、刷码入场1161.8万人次。

（二）变“柔性服务”为“硬核实招”——打通贸易循环，抢开市场“大门”

经济社会是一个动态循环系统，不能长时间停摆。义乌始终坚持“一手抓疫情防控，一手抓恢复生产”。在疫情防控压力最大的时候，及时将市场开市时间延期到2月21日，有效化解了各界担忧，引导了各界预期。在复工复产复市的关键阶段，义乌坚持问题导向、综合“补链”，以又快又准“抢”的作风，逐一破解用人紧缺、市场开业、电商运营、物流运输等突出难题，市场比原计划提前3天开市。

为破解企业“用工缺”、员工“返岗难”、客商“回归慢”等难题，义乌先后派出44个工作组和20个招商工作组，与时间赛跑，动用大巴2688辆、包机4架次、火车专列27列，“抢”回13万多人，直接或间接带动超过30万人返岗。河南工作组是义乌派出的44个工作组之一。2月29日上午，郑州至义乌G1968次列车接回返工人员546名，17辆义乌市政府返工专车大巴带回返工人员448名。专列专车的背后，凝聚着的是“河南三人组”何维梓、吴申兰、毕董明的辛勤付出。招人引才工作没有经验可借鉴，“河南三人组”摸着石头过河，扎根在劳务密集输出地一线，一手抓老员工返岗、一手抓新员工招聘。企业提供的员工名单核实完了，便接着招募新人。同时通过组建微信群和进行大数据分析，积极发动老员工“以老带新”，点对点发送返工招工信息，实现精准接人、精准招工。与河南工作组一样，其他43个工作组本着“能多招一个人也好”的理念，纷纷奔赴千里之外抢招工人，并组建微信群没日没夜地为员工答疑解惑、汇总梳理名单、对接车辆安排，他们最多的一天接打了400多个电话。

此外，通过发布《致外国朋友的欢迎信》《关于邀请外商来义乌采购的倡议书》等，精准邀请低风险地区外商来义乌采购。推出《关于应对新型冠状病毒肺炎疫情加强企业用工保障的意见》，拿出3亿多元资金，全额补助企业接送员工产生的包车费用，全额补贴企业员工车票费用等，全力招引员工、采购商来义乌创业。

为了助力企业复工复产，义乌秉持“能飞不跑、能跑不走”的服务理念，立足企业和市场供需、人员等的变化，以“抢”的作风深入基层一线。全市四套班子37名市领导直接联系394家重点企业，集中选派1001名机关单位党员干部和89名市场服务员，一对一开展驻企服务。截至6月底，共收集企业问题5787个，解决5577个，解决率96.4%。开展“深化‘三服务’、千干驻千企”“春风暖企行”等助企专项行动，出台了2个月“零利息”政策，推动全市贷款综合成本较上年降低0.5个百分点，实施“保企方舟”行动，提供稳岗技能培训、“稳岗贷”等一揽子扶持政策。截至6月底，已为6560家小微企业和市场经营户减息9012万元，为2.7万多家市场主体降息7.38亿元，发放稳岗贷9.4亿元，培训员工5.4万人，预计全年培训补贴2.4亿元，完成“五减”37.1亿元，增值税改革减免、降低电价、工会费减免等其他各类降本减负25.73亿元，为义乌复工复产复市打开了新局面。

疫情最严重时，义乌最大的物流仓——义乌港几乎看不到人。一位义乌商户这样描述当时的情景，“货出不去，订单不敢接，客户的钱也暂时打不回来”。为了推动市场顺利开市和企业复工，2月初，义乌下发物流企业开复工工作方案、有序复工导则和备案制管理的通知，开辟运输车辆“绿色通道”；突出抓好疫情期间“义新欧”“义甬舟”班列运行，专人帮扶揽货、报关、短驳业务，强化快速通关、运输线条、车板报批和现场作业等保障。2月24日，节后首趟“义乌—

宁波舟山港”海铁联运班列顺利发车，恢复常态化运行。成功完成“福冈—义乌”波音757全货机防疫物资运输和“义乌往返大阪”中国邮政国际货运航班复飞。

相继按下“重启键”“加速键”和“快进键”的义乌中欧班列，为欧洲国家抗击疫情运去了源源不断的物资。5月31日，满载着100个标箱防疫物资、百货商品的“义新欧”中欧班列X8020次，从铁路义乌西站鸣笛启程，奔向13052公里外的西班牙首都马德里，这也标志着班列2020年第200列成功开行。在全球新冠肺炎疫情肆虐的严峻形势下，班列发送标箱数较上年同比增长72%，预计全年开行列数达1000列。截至5月31日，义乌中欧班列在2020年共发运货物16672标箱，发货量同比增长72%，累计运输到浙、沪、苏、闽、鲁等5个省市，超过2000吨的跨境国际邮件，分拨至西班牙、丹麦、瑞士、法国等36个欧洲国家，5月最后一周开行列数高达19列。

此外，2020年“义新欧”还实现了“5个首发”。2月10日复工复产后，义乌开行首趟至白俄罗斯明斯克的吉利号中欧班列，标志着义乌中欧班列全面恢复常态化运行；3月21日，全国首趟搭载防疫物资的中欧班列从义乌发出，开辟了抗疫物资运输的国际铁路物流大通道；3月27日，全国首趟“中国邮政号”中欧班列（义乌—马德里）首发，正式开启了跨境国际邮件运输新模式；4月10日，义乌至波兰马拉舍维奇的中欧班列“中国邮政专列”首发，标志着跨境国际邮件实现了常态化、规模化运输；5月4日，义乌—维尔纽斯中国邮政专列首发，标志着义乌第12条国际铁路货运班列线路正式运行，义乌成为全国中欧班列开行线路方向最多的铁路始发站之一。

（三）变“疫情之危”为“转型之机”——突破惯性思维，抢抓转型机遇

随着海外疫情的扩散蔓延，国际经贸活动受到严重影响，我国经

济发展面临新的挑战，但这也给加快科技发展、推动产业优化升级带来新的机遇。正是基于这样一种认识，义乌选择"逆行"。

浙江中国小商品城集团股份有限公司相关负责人说，这次疫情让市场加速了改革创新的步伐，努力成为一家"贸易服务集成商"。义乌用40余天时间，完成了市场线上综合贸易服务平台研发，为发展电商、直播等业态赋能，大力推进"网红直播＋企业"模式，鼓励并引导企业和市场经营户直接或间接参与直播销售，以"直播经济"赋能实体企业发展新渠道，为市场塑造经营"新"理念。6月18日下午，浙江中国小商品城集团股份有限公司与阿里巴巴集团签署合作协议，成立eWTP义乌合资公司。这是继2019年6月19日，义乌市政府与阿里巴巴集团签署eWTP（世界电子贸易平台）战略合作协议后，双方共同努力一周年结出的硕果。

为了加快电商产业的复工脚步，义乌把35个电商园区和164个电商村列为全市首批恢复生产的重点对象。成立电商复工工作专班，以一对一形式驻点服务，及时回应企业关切；连续出台《义乌市电商村内电商企业复工导则》《义乌市电商企业复工"十问十答"》等指导意见；按照"简化流程、风险可控、事中事后监管"的原则，对建立一人一档（卡）的电商企业实现线上扫码"秒备案"。针对在疫情影响下电商不能如期发货的问题，专班与各大电商平台及浙江省商务厅积极对接，促成速卖通、淘宝、拼多多等平台先后调整相关规则。2月27日，义乌全市35个电商园、82家年销售额亿元以上电商企业、113家快递企业复工率为100%；日快递业务量超过1100万票，占全省总量的1/3，接近2019年同期水平。

为了加快市场复苏的步伐，打造市场新业态，义乌组织多个直播平台的500多位主播走进义乌国际商贸城各大市场，开启短视频拍摄和直播卖货模式。210多万种商品通过直播走向全球，让市场经营户接触了更多的意向客户，为后续货品供应链打造建立了数据库。截至

5月7日，市场已引进“网红”2500多人，开展直播1.5万余场，共有2500家经营主体成为首批对接的店铺。疫情发生以来，义乌市场外贸订单有所减少，相关部门主动作为，组织新经济业态的专业力量进场，将义乌市场货源优势与业态渠道无缝对接，为企业带来源源不断的资源和复市兴市的生力军。同时，积极推动电商直播产业人才培养，通过举办“新模式新人才”直播产业人才培养发展高峰会、开展直播培训等多种形式培养电商直播人才，孵化本土“网红主播”，为义乌市场抢抓“直播经济”先机，点燃义乌电商产业发展新引擎。

义乌始终坚定不移抢招商奔跑，抢项目签约，抢政策处理，抢开工竣工。项目不等人，义乌“抢”好培植项目的“土壤”，为跨界融合的产业生态打造适合其发展的综合优势；“抢”好平台，加快出口区、进口转口区、科创区等重大区块开发，加快开发区、高新区、集聚区、丝路新区开发，集中资源规划建设全球独一无二的综保区；“抢”好营商环境，树立全球性标杆，抢当“重要窗口”的模范生。

在全球经济大环境并不乐观的形势下，义乌市委、市政府仍提出2020年全年投资要增长20%以上，五大平台增长率要按30%的目标努力，规上工业增加值要增长10%以上的全年发展目标。2020年一季度，义乌引进5亿元以上项目8个，总投资541亿元。顺利签约晶澳、东方日升等项目，晶科能源3月完成土地摘牌，华侨城项目已顺利开工，天合光能一期项目6月底前投产；25个省重点建设项目完成率13.7%，18个省“4+1”重大项目完成率19.7%，55个金华市重点建设项目完成率27%。谋划申报12个市县长项目工程，其中中通快递浙江总部项目已统计入库；谋划申报省重大产业项目13个，占金华全市的46%。

义乌充分发挥“抢”的经验，迅速将“抢”人转向“抢”人才。10个“抢”才工作组集中赴外“抢”才、百个专场云上揭榜招才、千个中高端岗位集中猎才、亿元稳岗培训补助留才等招人“抢”才组合拳；组织开展了“高层次人才云社区千企万岗招才活动”“百校千企万岗大学生引才活动”等线上招聘会92场，对接用工企业3123家，招引大学生人才9800余人。其中仅1040家电商企业在线招引大学生就达到2405人。除了线上招聘外，相关部门还为华鼎、天合光能、双童等18家单位举行产业人才专场宣讲会，现场录用700余人。截至5月31日，义乌新增首次来义大学生15974人，是2019年同期的2倍。

三、创造“两手硬、两战赢”的义乌范式

（一）全民战疫在有效遏制疫情扩散的同时，也推进了社会治理体系的精细化、数字化

“党建＋单元”的抗疫模式，在有效遏制疫情扩散的同时，形成了常态化的公共安全防控体系，日益渗透到社会经济发展的各个领域，成为常态化、精细化的治理模式。1月31日，浙江省农业农村厅发布《关于转发义乌市农村地区新型冠状病毒感染肺炎疫情防控工作标准20条的通知》，“义乌模式”成为全省可复制、可推广的农村地区疫情防控模板。4月，义乌获得“平安金鼎”；1月至5月，警情下降22.3%。最小作战单元有效弥补了基层党建在企中企、户中户、街中街等微领域覆盖存在断点、盲点、堵点的不足，推动基层党组织“建制”进一步落细落小落实。

（二）复产复市在推动义乌复苏的同时，也推动了市场业态创新和产业转型升级

随着各行各业全面复产复市，义乌实现了从“复市”到“复苏”的转变，数以万计的采购商加速回流，这座世界超市正恢复着往日的活力。春节后已经有约150万人回到义乌。在4月26日，义乌市场主

体突破 60 万户大关，同比增长 21.62%。1 月至 5 月，义乌累计完成邮政和快递业务总量 23.45 亿件，仅次于广州，排名全国第二。快递企业 5 月单月业务量完成 7.14 亿件，排名全国第一，超过广州 1661 万件。通过海关跨境电商管理平台进出口总额 11.2 亿元，增长 290.3%，其中保税电商（1210）进口额 10.2 亿元，增长 310.8%。同期，一般贸易出口额 247.9 亿元，增长 29.9%，市场采购出口额 710.4 亿元。同时，在疫情倒逼下，义乌正加速商品出海、市场前移，外贸企业、货代企业等主动对接采购商，延伸推出采购代理服务，让外商不到义乌也可以“采购、组货”，受到了外商们的欢迎。同时，通过“电商企业进市场”“义货网上行”“网红直播暖春”等行动，做强“云市场”，实现“云上复苏”，义乌市场“春意盎然”，并加速向“第六代市场”跃升。

（三）统筹疫情防控与复产复市在考验广大党员干部能力的同时，也让义乌营商环境的竞争力得到提升

既要做好抓紧抓实抓细各项防控工作，又要统筹做好经济社会发展各项工作，是对广大党员、干部能力和本领的重要考验，也是对一个地区的治理体系、治理能力及营商环境的考验。在疫情防控期间，义乌坚持以人民为中心的发展思想，以务实姿态深化服务企业服务群众服务基层，为城市“抢”秩序、“抢”发展，为百姓“抢”工资、“抢”生计，为企业“抢”人才、“抢”环境，2020 年获得全省“最多跑一次”改革考核第一名，农村电商改革发展获国务院激励。义乌党员、干部在疫情防控期间进一步增强了“四个意识”，坚定了“四个自信”，坚决做到“两个维护”，进一步强化了建设“重要窗口”的责任担当，切实把党中央、浙江省委、金华市委的决策部署落到实处，也进一步厚植了“规则义乌、义行天下”的城市文化内涵，涵养了建设国际一流营商环境样板城市和以世界“小商品之都”为特色的国际

样板城市的底气自信。

【思考题】

1. 如何把非常时期的应对措施转化为常态化治理机制，推动治理能力和治理体系的现代化?

2. 如何把复工复产与转型升级有机结合起来，化危为机?

后　记

习近平总书记在浙江考察时深刻指出：“要积极破解复工复产中客观存在的难点、堵点，推动全产业链联动复工复产”。在中央政治局第二十一次集体学习时，习近平总书记特别强调：“要把提高治理能力作为新时代干部队伍建设的重大任务”，“要加强干部教育培训，使广大干部政治素养、理论水平、专业能力、实践本领跟上时代发展步伐”。

为帮助广大党员干部进一步学习领会习近平新时代中国特色社会主义思想，贯彻落实习近平总书记考察浙江重要讲话精神和省委第十四届七次全会精神，切实强化“三个地”政治自觉，扛起忠实践行“八八战略”、奋力打造“重要窗口”的使命担当，从助力企业复工复产化危为机的生动案例中深入学习改善民生、发展经济和创新社会治理的经验做法，补齐治理能力短板，提高精准施政本领，省委组织部组织编选了本书。

本书由省委组织部牵头，杭州、宁波、温州、嘉兴、湖州、绍兴、金华、衢州、舟山、台州、丽水、义乌市委组织部，省委宣传部、省委网信办、省发展改革委、省经信厅、省教育厅、省科技厅、省公安厅、省财政厅、省人力社保厅、省交通运输厅、省农业农村厅、省商务厅、省卫生健康委、省应急管理厅、省外办、省市场监管局、省医保局、省机场集团共同编选，省委政研室、省发展改革委和省经信厅审核把关，浙江省干部培训教材编审指导委员会审定。参加本书审稿的人员有：许光、金国娟、朱文艺、郭良伟、陈娟、汪玮、李华、徐东涛。在编选过程中，省委组织部干部教育处负责组织协调工作，浙江人民出版社等单位给予了大力帮助。在此，谨对所有给予本书帮助支持的单位和有关同志表示衷心感谢。

由于水平有限，书中难免有疏漏和错误之处，敬请广大读者批评指正。

编 者

2020 年 10 月

图书在版编目（CIP）数据

助力复工复产百佳案例．第一辑 / 浙江干部培训教材编审指导委员会编．—杭州 ：浙江人民出版社，2020.11

ISBN 978-7-213-09857-4

Ⅰ．①助… Ⅱ．①浙… Ⅲ．①地方政府-行政管理-案例-浙江 Ⅳ．①D625.55

中国版本图书馆CIP数据核字(2020)第176883号

助力复工复产百佳案例　第一辑

浙江干部培训教材编审指导委员会　编

出版发行　浙江人民出版社（杭州市体育场路347号　邮编　310006）

市场部电话：(0571)85061682　85176516

责任编辑　高辰旭　沈敏一

助理编辑　尹晓捷

责任校对　陈　春

责任印务　陈　峰

印　　刷　浙江印刷集团有限公司

开　　本　710毫米×1000毫米　1/16

印　　张　25.75

字　　数　328千字

插　　页　1

版　　次　2020年11月第1版

印　　次　2020年11月第1次印刷

书　　号　ISBN 978-7-213-09857-4

定　　价　66.00元